LÉON DEGRELLE

TINTÍN,

MI COMPAÑERO

LÉON DEGRELLE
(1906-1994)

Léon Degrelle fue un político belga, fundador del partido fascista Rexismo. Durante la Segunda Guerra Mundial, lideró la Legión Valonia, una unidad de las SS alemanas. Tras la guerra, fue condenado a muerte en Bélgica, pero huyó a España, donde vivió hasta su fallecimiento. Su vida y sus acciones son objeto de controversia por su ideología extremista y su papel en la guerra.

Tintín, mi compañero

Tintin, mon copain
1991

Traducido y Publicado por
Omnia Veritas Ltd

OMNIA VERITAS®

www.omnia-veritas.com

En memoria de mi hermano Édouard, asesinado en su casa de Bouillon, delante de sus hijas, por los "purgadores belgas" el 8 de julio de 1944, y en memoria de mi madre (de casi ochenta años) y de mi padre, que murieron aniquilados en las cárceles del odio de Bruselas el 29 de octubre de 1947 y el 11 de marzo de 1948.

Léon Degrelle

PRIMERA PARTE

EL NACIMIENTO DE TINTÍN

Capítulo I

Hergé y Totor en el Siglo XX

"Hoy", como decimos en Bruselas, circulan ciento ochenta millones de álbumes de Tintín en todo el mundo. Se publican en más de cuarenta y cinco idiomas. Ya sea en Nueva York o en Tokio, miles de millones de telespectadores disfrutan de programas inspirados en las obras maestras de Tintín. Estos récords triunfantes y en constante aumento ya no se discuten.

Pero, ¿de dónde venía su progenitor, el dibujante Hergé? ¿Quién lo sostuvo sobre la pila bautismal la mañana de su nacimiento?

Hergé en 1937

¡Pues ya está! Hergé nació, sobre todo, de la obra de un sacerdote. Fue un sacerdote católico quien sacó de la nada a este hombrecillo inteligente. El sacerdote se llamaba Norbert Wallez. Tintín tuvo varios padres. Fue, por supuesto, el producto del abad, y en segundo lugar, del gran artista Hergé mismo, blandiendo sus lápices. E, indirectamente, es mío.

Hergé a principios de los años 30

¿Yo? ¡Sí! ¡Ese yo es Leon Degrelle!

¡Imaginen el escándalo! Degrelle, ¡el "fascista"! El hombre que fue "dictador-candidato" de Bélgica poco después de que Hergé hiciera su debut artístico

Peor aún: ya lo hemos dicho muchas veces, ¡a Hitler le habría gustado tener a Degrelle por hijo! ¡Eso lo dice todo! ¡Vaya árbol genealógico! ¡Santo cielo!

Nuestro estudio de los orígenes del futuro explorador Tintín en la URSS de Stalin, entre los cocodrilos del Congo o entre los budistas de túnica amarilla de Siam y el Tíbet no ha empezado con buen pie.

¿Qué sabemos de su padre (según los lápices)

Primera observación: Hergé, como Hergé, nunca existió en derecho civil. El creador de Tintín nació en Etterbeek, un suburbio de Bruselas, el 3 de mayo de 1907. En aquella época, se llamaba simplemente Remi, Georges Remi, G.R. Si nos atenemos a estas iniciales, e intercambiamos las mayúsculas, el truco da R.G. Si deletreamos estas dos letras con cuidado, obtenemos Hergé. Su Tintín se convertiría en uno de los personajes más famosos del Universo, ¡el que el general De Gaulles, con su flema altiva, llamaría su rival internacional!

Léon Degrelle a principios de los años 30

El abate Norbert Wallez, director del
Vingtième Siècle

¿Salió Hergé del muslo de Júpiter armado con sus lápices? No exactamente. Su madre era una flamenca bonachona, esposa de un oficinista. Su abuela era de Les Marolles. ¿Qué es Les Marolles? Es un barrio colorido y jocoso de la antigua capital de Bélgica. Es una guarida de comerciantes volubles y astutos, chicas abundantes, eminentemente breugelianas, y pesos pesados en busca de algún combate cuerpo a cuerpo. Esta población no habla ni francés, ni flamenco, ni chino, sino marollien, una lengua local muy picante, que algunos consideran una especie de volapuk belgo-bruselense, rico en términos originales especialmente sonoros y graciosos, inventados siglo tras siglo por la truculencia del pueblo. Georges Remi nunca habló este marolliano. Pero Hergé nunca olvidaría el florido marolliano de su abuela. Lo reintroduciría muchas veces en sus veintitrés álbumes, en forma de adivinanzas o acertijos. Sheik Bab El Ehr, en "L'Or Noir", es la transposición marolliana de babbeleir (¡un "hablador"!). ¡Vaya y adivine! Otro jeque se llama Ben Kalisch Ezab: nació de... ¡jugo de regaliz ('calichsap')! Los indios amazónicos de Hergé son unos curiosos políglotas que hablan 'Karah bistoup' (¡tonterías!). Los arumbayas son "kwout" (¡que significa

Le Blé qui lève", 10 de junio de 1928, frontispicio de Hergé. El artículo sobre el general Brialmont es de Léon Degrelle.

"enfadado"!). En *Tintín y los Picaros*, los arumbayas se llaman entre ellos de forma extraña: "¡mö preifh mö Niki! ¡Tendréis que trastear con vuestros diccionarios si queréis descifrar esta exclamación! Sólo un buen Brusseleer encontrará en esta expresión pseudoamazónica el típico "¡pero pruébalo sólo una vez|" de la abuela cariñosa|

El ludismo de Marolli iluminará el lenguaje de muchos de los títeres tintinescos, en particular los ilustres *Quick y Flupke*, alertas bribones en las ruidosas aceras de Bruselas.

Con el tiempo, todo este florido mundo acabaría en Bruselas, en el despacho del abate Wallez|

Estamos hablando de un hombre verdaderamente excepcional. El abate Wallez", dice Hergé, "ejerció una enorme influencia sobre mí. Me hizo tomar conciencia de mí mismo, me hizo ver dentro de mí. Era un sacerdote fuera de lo común. No dirige una parroquia, ni una congregación de muchachas piadosas que cantan con entusiasmo himnos en mayo. Dirige un periódico. Se llama "Le XXème Siècle". Más tarde, Hergé transformaría gráficamente el título en "Le Vingtième Siècle". Es el segundo diario católico de Bélgica, y el único que se digna leer el cardenal de Malinas, un dignatario pesado y silencioso, cortado como un portanteau y tan acogedor como un manojo de ramas de acebo de puntas afiladas. El prelado se llamaba Van Roey, Joseph-Ernest Van Roey: "Van Roey se pronuncia como rana", comentó el competidor, 'La Libre Belgique'.

El abate Norbert Wallez, con los brazos extendidos hacia los jóvenes, era tan poderoso como un bahut normando. Era fundamentalmente elegante. Junto a su escritorio había dos elegantes mulitas con borlas rojas: las que esperaban cada mañana los bonitos pies de su secretaria, la guapa Germaine (Germaine Kieckens), otra sorprendente aparición en este entorno presumiblemente abigarrado, donde uno esperaría ver goupillons y no enaguas.

Georges Remi, un joven y tímido desconocido, se presentó un día en el edificio del abate Wallez. Quería un trabajo. Acababa de cumplir veinte años. ¿Qué podía hacer? ¿Dibujar? Pero, aunque a veces hacía caricaturas, su entorno siempre había dudado de que tuviera talento para el dibujo. En el Collège Saint-Boniface de Bruselas, donde había pasado unos años, le pidieron una vez que dibujara una flor a lápiz. El dibujo fue un fracaso estrepitoso. Hergé ni siquiera pasó de curso. También probó suerte con los Hermanitos de las Escuelas Cristianas del Instituto Saint-Luc. Allí le pidieron que copiara un modelo de yeso de un capitel corintio. El capitel quedó ridículo en su zócalo, frente a un Hergé incapaz de transponer más o menos correctamente sus líneas arquitectónicas. Además, ¡lo había confundido con un friso asirio!

La carrera de Hergé como estudiante de arte se limitó a la retorcida creación de esta desafortunada carpa. Casi clandestinamente, había esbozado algunos dibujos pequeños y bastante torpes en la revista "Le Boy Scout". Llevaban la firma de Georges Remi. Un pequeño y vacilante "Hergé" no se descubriría hasta diciembre de 1924, bajo un modesto epígrafe "Coin des Louveteaux". No rompía nada. No era el dibujo lo que contaba entonces, sino el fervor de un niño apóstol del escultismo. También improvisó algunos dibujos para complacer a amigos íntimos.

Era fundamentalmente cristiano, y por ello estaba vinculado a las revistas que reunían a los jóvenes idealistas que colaboraban en las publicaciones de la época: "Le Blé qui lève" y "L'effort".

Allí firmó algunas ilustraciones, de una banalidad indiscutible, entre ellas el boceto -¡qué horror! - de un judío en houppelande, barbudo, con las manos retorcidas. También pintó algunas postales bastante convencionales: tres para la Association Catholique de la Jeunesse Belge (A.C.J.B.) y seis para "Le Campeur". Hoy se venden por 50.000 francos belgas. En 1928, costaban tres francos, lo que, entre nosotros, ¡era un buen dinero!

El judío", ilustración para L'Effort, órgano oficial de la Asociación Católica de la Juventud Belga (1925).

También han aparecido algunos bocetos de Hergé: un Georges Remi de nariz redonda, con los ojos vidriosos, serio como un papa, que agarra en sus brazos de bailarín corpulento a una chica rubia cuatro veces más delgada que él, con el pelo abundantemente oxigenado; dos dibujos a pluma y tinta; y, por último, un extraordinario "lápiz de color", que esboza en unos pocos trazos admirablemente seguros a dos niños encapuchados, que son casi tan buenos como cualquier futuro *Quick y Flupke.*

Hergé, ¿un bailarín social?
Lápiz de 1923-25

Hasta entonces, Hergé había sido, ante todo, un valiente explorador, puro y duro, ¡siguiendo los pasos de los Pieles Rojas! De ahí el gusto por la aventura que tan maravillosamente inspiró a Hergé llegado el momento. Y que alimentaría su fe en la necesidad de las "buenas acciones"

El abate Wallez era un hombre explorador. Rápidamente había visto en este tímido explorador a un chico que podía valer la pena. ¿Pero en qué sentido?

A todos los efectos, lo instaló por primera vez en el departamento de suscripciones del periódico. No era especialmente emocionante, pero el joven Georges Remi estaba dispuesto a adaptarse a cualquier tarea. En 1938, fue ascendido de empleado de suscripciones a aprendiz de fotógrafo. Eso estaba bien. Luego pasó a ser ayudante de fotograbado. Nuevo ascenso: ahora tenía que elegir el tipo de letra para los titulares. Incluso se aventuró a hacer algunas ilustraciones para las páginas especiales del periódico. El abate se fijó en la nitidez de las ilustraciones, el trazo seguro del lápiz y el humor sutil. El periódico, con sus escasos recursos, nunca tuvo abundancia de ilustradores. Así que no pasó mucho tiempo antes de que todas las patatas fritas de la redacción estuvieran aderezadas con la salsa de Georges Remi. ¿Un paisaje, un puente, la torre de una iglesia? Le dábamos una postal para que la copiara. Si había que ilustrar un cuento, una historia o un poema, ya fuera de Henri Bordeaux, Albert Londres, Paul Morand, Genevoix, Verhaeren, Tolstoi o, remontándonos a la noche de los tiempos, Perrault o Cervantes, le dábamos al valiente Georges Remi una postal para que la copiara. El valiente Georges recibió el paquete de pruebas: "¡Dibuja! "Lo hice absolutamente todo", admitió más tarde Hergé.

Las ilustraciones eran siempre meticulosas, a veces banales, a veces notables, como esta formidable cabeza de huno cargando a caballo, con el sable desenvainado y los ojos feroces, como una ilustración de galleta para un cuento de Henri Lavedan.

Quick y Flupke, ¿esbozado en 1920?

En esos mismos meses, el abate Wallez decidió añadir a su periódico un suplemento para jóvenes. Quería que apareciera todos los jueves (día de descanso): se llamaría "Le Petit Vingtième". Georges Remi, joven como es, ha demostrado ser un hombre astuto, sin pelos en la lengua, capaz de todo. Además -y para un jefe de hombres como el abate Wallez, esto es muy importante-, es fácil trabajar con él.

Concluido rápidamente, se le encargó el lanzamiento de esta edición especial para jóvenes, bajo la dirección del poeta surrealista Paul Werrie.

Le Petit Vingtième tuvo un comienzo modesto el 1 de noviembre de 1928.

Hasta entonces, casi nadie fuera del periódico sabía quién era este Georges Remi, este G. R., este R. G. G. Está solo en su mesa de madera blanca. Aún no se atreve a aventurarse en la creación directa.

León Tolstoi. Dibujo de Hergé en "L'Avant-Garde", 20 de diciembre de 1928.

Durante los primeros meses, ilustró - y no hay más que hablar - una historia sin gloria escrita por uno de los corresponsales deportivos del periódico, llamado Desmedt y disfrazado bajo el seudónimo de Smeltiéri, del que ya nadie se acuerda...

De hecho, el Abate era un apasionado del deporte. Incluso había pensado en lanzar una edición especial de su periódico los domingos por la tarde, que llevaría el reportaje de la primera parte del partido que el público acababa de presenciar, compuesto e impreso a una velocidad de vértigo, ¡directamente a los estadios!

De ahí la elección de un buen cronista deportivo para escribir el texto que Hergé tendría que ilustrar, en el rincón del desván donde se instaló inicialmente.

Flup, Nénesse, Poussette y Cochonnet.

El título era largo pero no muy emocionante: "Les aventures de Flup, Nénesse, Poussette et Cochonnet". Remi pasó varias semanas trabajando en este cerdito.

Al final, decidió que lo haría mejor si él mismo escribía las ilustraciones. Su propia serie continuaría las aventuras de un tal Totor, cuyas primeras hazañas había dibujado en el pequeño periódico "Le Boy Scout".

Es entonces cuando apareceré, personalmente, en el estudio donde Georges Remi acaba de clavar esta jota en la punta de su lápiz.

Capítulo II

"Rey de los papúes, si es necesario"

¿Cuál fue el motivo de este inusual encuentro?...

Conocí Wallez por casualidad, sin buscarlo. Yo era entonces estudiante de Derecho en la Universidad de Lovaina. Un estudiante en plena ebullición.

Pero muy pronto empecé a dar guerra. Había publicado varios libros pequeños. Incluso había retomado un semanario universitario llamado "L'Avant-Garde", que se había extinguido el verano anterior por falta de lectores.

Para ganarme a los reticentes compradores, había montado una serie de bromas gigantescas, incluida una falsa demanda interpuesta por las dos ramas -que yo había fabricado de la nada- de la familia de un ilustre escritor, Alexandre Dumas, fallecido hacía mucho tiempo.

La familia se quejaba, como yo decía, de haber sido ultrajada por la firma "Alexandre Dumas, petit-fils", que yo había estampado cada semana en una extravagante novela, "La Barbe ensanglantée", que había publicado por entregas en el canard. En el transcurso de todo este jolgorio, se encontró en las alcantarillas de la ciudad de Lovaina el cráneo de Darío, de diecisiete años, ¡seguido del cráneo del mismo Darío, de cincuenta y siete! Se suponía que los presuntos herederos de Dumas se ahogarían de indignación ante semejante extravagancia.

Una denuncia falsa que yo había presentado en su nombre ante los tribunales de Lovaina prosperó. Fue apoyada en el colegio de abogados por un diputado democristiano especialmente cagón.

Este último, hinchado de orgullo, había sido encargado de esta misión por el célebre senador y abogado Torrès, de París (membrete y solicitud de citación también hechos, evidentemente, ¡por mí!).

El simulacro de juicio tuvo lugar solemnemente en Lovaina, ante tres jueces atónitos y tres mil estudiantes gritones. Durante dos horas me había defendido en el estrado con la energía de un domador de leones, apoyado por mi camarada Jean Carton de Wiart.

La Barbe ensanglanté", "una gran novela académica de aventuras en veinte episodios, auténtica, veraz y real", publicada en "L'Avant-Garde" a partir de octubre de 1928.

Todo el mundo, jueces, público y prensa, que había sido astutamente acorralado por todas partes, había caído en la trampa.

Los jueces, dándose cuenta al día siguiente de que habían sido burlados, enterraron alegremente el proceso, cuya sentencia aplazaron afortunadamente una semana.

Desde entonces, la tirada de mi "Avant-Garde" había pasado de unos cientos a diez mil ejemplares vendidos en todo el país. ¡Nuestras

Dibujos de Guibert Gérard que ilustran el ensayo "Farsas" en "L'Avant-Garde trentenaire" (1930)

travesuras se imprimían en rotativas! Terminamos el año con una gratificación muy apetitosa. Nos lo comimos y, sobre todo, nos lo bebimos en el restaurante Le Cornet de Lovaina durante una fiesta pantagruélica que duró ¡cincuenta y dos horas! ¡Todo un récord para Guiness!

Mis libros -me había convertido en mi propio editor- iban de la mano de mis ruidosas travesuras.

El último de mis libritos se titulaba "Plumas jóvenes y barbas viejas". Por supuesto, ¡las viejas barbas estaban recibiendo una paliza! Entonces, un gran crítico literario, Monseñor Schyrgens, que tenía la suerte de no tener barba pero sí mucho talento, se fijó en el libro. Para mi asombro, el domingo siguiente le dedicó una columna sensacional, en "Le XXème Siècle": - "¡Este joven potro que corre, que piafa, que quiere saltar vallas, es muy prometedor!

El abate Wallez, curioso por conocer a este potro impetuoso, me invitó a pasar por su despacho de Bruselas. En diez minutos, todo estaba decidido: continuaría mis estudios universitarios en Lovaina, pero me convertiría en redactor de su diario, escribiendo lo que quisiera desde la capital estudiantil.

Una magnífica decisión que, de repente, me garantizó una gran audiencia y -maravilla para un jovencísimo "estudiante"- ¡algunas agradables pepitas en mi escaso monedero!

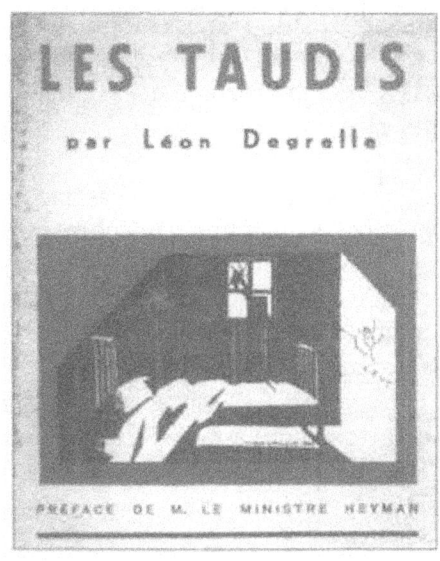

Sin demora, publiqué en "Le XXème Siècle" un estudio ilustrado sobre las chabolas, que iba a tener una gran repercusión. El Ministro de Trabajo belga subrayó su importancia al prologar el volumen que poco después reunió todos estos comentarios.

¡Me lanzaron a la pampa del papiro!

Georges Remi, el novato Hergé, se convirtió instantáneamente en mi amigo.

Teníamos más o menos la misma edad. Georges nació en las afueras de Bruselas el 3 de junio de 1907. Yo nací en Bouillon, frente a un castillo milenario, el 15 de junio de 1906. En números redondos: veinte años cada uno. Ambos nacidos bajo el mismo signo: ¡Géminis!

¡Un tercer ladrón aparecería en 1930 bajo el techo del periódico: Paul Jamin, que pronto se convertiría en el inmortal dibujante Jam! El mismo que, tras unas indeseadas vacaciones en la cárcel de 1945 a 1951, se haría pasar por el encantador seudónimo de Alidor. Entonces era un joven simpático. Lo ha seguido siendo, imperturbable, ¡aunque su juventud de 1930 se haya enriquecido hoy con unos sesenta años! En aquellos primeros tiempos, dibujaba sobre todo culs-de-lampe.

Es cierto que aún no era todo gloria, pero este estudio era nuestro paraíso. Me pasaba horas

Paul Jamin, alias "Jam", en 1944.

allí bromeando con mis dos nuevos camaradas. Abajo, la enorme rotativa, una especie de larga máquina ferroviaria, hacía un ruido tremendo. Olores a plomo salían de las linotipias. Era la prensa de entonces. Olía mal. Hacía calor. Pero este nuevo dominio era encantador

El abate Wallez nos dejó convertir el apestoso lugar en una pajarera. Georges Remi y Paul Jamin tenían temperamentos menos volcánicos que el mío. Podrían haber permanecido perfectamente felices, durante diez años, mimando al lechón redactor deportivo. En el fondo, estos dos jóvenes artistas de genio no tenían ninguna ambición. Yo quería conquistar el mundo, subir a las estrellas y sacar la luna de su custodia.

Aún no sabía exactamente cómo iba a hacerlo, pero estaba decidido a someter lo imposible a mis leyes. Tenía el temperamento de un conquistador, sería el amo. ¿Amo de qué? Ése era el misterio.

- Rey de los papúes, si hace falta", añadí riendo. Al igual que Hergé, yo había sido un ardiente Boy Scout, que quería realizar las aventuras que Hergé sólo soñaba.

Hergé en su escritorio en el "XXe Siècle".

Antes había recorrido diez mil kilómetros de Europa en mi vieja bicicleta de veinte kilos. Quería verlo todo, descubrirlo todo, arriesgarlo todo, como un primer Tintín.

Estaba a punto de presentarse una oportunidad extraordinaria.

CAPÍTULO III

LOS TEBEOS EUROPEOS NACEN EN CIUDAD DE MÉXICO

En México, por aquel entonces, un régimen procomunista dirigido por un bruto sanguinario llamado Calles sometía a millones de católicos a una salvaje persecución.

Un movimiento guerrillero llamado "Los Cristeros" se había alzado allí para plantar cara. La lucha era dura. Decidí unirme a ellos.

Los riesgos de la aventura eran evidentes. El abate Wallez, siempre entusiasta, levantó los brazos al oírme anunciar este brillante plan. Luego exclamó: "¡Bravo, adelante!

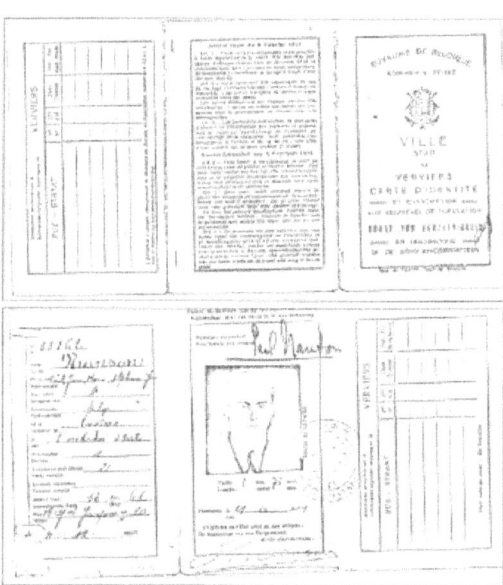

Documento de identidad falso de Léon Degrelle, expedido por el ayuntamiento de Verviers a nombre de Paul Nanson.

En realidad, nadie en el periódico había estado nunca en América. En aquella época, Georges Remi no iba a Lieja a ver a su único hermano porque estaba demasiado lejos (¡100 kilómetros!). Además, era apenas concebible que alguien pudiera desembarcar sin jaleo en un país en estado de guerra civil. Y encima, ¡con una identidad ilegal!

Había hecho redactar un carné de identidad falso a nombre y con la foto de un amigo estudiante llamado Paul Nanson. Se lo llevé a un plácido fotógrafo de Lovaina: "Fotografíalo".

Entonces le dije a mi amigo Pau: "Pásame tu chaqueta y tu corbata".

Segunda foto, exactamente igual que la primera, ¡sonrisa angelical cuando el clásico pajarito escapó de la gran cámara misteriosa!

El fotógrafo pensó que se trataba de una broma más que añadir a nuestra larga serie de bromas estudiantiles. Un poco desconcertado, accedió.

Casi igual de asombrado estaba mi amigo Paul, que se enhebraba la chaqueta y se anudaba la corbata mientras me miraba con desconfianza.

- Que no cunda el pánico. Ahora vas a ir al Ayuntamiento de Verviers, tu ciudad natal. Diles que has perdido el carné de identidad. Cuando te pidan la foto, entregarás la mía.

- ¿Y si me dicen que no soy yo?

- Te reirás: "¡Esa es buena! Me equivoqué, es la foto de un amigo".

Certificado médico de vacunación expedido por el Dr. Remy Calonne para obtener el pasaporte necesario para viajar a México.

Pero en el Ayuntamiento de Verviers, el empleado no se dio cuenta de nada. ¡Mi amigo Nanson me había traído, bastante orgulloso, el carné de identidad falso con el que sonreía con todos los dientes en la foto gemela!

Lo único que queda por hacer es utilizar el documento de identidad de Nanson para obtener un pasaporte de Nanson. En este caso no habría riesgo de confusión, ya que la foto que debía estamparse en el pasaporte correspondía estrictamente a la foto de identificación de Verviers. Además, cuando se trata de la prensa, los funcionarios siempre tienen, por decirlo suavemente, prisa. Llamé a la secretaria del abate Wallez. La amable Germaine corrió inmediatamente al Ministerio de Asuntos Exteriores para que me prepararan un pasaporte con ese nombre falso. Una sonrisa femenina. Unos trazos de sello. Ya tenía el documento en la mano

Finalmente, me arriesgué a visitar al Cónsul General de México en Bruselas. Me recibió en pijama y, a cambio de quinientos francos, me pegó en una hoja oficial un bonito visado para entrar en su país.

Hergé, en su 'Petit Vingtième', se quedó estupefacto: "Qué cara tienes". Nótese un detalle: Hergé y yo nos tuteábamos, mientras que ni él ni yo nos tuteamos con nadie durante la mayor parte de nuestras vidas.

La fiebre reina en el puerto", dibujo de Hergé para "La leyenda de Alberto I, rey de los belgas" de Paul Werrie (1934).

¿Y el dinero? El abate Wallez, un gran príncipe, me había adelantado cinco mil francos. Un periódico italiano, L'Avvenire d'Italia, al que yo ya proporcionaba muchos ejemplares, me había enviado otros cinco mil. Eso bastó para embarcarme rumbo a Hamburgo, en compañía de cinco jóvenes emigrantes, en un rincón maloliente cerca de las máquinas de un viejo barco llamado Río Panuco. Pero cuando se tienen veinte años, ¡se está bien en todas partes! Dormía en cubierta, bajo las constelaciones centelleantes, maravillado por el disco azul rojizo que rodeaba la luna, siguiendo con deleite el vuelo de los peces voladores y el contoneo flexible de los grandes delfines que saltaban por encima de las olas, guiñándome los ojos con complicidad. Estaba seguro de mí mismo. En "Mes aventures au Mexique" (Mis aventuras en México), relaté este viaje pre-Tintín degrellien.

Léon Degrelle a bordo del Río Panuco...

Tras veintitrés días en el mar, me encontraba a pocos metros del muelle del puerto mexicano de Veracruz. Allí, todo estuvo a punto de salir mal. Para desembarcar, tuve que mostrar al servicio de aduanas quinientos dólares. Sólo me quedaban ciento cuarenta y cinco. Sin pestañear, me dirigí a la pequeña casa de cambio del barco para transformar mi escasa fortuna en un fajo de cuarenta y cinco billetes de un dólar, que había metido en mi cartera bajo el único billete de cien dólares que aún conservaba; ¡los dos números "cien" brillaban en el paquete! Los auditores, al ver a este joven Creso con su fuelle generosamente acolchado, me dejaron pasar, inclinándose y rascándose.

Cientos de "cristeros" colgados de postes de telégrafo...

En la "gargote" local donde iba a fijar mi residencia temporal, escribí en la hoja de llegada, en lugar de Nanson, un vigoroso "Danton". Audacia, audacia, ¡y siempre audacia! Fue un buen comienzo.

Pero, ¿qué hacía Hergé allí, tan lejos? Así es, en Bruselas, a miles de kilómetros de distancia, en el "XXème Siècle", mi amigo Hergé, mientras trazaba sabiamente sus palitos con lápiz graso, ¡se preguntaba cómo iba mi aventura! ¿No me habían pillado por el camino? ¿Había conseguido abrirme camino entre los aztecas? Lo había conseguido, y nunca lo olvidé. Bajo un cielo celadón, recorrí las tórridas llanuras y los volcanes nevados entre Veracruz y el océano Pacífico. Pero al mismo tiempo, hojeando los grandes periódicos americanos, había descubierto un montón de fórmulas  que ni a Hergé ni a mí se nos habían ocurrido hasta entonces, salvo a través de la prensa que los mexicanos perseguidos ya me habían enviado a Lovaina. Eran historietas. Eran historietas, historietas en las que abundantes palabras entrecruzaban sus diatribas entre una serie de dibujos, repartidos lo más ampliamente posible. Estos grabados resultaban especialmente atractivos porque sus azarosas acciones se renovaban constantemente, mientras que en nuestro "Petit Vingtième", las viñetas, dispersas bajo exiguos pies de foto, causaban mucho menos impacto, ¡aunque cantaran la gloria inmortal de Nénesse y Cochonnet!

Mientras continuaba mis investigaciones entre los jóvenes emprendedores de los Cristeros -al menos los que no estaban colgados de postes telefónicos por cientos-, coleccioné tantas de estas tiras cómicas como pude. Regularmente se las enviaba en grandes paquetes a mi amigo Georges.

... de camino a México.

Le asombraron estas series llenas de vida. Le asombraban por su originalidad y, más aún, por su viveza. ¿Por qué no íbamos a hacer nosotros lo mismo? Así fue como, y no de otra manera, las "tiras cómicas" nacidas de las innovaciones periodísticas que yo había traído de México iban a aparecer en el "Petit Vingtième", y por efecto dominó en Europa. Pronto, estas series harían famoso a un Tintín que mi amigo Georges imaginaría como una especie de hermanastro del Degrelle en la sentina del "Río Panuco". Añadiría un chucho, el ilustre Milú, con un hueso blanco en las mandíbulas.

¡Extraño Milú! Hergé admitiría más tarde que ya no sabía cómo ni dónde había descubierto Tintín a su despierta compañerita.

De hecho, casi me da miedo revelarlo. Georges y yo habíamos desenterrado, por casualidad, de una vieja fotografía de las trincheras de la Primera Guerra Mundial, un tierno cuadrúpedo de aspecto pre-milounesco. Hergé, que buscaba un perrito o la figura perruna de un perro para sus cómics, ya había encontrado uno. Le llamó la atención esta imagen inesperada. El perrito blanco de la foto daba zarpazos a los pies de unos soldados alemanes bastante harapientos. Gracias a uno de estos soldados, la foto había sido publicada, diez años más tarde, por el semanario que hojeábamos.

¿Qué soldado?

¡Apenas me atrevo a responderte porque vas a explotar! Baste decir que el nombre del soldado empezaba por H... ¡Adolf H., si insistes! Mira la foto antigua y pronto lo entenderás.

Nevado" a los pies de un tal Adolf H.

Cuando se le preguntó al respecto después de 1945, el bueno de Hergé se limitó a responder evasivamente: "¿Nieve? La verdad es que no recuerdo de dónde viene". ¡Eso era más sabio!

En cuanto al propio Tintín, revelar su origen era casi tan peligroso después de 1945, porque el propio personaje derivaba en una línea zigzagueante de mi propia aventura. Una vez que la gloria de Tintín se había extendido, al cabo de veinte años, por toda Bélgica y luego por todo el mundo, ¿quién se habría atrevido a revelar que Degrelle, ese monstruoso "nazi", había sido el punto de partida de la epopeya de Tintín? Durante sesenta años, me callaría, porque, encerrado en las profundidades de mi exilio, me convenía ser discreto. Además, no quería complicarle la vida a nadie. Después de 1944, la vida de Hergé se había envenenado lo suficiente como para que yo no la empeorara.

La verdad sería revelada por otros.

Después de muchos años, el guionista Benoît Peeters, en su "Monde d'Hergé", se aventuró -sin mencionar mi nombre, valiente cobarde- a sugerir que Tintín había sido creado a raíz de cierta aventura mexicana de un redactor de "Le Vingtième Siècle".

El texto, que dejaba entrever la atroz verdad, fue una revelación para muchos aficionados al cómic: "El dibujante", explicó Peeters, "ha hecho un importante descubrimiento. A través de los periódicos mexicanos enviados a Bruselas por un corresponsal de 'Vingtième Siècle', Hergé acababa de conocer los cómics americanos, entre ellos 'Bringing up father' ('La famille Illico'), 'Krazy Cat' y 'Katznjammer Kids' ('Pim, Pam, Poum'). La serie que estamos a punto de lanzar ya no será un simple texto unido a imágenes; esta vez será un auténtico cómic en el que ambos elementos se fundirán el uno en el otro".

El histórico Milú, mascota del regimiento de un tal... Adolf Hitler (x).

El autor del libro "Hergé", publicado por Gallimard, Pierre Ajame, redactor del "Nouvel Observateur", también debería admitir, con treinta años de retraso, que la inspiración para la obra de Tintín procedía de los periódicos mexicanos enviados al "Vingtième Siècle" por su enviado especial Léon Degrelle.

Pero fue el propio Hergé quien, desafiando el odio de la posguerra, tendría el valor, en una entrevista concedida a "La Libre Belgique" el 30 de diciembre de 1975, de reconocer este linaje degleriano: "Descubrí el cómic gracias a... ¡Léon Degrelle! Léon Degrelle había ido a México como periodista y solía enviarme no sólo sus columnas personales, sino también periódicos locales (para ambientar) en los que se publicaban historietas americanas. Así descubrí mis primeros cómics.

"Cuando supe que no volvería a ver a mi perrito, me sentí tan triste como cuando se pierde al mejor de los compañeros" Adolf Hitler ('Mein Kampf').

Ahora esta fraternidad se ha convertido en algo habitual. Quid', la enciclopedia universal, lo reconoce sin vacilar: "Léon Degrelle inspiró a Hergé para crear el personaje de Tintín" ('Quid', ed. 1991, página 897).

No hay discusión: fueron las historietas que envié a Hergé desde América, y luego los comentarios que hice a la vuelta de mis viajes (Antillas, Estados Unidos, Canadá) los que desencadenaron la creación de los primeros "cómics" de Hergé. ¡Tintín sería el reportero que emprendería su aventura con mis botas en el Río Panuco

Léon Degrelle, periodista en América.

Capítulo IV

Las bragas de Tintín

Pero no bastaba con crear cómics a la americana. Había que encontrarles una estrella. ¿Qué estrella? ¿Cómo se llamaría? ¿Cómo vestirla? ¿Cómo vestirla? ¿Cómo debía ser?

El joven que saldría del lápiz de Hergé se distinguiría, en primer lugar, por sus famosos pantalones bombachos -que no han cambiado desde hace casi cincuenta años- y, en segundo lugar, por su inolvidable polvera, ¡sostenida como un banderín!

¡Primero las bragas de golf!

Para Georges Remi y Paul Jamin, yo era el camarada que, en su pequeño mundo de la prensa, había sido el primero en subir a la cabecera. Todo era relativo, por cierto. No estábamos más que en un mástil de feria. Pero, de todos modos, yo ya había despegado. En poco tiempo había creado una pequeña editorial llamada REX. En cada evento, aprovechaba la oportunidad y, esa misma noche, producía un libro de galleta. Fue un récord que asombró al bueno de Hergé, ¡a quien no le gustaba mucho el trabajo tempestuoso! A los veinticuatro años, ya había publicado un puñado de libros y folletos de combate, de los que uno había vendido 104.000 ejemplares, otro 110.000 y un tercero 250.000. Cifras inimaginables en la Bélgica de entonces.

Gozando de la confianza casi paternal de Monseñor Picard, patrón de la Acción Católica, había puesto en marcha un servicio de distribución extremadamente dinámico. En cada lanzamiento, iba a acosar a los directores y directoras de los principales colegios donde cientos de miles de jóvenes recibían educación cristiana. Les prometía porcentajes reales si aceptaban confiar a sus alumnos la distribución masiva de mis ediciones de choque.

Obispo Picard

¡Me dejaron arengar a los chicos y chicas en sus salas de fiestas! Nunca antes un joven varón, todo dientes, había aparecido en el estrado de un internado ante cientos de "demoiselles", como decíamos entonces. ¡No tardaron en llamarme "guapo Léon"! Más tarde, con gran éxito, ¡se convertiría en "el chef adorado"! ¡Felices días de cereza! Tenía una gran facilidad para conmover al público. El "Rex-appeal" funcionaba. Los sábados, todo el mundo se iba con sus familias y amigos; mis cien mil o doscientos mil folletos desaparecían en un fin de semana.

Haría miles de discípulos de estos chicos ardientes y chicas hermosas y apasionadas. En pocos años, ellos asegurarían mi avance como una bala de cañón.

Pero, ¿dónde encajaban las bragas de Tintín en todo esto? Estoy llegando a eso.

Personalmente, mi participación en el lanzamiento de mis folletos fue muy moderada. Nunca me interesó el dinero. A lo largo de mi vida política, ¡ni siquiera tuve una cuenta bancaria! Sin embargo, mis recursos iniciales fueron suficientes para comprarme la prenda que más me gustaba: ¡un par de bombachos! Pero, ¿por qué? Nunca he jugado al golf. Pero este atuendo me parecía supremamente elegante. Esta locura se limitaba a una compra anual. Para ello, acudía a la gran tienda de ropa masculina "Les Trois Suisses", campeona bruselense de lo maravilloso -¡a mis ojos! Me desnudaba, me los probaba, pagaba y dejaba los viejos pantalones, ya inservibles, en una silla vacía. Lo único que tenía que hacer era salir reluciente y como nuevo.

ANNE

Une nouvelle petite rexiste est née

Tous les Rexistes apprendront avec joie que Mme Léon Degrelle a donné le jour, samedi matin, à cinq heures, à une petite fille, Anne.

La veille, avec cette vaillance souriante que tous ceux qui ont eu le bonheur de l'approcher connaissent bien, Madame Léon Degrelle était restée auprès du chef de Rex aux bureaux du « Pays Réel », jusqu'à 1 heure du matin.

Nous sommes heureux de pouvoir annoncer que l'état de santé de la maman et de la petite Anne est excellent.

Que Madame Léon Degrelle et le chef de Rex trouvent ici les félicitations affectueuses et les vœux les plus chaleureux des collaborateurs et des lecteurs du « Pays Réel », ainsi que de tous les Rexistes.

Le chef de Rex, Madame Léon Degrelle et leur petite Chantal

Hergé y Jam estaban deslumbrados por semejante lujo. Los pantalones de golf les parecían a la vez el colmo de la originalidad y también, para nosotros tres antiguos scouts, el símbolo de la intrepidez. Por esa admiración, a Hergé le pareció natural vestir (a lápiz) al joven Tintín, aún desnudo, con un pantalón de golf como el mío.

¡El primer atributo de Degrelli!

Existen divertidos relatos de esta descarada paternidad, que Tintín no tuvo más que copiar. En nuestro pequeño círculo de amigos, yo era el único modelo a su alcance: ya fuera recorriendo los caminos de las Ardenas con mis pantalones de golf o, un poco más tarde, llevando en brazos a mi hija Chantal en Bruselas.

Pero unos pantalones bombachos no bastaban si Hergé quería que su pequeño personaje destacara de forma indeleble allá donde fuera

Nuestro Tintín iba a tener que aventurarse más allá de las nieves de los soviéticos y bajo los soles abrasadores de los congoleños. Tenía que ser reconocible al instante, tanto para un tibetano como para un picarón. ¿Es cierto, como algunos afirman, que Hergé se acordó de su hermano pequeño, que vivía muy lejos (en Lieja, a una hora de tren), para completar su panoplia? ¿Se llevaba bien Georges Remi con él de niño? El propio Hergé no estaba seguro y respondía lacónicamente: "Sí y no, de hecho no muy bien". El hermano ni siquiera llevaba pantalones de golf.

En resumen, en el mejor de los casos sólo podía aportar algo impreciso, difícil de detectar, ¡incluso por Hergé! Y, sobre todo, ¡no tenía ni polvera!

Léon Degrelle, su esposa Marie-Paule Lemay y su hija Chantal.

CAPÍTULO V

¿DE DÓNDE HA SALIDO EL POLVORÓN?

Retrato de Léon Degrelle por el pintor Albert Raty (1927).

Después de sus históricas bragas, este chillón resoplido sería la segunda característica de Tintín, ¡un resoplido que era casi una cresta, erguida como una bravuconada que duraría todo el siglo!

Huelga decir que Hergé había dado a su joven héroe mis bragas. Evidentemente, le había dado mi estatura, mi aspecto y una cabeza tan inteligente como la mía en aquella época. El periodista Alain de Kuysche escribía en el semanario belga "Le Moustique" en marzo de 1991: "La silueta de Léon Degrelle, su brío y su espíritu rebelde no contaban para nada en "Tintín en el país de los soviets"...".

Pero, ¿de dónde viene?

Para comprobarlo, basta con ver el admirable retrato que me hizo el gran pintor de las Ardenas Albert Raty en mi primera juventud, cuando, como joven poeta soñador ("Mon pays me fait mal", "Prière à Notre-Dame de la Sagesse", "Tristesses d'hier"), casi me parecía a Georges Remi.

Knickerbockers, ahora el símbolo del torturador (dibujo de Paul Wellens en 'Mes Aventures au Mexique')

Uno de los mayores especialistas mundiales en Tintín, Stéphane Steeman, propietario de una colección "Tout Hergé" casi única en el mundo, posee un ejemplar numerado de "Mon pays me fait mal", que contiene esta obra de Albert Raty como fuera de texto. Le llamó la atención el parecido, en su opinión asombroso, entre este Degrelle veinteañero y el Tintín que iba a crear Hergé. El puff estaba allí, en el dibujo a carboncillo, claramente visible, casi enrollado, a la derecha de la raya del pelo, exactamente como lo llevaría el joven héroe Tintín. ¿De dónde, si no, podría haberlo copiado Hergé de otra cabeza? Lo tenía en exclusiva. Hergé lo replanteó tal y como estaba en la cabeza de nuestro pequeño personaje. Era como una firma, una especie de tarjeta de identificación .

Pero en la época en que Hergé, para equipar a su Tintín, tomaba prestadas de México mis historietas, mis pantalones de golf y el sombrero tupido que me había regalado Albert Raty, ¿quién podía imaginar -ya fuera yo o el propio Hergé- la importancia que un día asumiría este pequeño personaje?

¿Quién iba a pensar que este Tintín se convertiría, veinte años más tarde, en el preferido de decenas de millones de jóvenes "de 7 a 77 años"

Léon Degrelle en 1928.

Y luego, digamos la verdad, todo fue casi accidental. Yo no estaba en absoluto decidido a dedicar mi vida a promover diversiones infantiles, por ingeniosas que fueran. Georges Remi era mi amigo, y era natural que le echara una mano. Pero mi ambición era ir cien codos más allá de este papel de animador encantado...

Viviría, lucharía, arriesgaría el pellejo para conquistar los corazones y las mentes de mi pueblo, para convertirlo en una doble comunidad ordenada, y luego, en las grandes batallas contra el bolchevismo, para forjar una Europa unida, capaz de hacer frente al poderoso empuje de las grandes unidades hipercapitalistas que surgían con fuerza en todo el universo -de Tokio a Nueva York- y que darían forma al siglo XXI. Quería crear un hombre nuevo, un mundo nuevo. Ese era el objetivo de mi vida.

Haber ayudado a Hergé a convertir a Tintín en un personaje que, con el tiempo, llevaría por todo el mundo los pantalones de golf de mi armario y el puff-piece de mi cráneo, no sería más que un maravilloso incidente en mi colorida vida.

Cuando el libro de la duquesa de Valence "Degrelle m'a dit" apareció en París y luego en Bruselas, Lucien Rebatet, el gran novelista de los "Deux Étendards", escribió que en esta biografía había suficiente para hacer diez películas. En otras palabras, Tintín no sería más que un encantador episodio de mi polifacética vida, en la que abundan los acontecimientos extraordinarios: la conquista de un millón de belgas en 1936 por un joven de veintinueve años, mis cuatro años de combate como jefe de guerra en el Frente Oriental, mi Ritterkreuz y mis Feuilles de Chêne (Hojas de Roble) que me convirtieron en uno de los creadores de una Europa en ciernes.

En otras palabras, en mi vida de conquistador de pueblos, las cabalgatas salvajes de Hergé serían entremeses.

Evidentemente, había contribuido a poner en marcha la obra de mi camarada Georges Remi. Pero esta operación no sería más que una flor rural arrancada de la pampa de mi tumultuosa vida.

El propio Hergé lo sabía y, a pesar de su modestia, a veces incluso su autosuficiencia o su miedo, viviría personalmente cada uno de los altibajos de mi epopeya, como veremos.

A lo largo, es cierto, hay un centenar de reminiscencias y coincidencias del espíritu, el ingenio, la inventiva y el humor del Tintín de nuestra juventud.

Obviamente teníamos mucho en común.

Pero el rexismo y el deglerismo eran revolucionarios desde el punto de vista político, social y espiritual, mientras que el tintinismo era una forma de diversión muy inteligente que no iba más allá de la imaginación. Entre 1929 y 1934, todavía estaba en pañales. Con el tiempo, se convertiría en una interesante creación literaria, en la línea de Molière.

Pero en la época de "Tintín en el país de los soviéticos", aún no habíamos llegado a ese punto. Yo apoyaba a mi amigo Georges, atiborrando a Tintín de vitaminas. Ni Hergé ni yo, ni nadie, pensábamos en politizar al pequeño personaje.

Dibujo (p.10) de Hergé para "Histoire de la Guerre scolaire" de Léon Degrelle.

Me gustaba Hergé. Y me gustaba Tintín, nuestro Tintín. Algo inusual estaba a punto de suceder que haría nuestra solidaridad aún más fuerte.

En 1931 acababa de escribir, en una noche como de costumbre, un folleto de cuarenta páginas titulado "Historia de la guerra escolar".

¡Un folleto bastante anticuado sesenta años después! Pero era un folleto que reflejaba el absurdo odio anticlerical que, en aquella época, rondaba los cerebros de los círculos marxistas y masónicos.

Recuerden. En algunos países, en Italia por ejemplo -la Italia de los primeros tiempos de Mussolini-, la gente todavía se complacía en excluir del Partido Socialista a quienes tenían la osadía de casarse por la iglesia, o de bautizar allí a sus hijos.

El periódico belga "La Gazette" llegó a pedir que se prohibieran o vigilaran las reuniones de los obispos, ¡y que la policía presidiera las congregaciones en la iglesia|

En Bélgica, en 1930, volvía a barajarse el mismo galimatías imbécil que, bajo el gobierno del hermano francmasón Orban, había enfrentado anteriormente a la mitad de los belgas contra la mitad de los belgas ¡durante varios años!

Dibujo (p.16) de Hergé para "Histoire de la Guerre Scolaire" de Léon Degrelle.

Dibujo (p.22) de Hergé para "Histoire de la Guerre scolaire" de Léon Degrelle.

¿Para conseguir qué?

En respuesta, ¡se crearon unas cuatro mil nuevas escuelas gratuitas!

Y a la eliminación casi completa de la población escolar en muchas escuelas públicas, donde dos mil profesores habían dimitido.

En Alken, sólo quedaban tres niños en la escuela oficial: ¡los hijos del maestro! En Cautille, cuatro niños: ¡dos de un maestro y dos de un aduanero! En Kinroy, tres titíes en total: ¡los del peón caminero!

¡En las aulas vacías criábamos conejos! O cuervos. En Châtillon, de la escuela pública sólo quedaba un macho cabrío. Luego, de la farsa, pasamos a la intolerancia más baja; los municipios dirigidos por masones privaban de toda atención médica a las "familias que envían a sus hijos a la escuela pública". Por último, durante una reyerta, tres católicos fueron asesinados cerca de Courtai.

Pregunté a los ciudadanos belgas: ¿realmente quieren que se repita este tipo de difamación

Hergé podría haber sido un mero espectador cuando se planteó esta pregunta. Pero no se detuvo ahí. Ilustró mi folleto con su propia letra.

Diseñó la portada de mi folleto con un arte tan puro como preciso, y la firmó con Hergé en grandes mayúsculas. Era una obra maestra de sencillez artística. Hergé había añadido cinco dibujos para delimitar mi descripción de los hechos.

Dibujo (p.29) de Hergé para "Histoire de la Guerre scolaire" de Léon Degrelle.

Dibujo (p. 37) de Hergé para "Histoire de la Guerre scolaire" de Léon Degrelle.

Del mismo modo que Hergé, dos años antes de morir, no tuvo reparo en revelar por escrito a "La Libre Belgique" el 25 de diciembre de 1975 que habían sido mis historietas enviadas desde México las que habían dado origen a la historia de Tintín, a partir de 1931 nuestras dos firmas juntas en el mismo libro serían para siempre testimonio de nuestra afectuosa solidaridad.

Después de 1945, se puso mucho cuidado en ocultar este binomio Degrelle-Hergé. A finales del siglo XX se sigue ocultando en la medida de lo posible.

Fue necesaria la reedición, después de sesenta años, de mi "Guerre Scolaire", y la presentación del libro con nuestras dos firmas manuscritas en la gigantesca exposición "Tout Hergé" en Welkenraedt (230.000 visitantes) para que una parte del inmenso público tintinesco se hiciera por fin una idea, con fotos que lo corroboraban, de la sinceridad de la colaboración que unía, desde el principio de su juventud, a un Georges Remi y a un Léon Degrelle que surcaban felizmente juntos sus primeros surcos...

Naturalmente, Hergé había colaborado con mi propia editorial, REX, donde la mayor élite intelectual belga no tardaría en venir a ofrecerme sus manuscritos para la imprenta. También aquí Hergé estaba presente, viviendo, creando, mezclándose con una juventud efervescente (¡por algo era de Bouillon!)... En particular, daría una maravillosa portada, a todo color, al libro "Le Carnaval de Binche" de Alfred Labrique.

Además de ilustrar mi 'Histoire de la Guerre Scolaire', también ilustraría varias obras del principal dirigente de la Jeunesse Indépendante Catholique (J. I. C.), Raymond De Becker, futuro director de 'Le Soir' de 1940 a 1944, ¡que por entonces montaría a Hergé, Tintín y Milú en su caballo de batalla!

La coedición Degrelle-Hergé de mi "Histoire de la Guerre Scolaire" iba a tener consecuencias de gran alcance a un nivel completamente distinto, en el que ni Hergé ni yo habíamos pensado: el lanzamiento de los álbumes de Tintín a un público mucho más amplio.

Hasta entonces, los primeros álbumes de Tintín se habían impreso muy modestamente, en blanco y negro, en tiradas de seiscientos ejemplares, en la ruidosa rotativa de "Vingtième Siècle", que imprimía tanto las historietas de Hergé como mis papeles volcánicos.

En 1931, confié la impresión de mi "Guerre Scolaire" a un impresor de Tournai que, como mis otros impresores, sólo sería un ejecutor material. Se llamaba Casterman. Cuando Casterman vio que el pequeño libro de Degrelle-Hergé impreso en sus prensas había ascendido feliz y muy rápidamente a cien mil ejemplares, olfateó una ganga. La portada de Hergé le pareció magnífica y llamativa.

¿Por qué no pedir al joven Hergé que confiara a su editorial estos álbumes de un joven Tintín, confinado hasta entonces en los talleres del "Vingtième Siècle", donde los servicios de propaganda del libro eran totalmente inexistentes?...

"Estoy encantado de trabajar con Casterman", responde Georges Remi, encantado.

Sin los cien mil ejemplares de este folleto de Degrelle-Hergé, ¿se habría aventurado el viejo padre Casterman en el tintinismo?

Este pequeño libro de Degrelle-Hergé marcó la primera carrera de Tintín hacia su destino. A su vez, haría la fortuna de la familia Casterman, imprevista en 1932 (¡440 álbumes! ¡Fabulosos beneficios!)

El buen humor del Abbé Wallez era proverbial en el "Vingtième Siècle".

Después, todo fue como un reloj en "Le Vingtième Siècle".

El abate Wallez estaba exultante. La tirada del periódico de los jueves que traía a los niños -jóvenes y mayores- 'Le Petit Vingtième' se había duplicado rápidamente. Luego se triplicó. Acabaría sextuplicándose. Sólo con eso se cubrirían los déficits del diario.

Tintín, con los calzoncillos metidos en el culo y el puffball en la cabeza, hacía milagros.

SEGUNDA PARTE

LO PODRIDO Y LAS ESCOBAS

CAPÍTULO VI

TINTÍN EN LA UNIÓN SOVIÉTICA

Un acontecimiento rebosante de poesía juvenil completó las celebraciones: el miércoles 21 de julio de 1932, ¡Georges Remi se casó! Mis felicitaciones a la joven pareja fueron guardadas con cariño por la novia y son una de las joyas de la famosa colección Hergé-Steeman.

Georges era un hombre apuesto. Un retrato suyo esbozado en 1930, de haberse conocido, habría emocionado el corazón de las mujeres. Pero Hergé no era un perseguidor. Era más bien modesto por naturaleza. E incluso tímido. Como si tuviera miedo de las mujeres.

Curiosamente, en toda la obra de Hergé, las mujeres apenas existen. Sí, aquí y allá aparece una vaga enana, simpática pero insignificante. Las pocas mujeres importantes que aparecen en los cómics de Tintín son carabelas en toda regla. La Castafiore, enjaezada como una mula siciliana, jamás seduciría a un estibador. Está claro que Madame Lampion no tenía mucho aceite.

Aparte de estas matronas desmovilizadas, Hergé es todo machos, "machos". La raza de los Moulinsart está formada sólo por solteros. No hay ninguna Madame Haddock que limpie el lodo del Loch Lommond de la papada de su marido. Eructa solo. Tampoco está Madame Tournesol para quitarle el polvo a la gabardina de su marido, perdido en sus cavilaciones científicas, con un sombrero de sol sobre su cabeza desplumada mientras llueve a cántaros.

El propio Tintín nunca se cambió los calzoncillos durante medio siglo. Los llevó casi hasta su muerte, sin usar, nunca desteñidos. No fue hasta sus tres últimos álbumes cuando los sustituyó por unos vaqueros.

Germaine Kieckens, por Hergé en 1935.

En cincuenta años, su puff no ha perdido ni un pelo. Su cabeza redonda nunca se ha arrugado, mientras que, por desgracia, la cabeza de su modelo de 1929 ha sufrido algunos surcos a lo largo de los años y ¡en el exilio! Tintín, durante 59 años, nunca tendrá edad ni sexo.

Pero Hergé sí tuvo sexo y el 21 de julio de 1932, flamante como un girasol andaluz, se casó religiosamente. ¿Con quién se casaba? ¿Contra quién?", decían en Bruselas.

Nada menos que con la encantadora secretaria del buen abate Wallez, la bella Germaine (Germaine Kieckens), cuyas preciosas zapatillas rojas con borlas habían poetizado durante varios años el severo despacho del jefe. Por Germaine, Tintín había perdido la cabeza.

El abate Wallez, exultante, se puso su mejor sobrepelliz y colocó a la joven estrella del "Petit Vingtième" y a su vigilante colaborador firmemente en el firmamento del amor, ¡donde su periódico estabilizaría en adelante sus dos valores privilegiados

Germaine fue la sustituta de Hergé durante casi treinta años. Hergé dejó un retrato suyo al óleo - labios pequeños, en forma de flecha para un beso, nariz afilada como un rayo de sol, cejas afiladas como un arco - que es una maravilla de seguridad de línea y contrastes elementales de color

Desde el momento en que se comprometieron, ella había sido una alegre inspiración para él.

En total, el equipo de Hergé, durante varios años, no superaría nuestro

Germaine Kieckens, Óleo sobre lienzo, por Hergé.

cuarteto: Hergé, el creador artístico, luego Jam, el bromista del lápiz, luego Germaine ocupándose de todo... Y yo, de rebote.

Los cuatro nos encargamos de los fórceps cuando nació Tintín. ¿Quién más asistió al parto?

El pequeño Tintín buscador de aventuras seguiría siendo siempre un niño sin edad definida. A lo largo de una veintena de álbumes, seguiría siendo tan impecablemente estricto en calzoncillos como cuando nació en 1929.

A partir de entonces, otros dos héroes acompañarían a Tintín en las columnas del "Petit Vingtième": *Quick y Flupke*, dos vivarachos e insoportables mocosos bruselenses. Cada jueves, Tintín y Flupke hacían aullar de alegría a toda la familia.

Sin embargo, fuera de Bélgica, Hergé seguía siendo prácticamente desconocido. En París, algunos Bons Pères publicaban una revista de exploración llamada Cœurs Vaillants. Eran casi los únicos que prestaban atención al Tintín del abate Wallez.

Le dieron un lugar en su semanario, pero no sin soñar con ilustraciones más edificantes que las barbaridades de Stalin en la Unión Soviética, ¡o las flechas impenetrables que Tintín clavaba en las espaldas de carbón de los habitantes del río Congo! Estos primeros editores franceses también juguetearon alegremente con los textos originales de Hergé, reprendiéndolos, ampliándolos, metamorfoseándolos, con un vigor eclesiástico. A los Padres de París les habría gustado especialmente ver a su héroe cantando las nobles virtudes de la vida familiar.

Pero primero, por desgracia, la casa de Hergé nunca tuvo hijos.

Entonces, como buen hijo que era, Hergé encontró pocos temas para aventuras humorísticas en las cogitaciones, necesariamente más bien hogareñas, de los viejos hogares tradicionales. Así que se ciñó invariablemente a los personajes n de sus sueños aventureros de eterno jefe scout, y al divertido espectáculo montado por los ruidosos pulpos marollianos de su infancia

Las tiras cómicas y los álbumes del periódico, de los que se había hecho cargo definitivamente Casterman, se sucedieron como ametralladoras. Tras "Tintín en el país de los soviets" y las vigorosas hazañas de los Bamboulas, seguidas de "Tintín en América", llegó "El loto azul", un forget-me-not ampliado en formato oriental, y luego "Los puros del Faraón": ¡inesperado, ese Faraón fumador de puros!

Fue entonces cuando detoné personalmente un petardo sensacional en nuestra fiesta juvenil: bolígrafo en mano, palabras lanzadas al aire, estaba a punto de hacer una irrupción fantásticamente bulliciosa en el campo prohibido de la política.

Capítulo VII

La choza política

Léon Degrelle en una reunión en un café de provincias.

Tenía que ocurrir. Llevo la política en la sangre.

Al principio de mi trabajo, fui casi exclusivamente un apóstol de la Acción Católica. Pero pronto me di cuenta de que la política estaba pudriendo la vida espiritual de mi país.

Primero tuvimos que barrer los establos del régimen.

Todas las fiestas, fueran las que fueran, estaban plagadas de "podridos" que llevaban semanas colgados de los pies en el sótano.

En el Partido Socialista belga, la Banque du Travail, que debería haber protegido los ahorros de los trabajadores, los había devorado con avidez.

Los masones del Partido Liberal, estafadores de casino y aventureros de rostro resbaladizo en el Bar, se habían llenado los bolsillos a fuerza de llenarlos.

El fenómeno era absolutamente acorde con la ética del sistema. El parlamentarismo nunca es más que un refugio temporal. Todos sus representantes electos están a merced de una mala reelección. Fracasan, y se encuentran con el trasero en el suelo, al lado de su vaca lechera, y de una esposa que no lo es, pero que está decidida a que la feliz temporada de vacas gordas continúe, munificente y siempre en aumento.

Así pues, la primera ley de los parlamentarios es conservar su famoso escaño, ¡a cualquier precio y por cualquier medio!

Pero el sistema "democrático" se opone a esta estabilidad. Implica necesariamente una agitación constante, al capricho de innumerables apetencias. Y exige recurrir constantemente a nuevas elecciones, que cuestan cientos de millones, que ningún parlamentario tiene en el bolsillo y que sólo pueden encubrirse con una corrupción descarada, mediante facturas falsas, sobornos, comisiones de obras públicas y otros tejemanejes. Un Estado serio no puede vivir en el bullicio de un circo. Necesita un líder que lleve firmemente el timón. Como en cualquier empresa seria.

¿Qué fábrica o empresa podría sobrevivir si tuviera que cambiar de jefe, de consejo de administración, de métodos de trabajo y de clientela cada seis o doce meses, como ocurre en las "democracias"?

Léon Degrelle habla ante más de 70.000 personas en Lombeek (1938)

Entre 1918 y 1938, durante el periodo de entreguerras, ¡más de mil ministros se solaparon y atropellaron frenéticamente en Francia!

En Alemania, sólo durante la ocupación del Ruhr, ¡cuatro ministerios diferentes se aniquilaron mutuamente en 1924!

Media docena de amenazas de crisis ministeriales dejarían a Bélgica sumida en el caos durante el invierno de 1939-1940.

Hasta ayer, en Bruselas, los ministerios "Martens" se numeraban con números romanos, ¡como si fueran Papas! En 1991 llegamos al número VIII: ¡Martens VIII! ¡Su Santidad Martens VIII! Ahora tenemos que esperar ocho días para el nombramiento de un sucesor, un Fleming gordo y regordete llamado Dehaene, padre provisional de los tres tercios de Bélgica federados o, más exactamente, unidos...

En Italia, ¡ha habido cincuenta y dos gobiernos de corruptos abusadores desde 1945! ¡Cincuenta y dos prisas, grietas, chanchullos, fantásticas comisiones de chantaje, pantouffleries, bagatelas más lucrativas! ¡Y crisis constantes! ¡Una diarrea de crisis!

Esos ministerios no son gobiernos, son burdeles. Llevan la maquinaria oficial a una anarquía constante y a una corrupción cada vez mayor. Multiplican las traiciones y las maniobras demagógicas de los políticos rivales, que intentan embaucar, cada uno por su cuenta, a los votantes cascarrabias.

E incluso entonces, en realidad, sólo tienen derecho a expresar su indignación. Si, como en Argelia, incluso el 86% de ellos elige una fórmula que no agrade a las bandas de los partidos, se utilizará cualquier golpe de Estado para anularla. En el extranjero, ni un solo supuesto demócrata se indignará ni protestará. Las únicas reformas que avanzan inevitablemente en todo este barullo son las subidas de impuestos, ¡pagadas angelicalmente por las peras permanentes!

Ya en 1935 llegué a la conclusión de que sólo podía existir un Estado productivo si había orden en el poder, estabilidad en las instituciones y una elección rigurosa de las competencias ministeriales, y no si los cargos oficiales se asignaban por subasta a los descornados que se reunían y eran elegidos a discreción, la mayoría de los cuales carecía de formación alguna y a menudo no tenía preparación alguna.

Mossieu Loyal : Tachez d'amuser la galerie pendant que j'en finis avec ces messieurs des neuf puissances...

Les beaux jours de l'Oasis', Jam, 1937 (Emile Vandervelde está caricaturizado a la izquierda; Paul-Henri Spaak es Mossieu Loyal).

En resumen, había llegado a la llamada forma fascista, que -no lo olvidemos- estaba de moda en toda Europa en aquella época.

Hergé y Jam, al oírme, miraron soñadoramente al techo, sus lápices repentinamente inmóviles.

Sin embargo, Hergé se atrevió con una breve recreación política, ¡bastante sorprendente para un hombre que apenas retozaba en las fosas de la partitocracia! En "Vingtième Siècle", atacó valientemente al líder del Partido Socialista belga, Emile Vandervelde.

Burgués culto, escandalizado por el egoísmo y la imprudencia de las clases "poseedoras", se había pasado a la izquierda por preocupación de justicia social. Sin embargo, seguía siendo un amante de la cultura, y tenía siempre sobre su mesa la Suma Teológica de Santo Tomás de Aquino, como su valiente colega de París, Jean Jaurès, que releía los autores griegos del texto durante los recesos del Parlamento francés. Vandervelde era un anciano encorvado, sordo como un deudor a la hora de las citaciones de un tenaz alguacil. En las ocasiones sociales, con la esperanza de oír algo, se echaba al hombro un aparato tan engorroso como un viejo altavoz de gramófono. Cuando le veías, siempre esperabas oír una canción de un joven Tino Rossi saliendo de su órgano ambulante.

Nunca he entendido muy bien por qué Hergé perseguía a este cacochyme poco amenazador, que siempre estaba al acecho de De Man, Spaak y otros rivales del partido que eran impúdicos expertos en morder piernas. En cualquier caso, en diez dibujos Hergé caricaturizó a su tambaleante víctima, intentando penosamente agarrarse a una larga cuerda floja y llegar intacto al final de su recorrido. Por supuesto, al décimo dibujo, el pobre Vandervelde derrapaba, volaba con los cuatro hierros por los aires y se estrellaba con su gramófono en un deslumbramiento de estrellas y chispas.

Sin duda, Hergé quería describirnos de antemano cómo sería el final del socialismo en Bélgica -y en otros lugares-, ¡deteriorado y descompuesto ya por todas partes!

El gordo padre Spaak, con una barriga de tetrodonte, pero que sabía un par de cosas sobre contorsiones múltiples, podría haberse mantenido en equilibrio sobre la cuerda, pero sin duda ésta se habría roto bajo su peso, liberando el barril al espacio. Con el tiempo, sería así, salvo que el barril de Spaak se desplomaría en la sala de juntas de un banco americano muy grande, ¡donde se podrían recoger un montón de dólares bajo los bancos!

Al catapultar al vacío a Vandervelde y su trombón acústico, Hergé había demostrado indiscutiblemente que no sentía ningún respeto asfixiante por los políticos. Sin embargo, para su amigo Georges, la caída del viejo jefe sin paracaídas no había sido más que una diversión. Conmigo, todo el circo corría el riesgo de derrumbarse.

Yendo más lejos, por supuesto, que el gentil Hergé basculante de Vandervelde, sólo podría imaginar un país gobernado por un verdadero líder si ese líder hubiera sido llevado al poder por las propias masas, mediante elecciones al alcance de la inteligencia y la psicología del pueblo medio.

De antemano, habría tenido cien oportunidades, a lo largo de varios años de contacto constante, de juzgar meticulosamente, y de cerca, los méritos del hombre... ¡y no de quinientos hombres!

Es inútil y deshonesto obligar al votante a orientarse entre cientos de bichos raros, potenciales diputados, de los que un mes antes de las elecciones no sabía prácticamente nada. Tres meses después de la votación, ya habrán olvidado el nombre de este gambusino, que había sido voceado con gran alboroto en las semanas previas a las elecciones. Y todo ello

Léon Degrelle en Lombeek: junto con los "6 jours du Palais des Sports" de Bruselas, fue uno de los mayores encuentros rexistas.

durante actos de propaganda electoral sin sentido, financiados secretamente -y casi siempre desordenadamente- con cientos de millones de francos, marcos o pesetas, que el electorado, benigno hasta la médula, pagaría después sin refunfuñar demasiado, ni siquiera saberlo, ¡la impresionante factura!

¿Quién, después de sólo una o dos temporadas, podría todavía nombrar a una décima parte de los diputados electos de su país? O, mejor aún, ¿los nombres de la mitad de sus ministros?

Por otra parte, en semejante torbellino, ¿qué gran industrial o poderoso empresario cambiaría jamás su vida profesional por un cargo ministerial temporal que podría estar en el aire seis meses después?...

Para Hergé ('Les Cigares du Pharaon') o Jam ('L'Oasis'), los políticos son oportunistas corruptos, como De Man y Spaak, retratados por Jam con el mismo disfraz de sociedad secreta que los contrabandistas Ki-oskh...

Los diputados rara vez son elegidos por su competencia. Son las artimañas, los consejos, el apoyo, la presión y el chantaje de políticos o sindicalistas amiguetes los que les han valido un puesto útil en una lista.

Si llegan a ministros es porque, en el reparto del pastel, una cuarta parte debía ir a su grupo lingüístico, o a su circunscripción electoral, o a su tendencia en el partido (sobre todo si refunfuñan).

En Bélgica, por ejemplo, veríamos a Paul-Henri Spaak, que en 1933 era una molestia porque había hecho mucho ruido en los cuarteles socialistas, recibir el Ministerio de Ferrocarriles cuando fue nombrado por primera vez, ¡aunque no tenía ni idea de por qué un tren avanzaba o retrocedía! ¿Cuántos ministros coloniales belgas antes de 1945 no habían pisado nunca el Congo belga? ¡Y un Ministro de Agricultura que sabía ordeñar una vaca!

La elección de ministros realmente capaces en un gobierno es prácticamente irrelevante. Cualquier ministerio está a merced de cualquier revolcón. Su tiempo se lo comen los charlatanes, los detractores y los mendigos: ¿cómo puede preparar un plan de acción largo, bien medido y cuidadosamente pensado cuando cualquier cáscara de patata lanzada bajo las botas de un ministro por un diputado gruñón puede mandarle al garete en cualquier momento? El último de los barrenderos podría fácilmente dar el paso.

Reunión de Léon Degrelle en la plaza de un pueblo, 1928.

De ahí el disgusto de las multitudes, que a estas alturas ya ni siquiera quieren votar: la mitad del electorado, si no se viera obligado, no daría un paso más para dar su voto a tal o cual representante de un sistema que se supone que suma los derechos del pueblo.

Lo mismo ocurre ya en los países recién liberados de Europa del Este: en Polonia, el 25 de octubre de 1991, el 50% de los votantes se abstuvo. El 19 de septiembre de 1993, sería aún peor. ¡Treinta y cinco partidos polacos se presentaron a las elecciones! Han leído bien: ¡treinta y cinco! Incluso había un partido que bebía cerveza. ¿Todo este alboroto democrático para qué? En este país supercatólico -el Papa es polaco-, ¡fueron los ex comunistas quienes obtuvieron la mayoría!

Las pseudodemocracias de Occidente no habían hecho absolutamente nada para ayudar a los pueblos esclavizados por la URSS en 1945: en lugar de acudir en su ayuda, dejaron en la estacada a los libertadores de 1989, que se alzaban sobre las ruinas de esos países arruinados. Todo lo que Occidente envió a esos pueblos, dolorosamente renacidos a la esperanza, fueron sus defectos, sus mafias de la droga, los sobornos, la prostitución y el mercado negro, ¡la dictadura del dólar y el ejemplo de su degradación moral

Esta reacción fue imparable. Desanimados y asqueados por Occidente, los pueblos de Europa del Este volvieron a votar por el comunismo. ¡Es como volver a Tintín en el País de los Soviets!

En cuanto a la Europa de las democracias, coagulada en el Mercado Común, en Bruselas no es más que un conglomerado dispar, dominado por decenas de miles de funcionarios inflados que no se preocupan más por la salvación del Continente que por la cola de Milú.

Transportando miles de toneladas de confuso papeleo a gran coste de Bruselas a Luxemburgo, de Luxemburgo a Estrasburgo y viceversa, estas hordas administrativas celebran cientos de ruidosas y siempre infructuosas sesiones de país en país. Discuten y discuten. Han arruinado la agricultura, así como los mercados del acero y del carbón. Han acumulado millones de parados, que no harán sino aumentar a un ritmo aterrador. Diecisiete millones hoy, ¡veinticinco millones dentro de unos años!

Su superparlamento europeo es aún más estéril y costoso que todos los demás. Se suma y multiplica los defectos del Sistema que ha desmantelado cada uno de nuestros países.

La impotencia de las "democracias" occidentales antes de la guerra, durante la guerra y después de la guerra se puso de manifiesto en todas partes.

Lo hemos visto más que nunca en los dos últimos años, en los que todos los europeos han contemplado horrorizados cómo cientos de miles de croatas y bosnios han sido exterminados racialmente ante las mismas narices de una Europa castrada. La gran maquinaria de la llamada Unión Europea ni siquiera ha sido capaz de reaccionar ante todos estos crímenes, salvo sembrando aquí y allá en los Balcanes a lamentables traficantes de suministros, disfrazados de soldados, con cascos azules y penachos de plástico.

Inútil, fuente constante de discordia, cada vez más desacreditada, la Europa del Mercado Común ya no es más que una pantorrilla tambaleante con veinticuatro patas.

Cuanto más cansados estén los votantes, más necesitarán un sistema de gobierno fuerte y sostenible.

En medio de todos estos sobresaltos e incoherencias, ¿cómo podemos dar a la gente un estatus social digno y generoso, la base misma de la armonía nacional y la seguridad pública?

¿Cómo, con gobiernos débiles a merced de un tira y afloja, tendríamos tiempo de convencer a un país de que la vida económica no es posible sin la reconciliación y la colaboración del pueblo, al que el marxismo ha dividido en "clases", convertidas a menudo en juguetes de los chantajistas sindicales?

¿Y cómo dar un impulso duradero y definitivo a un renacimiento material si no disponemos durante mucho tiempo de cerebros excepcionales, experimentados en todas las disciplinas y elegidos únicamente por sus méritos?

Por último, si no hay paz sino en la justicia, no hay justicia sino en la elevada moral de las naciones. Esta moralidad no puede nacer de regímenes raquíticos, corruptos y corruptores, donde el egoísmo, los apetitos y la necesidad de dinero rápido devoran a quienes son sus beneficiarios exclusivos y a la vez sus comerciantes de ocasión.

El atractivo de la "democracia" vista por Hergé...
Episodio de ''Quick et Flupke'' publicado en el 'Petit Vingtième' (no reproducido en álbum).

En cambio, el verdadero líder del pueblo, que llega a la cabeza del Estado, o de Europa, tras años de libre conquista por los ciudadanos, ¡al menos sabemos lo que quiere y lo que puede hacer! Los electores han tenido mucho tiempo para calibrarlos.

Si -como puede ocurrir- este funcionario nacional o multinacional elegido decepciona o cansa, un plebiscito -un control normal en cualquier democracia verdadera- puede desautorizarlo y enviarlo de vuelta a la mesa de dibujo. El caso de De Gaulle en 1969. Un caso extremo.

Mientras tanto, aún habrá podido instalar en puestos de responsabilidad de su país, o del continente europeo, a colaboradores de primera fila elegidos entre las élites mejor formadas y más competentes.

Pero, en general, cuando un líder es elegido democráticamente para el poder tras años de análisis y luego de apoyo constante del electorado, conseguirá regenerar su país, su savia y sus instituciones, y abrir el camino hacia un gran destino. Lo mismo vale para unir a Europa. Así es la "democracia del líder", la única inteligente e inteligible, la que no entrega a los pueblos engañados a bromistas, estafadores y embaucadores.

Otras "democracias" son democracias de charlatanes. Propulsan a los escaños de las asambleas y los ministerios a un trío de políticos a menudo incompetentes que se acosan y arengan mutuamente y que, en cuanto se encaraman a sus escaños con millones de dólares del engañado público, hacen lo que les da la gana o no hacen nada en absoluto, salvo llenarse los bolsillos.

El desorden, la decadencia, me daban náuseas. En resumen, quería volar la tienda política.

Capítulo VIII

Arponear tiburones

Dejando a Jam y a Tintín en su mesa de dibujo, me dedicaría, a partir de entonces y durante dos años, a enfrentarme cada tarde a los políticos socialistas y comunistas que reunían a los trabajadores en las Casas del Pueblo. Porque era, ante todo, al pueblo al que quería convencer y dirigir.

En aquella época, las masas aún desconocían la televisión e incluso la radio. Les bastaba con reunirse al pie de los estrados donde se entronizaba a sus saltarines parlamentarios. Allí se atiborraban de buenas promesas. Este simple público era oro de veinticuatro quilates. La gente de la época no había sido gangrenada por el frenesí del consumismo. Eran puros de corazón, buscaban instintivamente lo que era verdadero y limpio.

Mi intención era aprovechar el hecho de que, en estas reuniones de izquierdas, las únicas que seguían atrayendo a grandes multitudes, se ofrecía la contradicción -teóricamente al menos-. La ventaja evidente del sistema era que esos torneos de oratoria no me costaban absolutamente nada. Los dirigentes marxistas que organizaban las reuniones corrían con todos los gastos, por supuesto.

Efectivamente, fueron los socialistas y comunistas belgas quienes, actuando a contracorriente, pagaron mi lanzamiento. Les estoy muy agradecido.

Totor. — Si Degrelle parle au Palais des Sports, nous descendons dans la rue avec nos poitrines... et je ne réponds plus de mes hommes !

Nunca, antes de aventurarme a estas reuniones, nadie se había aventurado en estas reuniones generalmente muy tumultuosas. Te podían dar una paliza. ¡Yo recibía algunas palizas memorables! Me mantendría firme, acabaría conquistando esas audiencias, sin duda con elocuencia, pero también con muchos golpes. Pero seguiría siendo el amo del campo. Una noche incluso me enfrentaría al ministro Spaak. Era un orador florido, chillón y muy fogoso. Me divertí mucho haciéndole arder en llamas

En las calles de las grandes ciudades, jóvenes barrenderos rexistas limpian simbólicamente los adoquines.

Una vez que tuve esta audiencia, pude organizar mis propias reuniones, esta vez pagando por ellas.

Por primera vez, los electores sabrían que, al correr ellos mismos con los gastos de las asambleas populares, eran ellos y no unos maniobreros escurridizos quienes financiaban sus reuniones políticas.

Al poco tiempo, miles y luego decenas de miles de belgas acudían en masa a escucharme. Amasé a este público. Los electricé.

Nadie en Bélgica había visto (ni volvería a ver) un espectáculo de esta envergadura. Yo apenas tenía entonces veinticinco años. Un chaval. Hasta los cincuenta años, en aquella época, un hombre era un niño. Pero este niño resumía los impulsos de todo un país.

Hergé y Jam no perdían de vista su "Vingtième" mientras seguían esbozando sus leyendas, pero estaban exultantes.

En las calles de las grandes ciudades, columnas de mis jóvenes barrenderos limpiaban simbólicamente los adoquines, entre los aplausos de los alegres transeúntes.

Reunión rexista en el Palacio de los Deportes de Bruselas (30.000 personas).

También mi imprenta empezó a reventar. La tirada de mi semanario "REX", un modesto mensual al principio, luego quincenal, había alcanzado los cien mil ejemplares vendidos. En 1935, ¡superaba los 350.000! Circulación controlada por un notario. ¡Cifras inauditas en la pequeña Bélgica! Equivalían a la distribución, por dinero, de dos o tres millones de ejemplares cada domingo en toda Francia. Mi ejemplar era vitriolo. Lo vertí a cubos.

Mis equipos de propagandistas recorrían el país a pie o en bicicleta. De hecho, ya ni siquiera teníamos que perseguir al público: era el público el que corría a comprar nuestros periódicos en los quioscos y a escucharme en las plazas públicas.

Por las mañanas, los asombrados viajeros podían mirar por la ventanilla del tren y ver vacas en los prados cubiertas de enormes REX escarlata. En los canales y puentes colgantes, los REX gigantes aparecían de repente ante las narices de los automovilistas parados al paso de las barcazas. La propaganda se había convertido en el más divertido de los inventos, gratis por supuesto, cada uno de nosotros luchando, inventando, sólo impulsados, propulsados por nuestros ideales

Y sin embargo, en aquellos meses, todos éramos todavía muy ingenuos. No teníamos ni idea de los turbios manejos que manipuladores y empresarios tramaban clandestinamente en la prensa del corazón.

El "Vingtième Siècle" también tuvo su tiburón bancario, como todos sus virtuosos colegas.

Por orden del cardenal Van Roey, el financiero del "Vingtième Siècle" había sido nombrado, contra todo derecho y contra todo sentido moral, senador cooptado, sistema utilizado en Bélgica para plantar en el Senado grandes vegetales incapaces de fructificar por sí mismos en el suelo electoral. Este senador cooptado del "Vingtième Siècle" era un sapo de ojos grandes llamado Philips. Yo había empezado a agitar mi escoba de hierro en los pasillos ministeriales y parlamentarios. Quería enviar a los políticos podridos directamente al estercolero. Juré librar a Bélgica de ellos.

La primera persona a la que ejecuté -con el debido respeto- fue el Presidente del Partido Católico, un hombre llamado Segers, un tipo pequeño y ceñudo con el bigote de un gato viejo y cansado y una calavera gris envuelta en la estopilla de un sombrero negro de bola. Era un especialista en saquear cajas de ahorros. Con placer triunfal, lo aplasté entre las flacas palmeras que decoraban la tribuna desde la que, en 1935, había presidido su último Congreso en la ciudad de Kortrijk, el mismo día de Difuntos (¡triste coincidencia!).

Volví a desafiarle una semana más tarde en el Palais des Sports de Bruselas, donde, ante treinta mil personas, le exterminé, por incomparecencia, entre grandes carcajadas. Temeroso y presa del pánico, ¡no se atrevió a arriesgarse a un enfrentamiento! Inmediatamente le envié un folleto cuyo título, por sí solo, no podía dejar de seducir al lector: "Acuso al Ministro Segers de ser un traidor, un banquero, un saqueador de ahorros y un cobarde".

Unos meses más tarde, intentaría resarcirse en los tribunales. También allí ganaría. Segers sería barrido, con argumentos de flagelación, y condenado a pagar las costas del juicio. Y así, a bombo y platillo, fue ejecutado mi primer gran podrido.

Le "Palais des Sports de Bruxelles", dibujo de Hergé para 'La Légende d'Albert Ier, Roi des Belges' de Paul Werrie.

El segundo sería el Philips del "Vingtième Siècle", el jefe cardenalicio, todavía escondido entre bastidores.

Jam y **Hergé** desconocían hasta entonces las hazañas secretas de este bípedo odorífero.

CAPÍTULO IX

EL JEFE EN EL BARRO

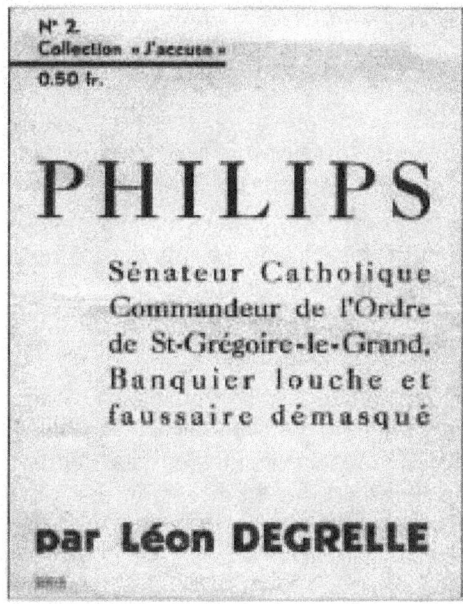

Entre otras cosas, este financiero Philips "gestionaba" los fondos de los pequeños agricultores flamencos, gracias al enorme apoyo -muy generosamente pagado- del Cardenal y su clero. Cientos de millones de francos desaparecieron en escandalosas quiebras.

Me había enfrentado a este gángster, llamándole, en plena asamblea de su partido - sin exagerar la cortesía, lo reconozco - ¡"un excremento viviente"! El público no necesitó mucho dibujo para entenderlo.

En mis reuniones, abusaba de todas las figuras políticas y financieras corruptas con el mismo vivo vigor. Los agarraba por los pantalones, los arrastraba hasta su podredumbre y les hacía beber, comer y escupir. Por último, los arrojaba, empapados de lodo, al público atónito. ¡Nunca en ningún país nadie había arponeado a semejantes escuadrones de depredadores con tanto ardor!

Por supuesto, estas plagas aún no han desaparecido de los caldos de cultivo políticos. Ni mucho menos. Siguen ahí fuera, más numerosas y más voraces que nunca.

Lamentablemente, nadie se atreve a clavar sin piedad sus largas y afiladas jabalinas en sus viscosos cadáveres, con nombres y hechos. El Philips en cuestión no resistió mucho tiempo mi tratamiento de choque.

Llevaba una consternada cabeza de enano sobre sus estrechos hombros. A la izquierda de su viciosa nariz de cañón brillaba un gran garbanzo violáceo, pegado como un botón de bragueta tambaleante. Para rematar a este Adonis, le dediqué un folleto de una violencia sin precedentes: "¡Philips, senador católico, comendador de la Orden de San Gregorio Magno, banquero turbio y falsificador desenmascarado!". Lo sumergí, hasta el último pelo áspero de sus pantorrillas, en la melaza de sus depredaciones. Después de esta zambullida, el elegido de Su Eminencia estaba acabado. Sólo le quedaba huir para siempre del Senado belga, con el rabo al aire. Él también, desacreditado para siempre, ¡nunca más se aventuraría en una asamblea política!

Pero, sin que muchos lo supieran, aún le quedaba 'Le Vingtième Siècle', donde Hergé y Jam seguían dibujando, no sin sentirse arrastrados por mis arengas. Eran mis viejos hermanos. Totalmente comprometido, Jam había empezado a dibujar sus primeras caricaturas en mis diarios de combate, que eran tan feroces como hilarantes. Mostraban a los viejos podridos de la política huyendo despavoridos, cada cual más bufón, volando en todas direcciones bajo mis escobas exterminadoras.

El Abbé Wallez recibió la orden de poner fin al escándalo en su casa. Entre nosotros, el abate vomitó a Philips y a sus podridos colegas tanto como yo. Poco después, Philips sería destituido de la dirección de "Le Vingtième Siècle" por orden del cardenal Van Roey.

Se convertiría -él, el benévolo jefe de mis comienzos- en uno de mis discípulos más implacables. Después de 1944, pasaría un tiempo en cárceles monstruosas. Lisiado por los ultrajes, este patriota excepcionalmente vigilante moriría por mi causa, confortado por los Hergés, que le acogerían al final de su vida.

Sin embargo, cuando empecé a escribir, el abate Wallez seguía al frente de "Le Vingtième". Reunió a Jam y a Hergé en su despacho, con las ventanas abiertas de par en par, para que no les molestara demasiado el olor a Philips que apestaba el aire allá por donde pasaba en el edificio.

¿Qué solución elegir? Y, sobre todo, ¿cómo limitar los daños?

"El barrido de Rex", de Jam ('Les Dernières cartouches', 1936).

CAPÍTULO X

LOS TRES AMIGOS Y LA VICTORIA

Para Hergé, como para Jam, ganarse un mendrugo cada mes era, en aquella época, tan duro como trepar con los gatos por las alcantarillas de la catedral de Bruselas.

En "Le Vingtième Siècle" no ganábamos mucho. En Rex aún menos.

Aparte de su Tintín, Hergé utilizaba su talento como dibujante para trazar bocetos utilitarios siempre que podía. Todo lo que inventó con este fin es casi inimaginable. Incluso creó el "Atelier Hergé" (un nombre pomposo para una sola persona), para cobrar contratos publicitarios. Ensalzó el colchón virtuoso, las orquestas de modulófonos, los jacquettes, los abrigos pegajosos, los fonógrafos, la costura Alice, las conservas Habi, y creó juegos de cartas, sellos, dominós, rompecabezas y marionetas. Incluso sedujo al público con anuncios de clases de boxeo.

¡Utilizó a los Dupont-Dupond, chorreando sudor bajo el pañuelo, en pleno Sahara, para cantar las bondades de los puros Agio-Méharis! Después de que Georges ensalzara con frialdad las virtudes del tabaco en otra valla publicitaria, Jam colocó cáusticamente una caricatura en la portada de mi diario "Le Pays réel", ¡en la que aparecía nuestro Hergé dando perezosas caladas a un cigarrillo retorcido como un sombrío muerto! Como pueden ver, no faltaba la rosserie entre nosotros.

Donde mejor ayudé a Hergé a conseguir el mayor contrato de todos fue con los propietarios del chicory Pacha.

¿Degrelle en achicoria? Bueno, ¡un poco! La chicorée Pacha tenía su fábrica en Hal, a la derecha de la carretera principal Bruselas-Tournai. Resulta que el hijo del jefe era un rexista acérrimo, hasta el punto de que nuestras reuniones se celebraban en el despacho del presidente. Yo me sentaba en la silla. Decidíamos el destino del mundo bajo elocuentes letreros: "Qui a bu bura boira chicorée Pacha" (Quien beba, beberá achicoria Pacha) - ¡un estribillo muy belga! Naturalmente, Hergé consiguió enseguida un contrato sensacional.

En la exposición "Tout Hergé", en Welkenraedt, aún se pueden admirar las "tiras" de Hergé que describen la épica batalla de un pachá amante de la achicoria

Les "bien couchés" (los colchones Simmons): un gag anunciado como parte de las noticias de la 2ª página por el Agente 15... ("La Nation Belge", 23 de

Los anuncios de cigarrillos de Hergé (aquí, hacia 1930) le llevaron a ser caricaturizado por Jam con una colilla en la boca.

En el dibujo número uno, el ayuda de cámara ofreció al pachá una botella para refrescarle, pero el destinatario, furioso, la mandó a volar por los aires (dibujo 2). Otro intento: con una tremenda patada, el pachá, disgustado, catapultó la bandeja hasta el techo (dibujo 3). En el cuarto dibujo, ¡el personal huyó despavorido!

Afortunadamente, en la quinta viñeta, apareció un amable negro con una olla de "achicoria de Pacha". En la sexta viñeta, ¡delicias celestiales! El pachá, con las piernas cruzadas, sorbía la divina bebida sobre un fondo de palmeras. El negrillón, tan mono como el niño Jesús, también disfrutaba del café desde la boquilla de la cafetera, ¡rociando la milagrosa bebida sobre su tupida cabecita! ¡La ovación final fue más o menos así: "Quien ha bebido beberá achicoria Pacha", que Hergé también transcribió al flamenco: "Eens gedronken steeds geschonken!

Así, gracias a los entusiastas lápices de Hergé, la achicoria rexista de Hal ayudó a alimentar a la encantadora Germaine, ¡y nos mantuvo a todos en un estado de euforia!

Pero Philips, apaleado, con la nariz verde y la pata sucia, no estaba nada eufórico. Exigió a mis dos compañeros que abandonaran inmediatamente al iconoclasta Degrelle, que estaba a punto de pulverizarlo.

Jam no tardó en decidirse: dejaría la vieja carroña de Philips y me seguiría. Oficialmente, fue expulsado.

Pero, como acabamos de ver, no éramos ricos. Un sueldo extra -incluso modesto- que pagar cada mes era casi una tragedia para nosotros. Pero Paul Jamin y Hergé tenían sus propios hogares jóvenes que alimentar, ¡esposas que necesitaban un mínimo de espaguetis cada mes! De repente, ¡tendríamos que pagar dos sueldos extra! Estaba fuera de nuestro alcance. Nos las arreglamos como pudimos

Pourquoi Pas" del 29 de mayo de 1936 saludaba la victoria de REX: "Todas las explicaciones no impiden que este personaje, desconocido hasta ayer, descrito generalmente como un niño, un profesor de primaria exaltado y un grotesco, haya sacudido en sólo seis meses toda la vida política de este país, uno de los

Hergé estaba menos comprometido. No estaba especialmente curtido en mil batallas. Aparte del alegre equilibrismo del líder socialista Vandervelde, su Tintín de "Tintín en el país de los soviets" sólo había atacado hasta entonces al antropófago comunista estepario Joseph Stalin, lo que no molestaba especialmente al hipercapitalista Philips. Hasta entonces, ¡los dibujos de Hergé sólo habían mostrado los cuartos traseros de este Stalin lejano! Así que, para asegurar la cocina de Germaine, Hergé seguiría, por el momento, agazapado en su cuchitril del "Vingtième Siècle". La única mermelada estaba vacía, ¡se había convertido, evidentemente, en un pestiño degrelliano! ¡Fuera, desgraciado!

Hergé permanecería -por cuánto tiempo-, mudo, en la guarida de Philips. Entre 1935 y 1939, crearía en silencio "L'Oreille cassée", "L'Ile Noire" y "Le Sceptre d'Ottokar". Hasta la debacle de 1940 no pudo seguir su propio camino.

En seis meses, Jam se convertiría -durante más de sesenta años- en el dibujante número uno de Bélgica, ahora casi tan famoso bajo su segundo seudónimo, Alidor.

Primero en el semanario "REX", luego en nuestro diario "Le Pays Réel" (tirada de 250.000 ejemplares en 1936, controlada también cada noche por un notario), la colaboración de Jam se convertiría muy pronto en una de las grandes atracciones de nuestra prensa. Al principio, las líneas del dibujo eran todavía un poco vacilantes. Al cabo de unos meses, se habían vuelto nítidas, tan nítidas como los trazos de un estilete, pero un estilete enviado todos los días, entre grandes carcajadas, directamente al viejo culo político. Miles de lectores compraban "Le Pays Réel" sólo por la viñeta diaria de Jam, que clavaba un bicho parlamentario en la punta de su lápiz divertido y asesino.

Era alegre, enorme, feroz.

Los dibujos asesinos de Jam, nuestras escobas, blandidas por todas partes por los jóvenes, mis cientos de reuniones, mis tres artículos diarios (¡escribía, pluma a pluma, el equivalente a un volumen de trescientas páginas cada quince días!) habían puesto al electorado belga en un estado de ebullición creciente. Tres horas de sueño me bastaban.

El 24 de mayo de 1936, tras una fabulosa campaña que quedará para siempre grabada en la historia política de Bélgica, ¡trescientos mil electores votaron por mí!

En realidad, eran un millón de ciudadanos, porque las mujeres y los jóvenes no votaban en aquella época. Veintiún diputados rexistas y doce senadores irrumpimos en el Parlamento con nuestras escobas de venganza en la mano. Yo tenía 29 años. Nunca habíamos visto una estampida semejante: ¡un chaval rompiendo a mazazos los apestosos escaparates de los profesionales de la política!

Hergé, enclaustrado en su "Vingtième Siècle", no podía, a pesar de todo, permanecer helado al lado de nuestro infierno.

Utilizó subterfugios y dibujó toda una tira cómica dedicada a Flupke presenciando una especie de fin del mundo. Aparecían alas de aviones por todas partes.

Caían bombas. Pero junto a un cartel de Antirex (sacado de un periódico insultante, para no hacer explotar a Philips) había otro, victorioso: "Rex vencerá"

En el primer dibujo, otro enorme "REX VAINCRA" cubría toda la fachada de un popular cine. Era exactamente el 2 de abril de 1936. Con mes y medio de antelación, discretamente, Hergé, a través de Flupke, ¡nos enviaba su amable saludo ruso!

También nos mostraría, con un guiño pícaro, su divertida complicidad al bautizar a la banda de detectives que manipulaba en sus álbumes con el nombre de Agence Judex. *Judex* era el título del periódico más vil creado de la nada en 1936 para mancillar la imagen del rexismo. Pero a pesar de todos los Judex y sus millones, Bélgica entera se tambaleó.

El 24 de mayo de 1936 salimos victoriosos.

Georges Remi guardaría un emotivo recuerdo de nuestra colaboración hasta su muerte. En la intimidad de su despacho privado, atesoraba la correspondencia que había recibido de mí. Concedió a su biógrafo, el escritor Numa Sadoul, el privilegio de ver estos recuerdos secretos. Entre ellos se encontraba el borrador de un cartel que Hergé había diseñado para REX y del que nunca aceptó desprenderse, ni siquiera en los días más oscuros de la persecución.

Después de 1945, se intentó maquillar la gesta del rexismo, pero muchos belgas siguen lamentando aquellos días en los que fueron aplastados por gritos de: "¡Limpieza! Se acabó con los todopoderosos gánsteres de la especulación democrática.

La paliza que infligí a esta chusma quedó durante mucho tiempo marcada en sus cuartos traseros putrefactos, estos azotes que ante las escobas del rexismo tantos votantes traspasados habían besado devotamente, y que después de 1945 tantos desconcertados, eternamente preguntones, empezaron a besar de nuevo con una ingenuidad casi conmovedora.

TERCERA PARTE

EL HERGÉ DE 1940

CAPÍTULO XI

EL HOMBRE DEL SACO HITLER

De 1936 a 1939, fue una batalla encarnizada para nosotros. En dos ocasiones, también sería una espiral descendente.

Los viejos políticos eran taimados. Nos tendían todo tipo de trampas. Los votantes -muchos de ellos ahora cornudos satisfechos-, con el pretexto de luchar por la "democracia", se dejaban engatusar de nuevo con gigantescas campañas de mentiras, exageraciones salvajes y farsas, en las que el objetivo, señalado con dedo vengativo, ¡sería claramente el temible Hitler! ¡Ese Hitler al que todos debían gritar con furia!

Adolf Hitler en 1925.

Puede que a usted no le guste este recién llegado, pero convertir a Hitler en un hombre del saco dispuesto a abalanzarse sobre Occidente en cualquier momento fue, ric à rac, una tontería. ¿Estaba Hitler realmente interesado en nuestros países occidentales? ¿No eran los soviéticos, y sólo los soviéticos, el objetivo de Hitler?

¿Por qué tanto alboroto?

¡Que los franceses se queden con su Alsacia-Lorena! Los belgas, su Eupen-Malmédy. ¡Los italianos, su Tirol alemán! ¡Claro que sí! En varias ocasiones, Hitler ofreció a Occidente estos importantes acuerdos territoriales, autentificados en documentos diplomáticos, formulados y proclamados desde los estrados más famosos, tanto en el Reichstag como en el Congreso de Nuremberg.

Adolf Hitler, hacia 1930.

El jefe del Reich sabía perfectamente que nunca convertiría a un parisino en prusiano, ni a un bouillonnais en potsdamés.

Por nuestra parte, ¿qué interés podíamos tener en saludar a Hitler en París cuando se moría de ganas de ir a Moscú y al Volga?... Es decir, a dos o tres mil kilómetros de nuestros puestos fronterizos, ¡dejándonos disfrutar en paz de nuestras patatas fritas y cramas crujientes!

¿Fue inteligente seguir diciéndoles a los belgas y a los franceses que un enorme nazi estaba decidido a asaltarlos? ¿Fue inteligente dar a Hitler muchos aires de grandeza? ¿No fue el propio Spaak quien, tras la derrota de 1940, tuvo que admitir que Occidente se había equivocado y que la guerra en Occidente había sido "inútil y estúpida"?

Si Hitler soñaba con cruzar algún día las estepas a caballo, ¿no debería haber estado encantado todo Occidente?

Era una garantía de que, durante décadas, el dinamismo de Hitler quedaría totalmente absorbido por esta gigantesca aventura.

Poner orden en los inmensos espacios esclavizados por Lenin desde 1927, liquidar la tiranía del comunismo estalinista en esas gigantescas regiones, reconstruir en Rusia una economía hecha mil pedazos por el marxismo, ¡adaptar veinte pueblos del Este a una comprensión comunitaria de la vieja Europa!

Adolf Hitler, a finales de los años 20.

Alcanzar estos enormes objetivos, que se extendían desde el Mar Báltico hasta el Océano Pacífico, habría requerido un esfuerzo de decenas y decenas de años, incluso por parte de un líder nato como Hitler.

¿Y qué? ¿Por qué habrían de ladrar miles de Milous?

Podemos verlo de nuevo ahora, a finales del siglo XX: un Gorbachov liquidado en innumerables dificultades, luego un Yeltsin malhumorado, uno tras otro, corriendo de Nueva York a París, con la mendicidad en la mano, luchando con proyectos de reforma política, social, económica y racial, ¡que ni ellos mismos ven ya cómo van a abordar! ¡Y mucho menos resolverlos!

Europa y Estados Unidos se tambalean ante estos problemas, ahora "democráticamente" insolubles.

En otras palabras, si Hitler se hubiera embarcado en un gigantesco viaje a las profundidades de las repúblicas soviéticas -mucho más complicado que el de Tintín en 1929- habría liberado a todo Occidente, durante medio siglo al menos, de cualquier temor a una invasión

Hitler habla en una brasserie (hacia 1930).

procedente del Este. De hecho, habría ocurrido lo contrario. Una vez hundido, y durante mucho tiempo, en las estepas infinitas, Hitler habría sido inevitablemente el cliente privilegiado y providencial tanto de la agricultura como de la industria de nuestros países occidentales. Habría necesitado sus suministros alimentarios, sus productos manufacturados y sus armas, y muy probablemente durante el resto de su vida. Una verdadera "colaboración" de facto nos habría acercado en lugar de enfrentarnos

Además, un Hitler que nos librara de la amenaza de una invasión soviética nos habría venido muy bien. Así que sembrar el pánico en Occidente, entre 1935 y 1940, con historias de ogros teutones decididos a aplastarnos a todos entre el Mosa y el Garona, y ocultar el hecho de que un plan de acción completamente diferente estaba llevando el dinamismo de Hitler hacia el Este, no era realmente muy serio.

Sobre todo, era peligroso. Lo sabríamos cuando llegara el momento de pagar la factura.

Como jefe del ejército, Adolf Hitler era uno con sus soldados.

Frente a estos soviéticos, un peligro para todos, ¿Hitler reconstituía la unidad de su país? ¿Y qué los austriacos eran indiscutiblemente alemanes. Ya en noviembre de 1919 habían querido reincorporarse al Reich alemán, con la Izquierda Socialista a la cabeza (mi libro "Les Tricheurs de Versailles" da todos los detalles al respecto). En 1938, más del 99% de ellos votaron a favor de volver al Reich.

Adolf Hitler, Canciller del Reich, jura su cargo en Potsdam el 21 de marzo de 1933. Pintura de Richard Lindmar (Múnich, 1937).

Encabezada por los obispos y el cardenal Innitzer, la Iglesia Católica había escrito a sus fieles pidiéndoles que "votaran a Hitler" en las elecciones. El antiguo y futuro canciller socialista, Dr. Renner, había pedido igualmente a sus electores de izquierdas que votaran a favor del Anschluss. Por casualidad, ¿no tenían los austriacos el derecho elemental a la autodeterminación?

El 12 de marzo de 1938, Hitler fue recibido en Linz, su ciudad natal, como libertador por una multitud jubilosa que apoyaba a Anschluss.

El Tratado de Versalles de 1919 reconoció este derecho como absolutamente natural. Se comprometió a garantizar su respeto. Si los alemanes de Austria querían volver al antiguo Reich de sus padres, ¿quién podía oponerse?

Léon Blum, el líder judío de los socialistas franceses, se vio obligado a reconocerlo, menos de dos años antes del triunfo final de Hitler, cuando escribió en su diario "Le Populaire" (24 de marzo de 1931): "Nadie puede negar que una afinidad natural, basada en muchas causas, atrae a la pequeña Austria hacia Alemania y que un día, el vínculo se establecerá; sólo será siempre la expresión del más indiscutible de todos los derechos: el derecho de un pueblo a la autodeterminación".

¡Qué sentido tenía entonces el chantaje hipócrita de los chiflados demócratas, indignados ante la mera idea de esta consulta! ¿La ley era blanca o negra, según se fuera alemán u opositor a los alemanes?

El mismo razonamiento se aplicó en 1938 a los tres millones y medio de habitantes de los Sudetes. Casi el cien por cien de ellos eran alemanes populares. Entonces, ¿en base a qué principio debían ser detenidos a la fuerza y sin fin, con sus narices metidas en los hocicos de los ocupantes checos?

Lo mismo ocurrió con los habitantes de Danzig, más del 99% de los cuales votaron a favor de su regreso a su comunidad nacional. Los propios silesianos, arrebatados fraudulentamente de la patria alemana en 1922, podrían haber hecho una demanda similar con la misma legalidad.

Adolf Hitler y el Nuncio Papal Basallo di Torregrossa muestran sus puntos de vista comunes: "Durante mucho tiempo no te entendí. Por eso estuve preocupado durante mucho tiempo; hoy os comprendo. Todos los católicos alemanes votan hoy ¡Sí!

Lo realmente intolerable no era que los alemanes exigieran esas devoluciones, ¡sino que se las negaran!

En 1990, ¿se negaría a los alemanes orientales el derecho a formar un Estado único con los alemanes occidentales

El rechazo fanático en 1938 y 1939 de la unificación legítima de un solo pueblo no fue una cuestión de derecho, ¡sino del despotismo más hipócrita!

En el Sarre, por ejemplo, en 1919, los Aliados habían aplazado hasta 1935 el derecho de los habitantes alemanes de esta provincia a manifestar su voluntad mediante un plebiscito. Mientras tanto, las tropas británicas, francesas e italianas habían ocupado duramente la zona. Todos los recursos de la región, en particular el carbón, habían sido gestionados y digeridos por los ocupantes aliados. Tras quince años de espera -y de constante propaganda contra la adhesión a Alemania-, ¡el famoso plebiscito, prometido formalmente en Versalles, iba a celebrarse por fin en 1935! Bajo el control de las armas y los blindados aliados. Hasta el último día se hizo todo lo posible para influir en los votantes. A Hitler, canciller del Reich desde hacía dos años, ni siquiera se le permitió ir a hablar con sus compatriotas del Sarre ni una sola vez antes de que se celebrara la competición. Por lo tanto, la votación tuvo lugar bajo coacción, o al menos bajo la estricta supervisión de los aliados, y a diez metros de los tanques franceses. Resultados de la votación en el Sarre: ¡91% para Hitler! Para la autonomía socialista: 8%. Y, como por arte de magia, ¡ni siquiera el 1% para Francia! ¡Apenas dos mil votos!

En 1919, durante las discusiones sobre el Tratado de Versalles, el ministro Tardieu llegó a afirmar que ¡sólo 150.000 votantes de Sarebrück enviarían a un diputado francés a París!

Cualquier lector de Tintín se habría reído a carcajadas ante esta negación casi cómica. Este enorme resultado, debido a los propios Aliados, no sacudió ni un milímetro la jactancia de los dirigentes democráticos. El 91% no tenía sentido porque no habían ido en la buena dirección.

Hitler, ¡era al revés!

Ya en 1935, el plan para desmantelar la Alemania de Hitler estaba a la vista de todos. La Internacional Marxista, la primera, se enfureció al ver que una revolución rival, el nacionalsocialismo, estaba en vías de liquidar sus herejías económicas.

Lo mismo ocurre con la masonería, que observa furiosa que su hegemonía política se derrumba por todas partes y que toda su hojalatería ya no interesa ni al Rastro.

Manifestación del ejército británico en Saarbrücken antes del referéndum de 1935.

Los judíos, por su parte, hervían de indignación porque ya no podían, como en los benditos días anteriores a 1933, ocupar veintidós de los veintiocho puestos del consejo del todopoderoso Reichsbank, y Hitler llegaba a pedir a los israelitas que se conformaran con ser, en el mundo, ciudadanos como los demás.

El ejército alemán volvió a ocupar Renania en 1936.

¿Y qué? ¿El "pueblo dominante" (De Gaulle dixit) dejaría de dominar? ¡Impensable!

De estas viejas dictaduras ocultas, marxistas, masónicas, judías, podíamos detectar los complejos de frustración. También podíamos ver sus provocaciones surgiendo en cualquier momento.

Pedimos al público belga, que no tiene nada que ganar con los combates amañados, que no pierda la cabeza y piense un poco antes de lanzarse estúpidamente a un baño de sangre y horror, sin haber comprendido siquiera el fondo del asunto.

Pero cualquiera que no estuviera de acuerdo con los internacionales de guerra en 1938 era inmediatamente denunciado por un centenar de fanfarrones folclóricos como un apóstata del Diablo, ¡un vendido a un tirano!

Semejante fanatismo era espantoso. Mi cabeza, con un casco de pinchos de 1914 (¡tenía ocho años en 1914!), se exhibía en todas las paredes de Bélgica.

Desde 1937, ¡nadie -ni REX, ni yo, ni Jam, ni mucho menos el pacífico Hergé- ha tenido la menor relación con ningún político alemán! ¡Con o sin casco!

En el verano de 1936, de paso por Berlín, me encontré con el canciller Adolf Hitler durante dos horas en la soledad de su despacho, sin haberlo buscado. He relatado este encuentro fresco, directo y estimulante en otro lugar. Hitler estuvo de acuerdo conmigo en que un plebiscito amistoso debía resolver el futuro de las disputadas tierras de Eupen y Malmedy, presidiendo él mismo y el rey Leopoldo III la apertura de la consulta electoral y celebrando juntos su conclusión. Informé de ello al rey Leopoldo III en cuanto regresé.

Exactamente el mismo año, vi largamente a Mussolini.

Del mismo modo, cenaría en los Comunes de Londres con Winston Churchill y pasaría un fin de semana en un castillo escocés charlando con una serie de diputados británicos.

Podían ponerme al frente de mi país, un país aislado, a menudo invadido, siempre amenazado. Por eso me resultaba útil haber establecido de antemano contactos internacionales para estar preparado ante cualquier sorpresa. Pero el furor desatado contra Hitler a partir de 1936 había sido tal que, desde entonces, yo había interrumpido cualquier debate con cualquier dirigente del Tercer Reich

Esto era ciertamente lamentable: cuanto mayores fueran los peligros, más reuniones habrían sido necesarias.

¿Quién podría discutir esto después de ver a Begin y Arafat, enemigos que uno habría pensado que nunca podrían reconciliarse, darse la mano en la Casa Blanca en Washington el 13 de septiembre de 1993?

Las barreras levantadas fanáticamente entre los europeos nos apartaron de toda posibilidad de buscar acuerdos que hubieran podido salvar la vida de los cincuenta millones de personas que perecieron entre 1939 y 1945.

Capítulo XII

El método Coué

En lugar de correr ciegamente hacia los riesgos de una guerra europea, el público habría sido mil veces más sabio si hubiera estudiado de cerca la revolución social que, derrocando quince años de demagogia, estaba en proceso de reconciliar en Alemania a la clase obrera y a la clase industrial, hasta entonces enfrentadas por el marxismo, mientras que en la batalla moderna son incapaces de sobrevivir la una sin la otra.

En cualquier caso, ¡los propios alemanes querían a ese Hitler! Lo tenían. Era asunto suyo. No teníamos más derecho a dictar sus opciones electorales que el que teníamos a dictarlas a los franceses, los italianos o los británicos.

Hitler, nos gustara o no, se había convertido en el líder parlamentario del partido más importante de Alemania a través del proceso electoral del propio régimen de Weimar.

Los logros nacionalsocialistas no tuvieron rival en Europa.
Aquí vemos un jardín de infancia.

¿Era cierto o no? ¿No había llegado a la Cancillería gracias a millones y millones de votos indiscutiblemente democráticos? ¿No había sido legalmente elegido por el Presidente del Reich, el mariscal von Hindenburg? ¿No había sido aprobada esta elección, tres meses después, por sufragio universal, por la mayoría absoluta del electorado del Reich?

En 1933, Alemania, que el propio electorado confiaba así a Hitler, era un Estado casi arruinado, con una economía colapsada y seis millones de parados.

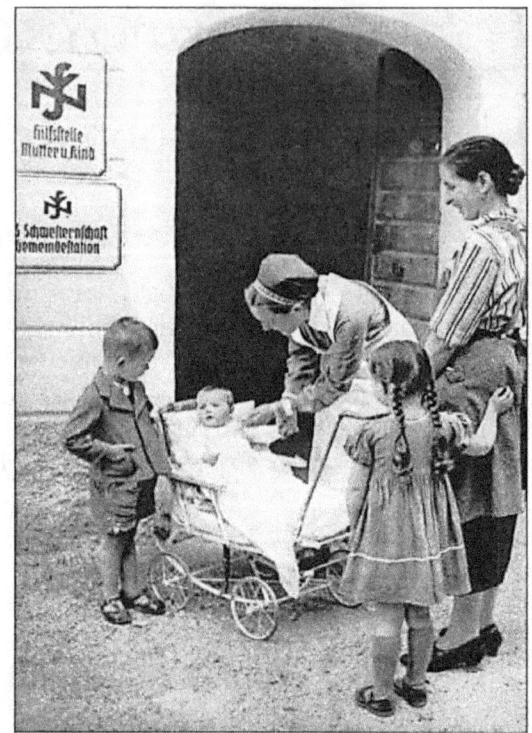

Entre los innumerables logros sociales de los nacionalsocialistas figuraba una poderosa red de empleadas domésticas.

¿En el espacio de dos años, Hitler redujo el monumental número de trabajadores desempleados a casi cero? ¿Qué país de Europa, antes o después de 1945, hizo tanto?

La reorganización del ejército, entonces casi inexistente (1935), había contribuido poco a la rápida vuelta de Alemania al trabajo y a la prosperidad.

El estudio de las reformas económicas del Tercer Reich debería haber interesado a cualquier científico social un poco curioso. Hitler había glorificado la dignidad del trabajo y había obligado a los industriales a proporcionar a sus trabajadores un estatus digno, salarios más altos y locales modernizados.

Se vio obligado a equipar las fábricas con miles de instalaciones modernas, incluidos campos de deportes, piscinas y lavabos.

*Boceto del "Coche del Pueblo" o "Volkswagen".
Diseñado por Adolf Hitler en 1924, fue construido por F.
Porsche y fue quizás el único diseño nacionalsocialista que
sobrevivió al desastre de 1945.*

Ha introducido vacaciones pagadas para los trabajadores, que ascenderán hasta veintidós días al año.

Sólo tres años más tarde, en 1936, el gobierno marxista del Front Populaire de Léon Blum concedería a los trabajadores franceses un total de ¡seis días de vacaciones al año!

Para facilitar la vida de los trabajadores y embellecer su tiempo libre, Hitler había creado kilómetros de playas en el mar Báltico y organizado cruceros de trabajadores a los fiordos de Noruega y las islas Canarias. Había construido varios miles de kilómetros de autopistas gratuitas a razón de un kilómetro al día, y había proporcionado a los trabajadores un millón setecientas setenta y cinco mil casas atractivas, pagaderas en diez años, con una reducción del 25% por el nacimiento de cada hijo.

"5 marcos a la semana tendrás que ahorrar. Si quieres viajar en tu propio coche". Anuncio del VW, figura emblemática de los logros populares del nacionalsocialismo.

En un nuevo e inmenso complejo industrial, basado en un modelo que él mismo había diseñado ya en 1924, construyó un automóvil verdaderamente popular, el primero de Europa, el Volkswagen, asequible para un asalariado de clase trabajadora a cinco marcos semanales...

¿No valía la pena echar un vistazo objetivo a estas transformaciones?...

¡Otra observación: las familias alemanas daban al Reich un millón seiscientos mil hijos al año (¡un millón más que en Francia!) Cuando un pueblo tiene tantos hijos, y tan hermosos, significa que las preocupaciones de dinero ya no asolan su existencia, significa que es feliz en la comodidad de su hogar y, sobre todo, significa que se siente en paz!

Estas reformas eran un hecho. Entonces, ¿debemos taparnos la cara para siempre? ¿Negarlo obstinadamente? ¿No sopesar nada?

La intolerancia, por desgracia, ya se había convertido en ley. Aceptar las peores mentiras era prácticamente obligatorio.

Medio siglo después, lo es aún más, ahora que la televisión, manipulada por los lobbies, llena implacablemente los cráneos con una media de ¡tres horas y media diarias por cabeza!

Desde 1945, cualquier debate sobre la Alemania del Tercer Reich se ha centrado únicamente en las desgracias de los israelitas. Hay que confiar ciegamente en todo lo que se ha escrito sobre el tema, aceptar las cifras disparatadas con la boca abierta, tragarse los detalles más horripilantes como si fueran caramelos de dulce de leche.

En este momento, son un dogma. La más mínima duda está estrictamente prohibida. Prohibir la duda, sin embargo, es destruir cualquier posibilidad de investigación científica|

Dudar no es sólo el derecho, sino el deber mismo de todo historiador.

¿Por qué te entra un miedo tan extraño ante la mera idea de que una demostración objetiva pueda derribar las leyendas que han sido martilleadas a mazazos en millones de cerebros, hostigadas sin cesar y finalmente puestas completamente patas arriba?

Número del 20 de julio de 1934 de "Soirées", semanario de REX: lejos de preconizar el alineamiento con la política de Hitler, el movimiento de Léon Degrelle se comprometió en una denuncia en todo regla del régimen nacionalsocialista tras un año en el poder...

Este fanatismo, que no cesa a medida que el siglo se acerca a su fin, se ha vuelto casi divertido. En 1991, se pudo oír al cantautor Jean Guidoni declarar, medio en serio, medio en broma, en el programa Culture Club: "Cuando entré en el mundo del espectáculo, la gente me decía: 'Sólo puedes triunfar si eres de izquierdas, judío u homosexual': hice lo que pude".

Gracias a este método Coué irresistiblemente eficaz, los propagandistas belicistas habían conseguido enredar en sus tonterías a millones de ingenuos antes del 1 de septiembre de 1939.

A partir de entonces, nuestro honesto Hergé tuvo que darse cuenta, como casi todo el mundo, de que la idea de una guerra religiosa abrumaba cada vez más a las masas. Frenar esta furia se había vuelto casi imposible.

No sabíamos qué inventar para aterrorizar al público.

"En 1939, un olor a cámara de gas llenaba Europa", se atrevió a escribir sin pestañear el izquierdista Pierre Ajame, protegido de la editorial Gallimard, en su libro 'Hergé', ¡cuando en 1939 ni Dupont, ni Dupond, ni Spaak, ni nadie tenía la menor idea de la posibilidad de la existencia, en ninguna parte, de un aparato con ese olor! El mismo Ajame hizo suyo este llamamiento a los belgas, supuestamente hecho por mí en el otoño de 1939: "¡Alístense, alístense de nuevo en la Wehrmacht!

En 1990, Ajame inventó estas aberraciones, mientras que en 1939, REX y Leopold III se oponían ferozmente a cualquier intervención irreflexiva en uno u otro sentido.

Mejor aún: la inmensa mayoría de los rexistas belgas, jóvenes en este caso, habían regresado, Hergé incluido, disciplinados y fervorosos, a sus respectivos acuartelamientos militares.

Sí, es posible que algunos de los habitantes de Eupen y Malmédy, que se convirtieron en belgas por estafa plebiscitaria en 1919, partieran clandestinamente para servir a su antigua patria alemana, de la que habían sido separados por el Tratado de Versalles. Pero aparte de ellos, nunca hemos podido nombrar a un solo belga,

Uno de los temas de conversación entre el Soberano y el vencedor de las elecciones de 1936 fue la neutralidad de Bélgica (nota: la letra del título fue rehecha poco después por Hergé).

rexista o no, que se alistara en la Wehrmacht en aquella época. Ni, por supuesto, ha habido el menor rastro de un llamamiento, no rigurosamente neutralizado, hecho por mí o por cualquiera de los míos, directamente o en términos velados, invitando a nadie en 1939 a calzarse botas extranjeras.

Para cualquiera que no estuviera en estado de confusión, la única salvación de Bélgica en el otoño de 1939 era permanecer neutral

Hergé, pacifista como era -y precisamente porque era pacifista-, iba a identificarse inmediatamente con esta política de neutralidad y a levantarse contra la histeria de los belicistas.

Después de todo, ¿qué podía ganar realmente un país intermedio como la pequeña Bélgica si se veía envuelto en un terrible tira y afloja a toda costa desde el primer día? Los franceses podrían tener algo que ganar con una guerra, y también los alemanes, si el viejo dios Thor decidiera gastarles una pequeña broma.

¡Los belgas podían ser aplastados con la misma facilidad entre los dos rivales! La neutralidad belga que reclamábamos desde 1936, en perfecto acuerdo con Leopoldo III, era, pues, una cuestión de la más estricta sensatez.

Hergé, negándose a plegarse a los ukases de los chantajistas belicistas, mostró su solidaridad con la política que Leopoldo III y el rexismo habían puesto al frente de sus posiciones internacionales.

No dudó en comprometerse públicamente; envió a Leopoldo III un ostentoso mensaje de apoyo al neutralismo que él y nosotros defendíamos frente a la opinión pública suscitada por los frenéticos partidarios de la guerra civil europea.

En un intento de contrarrestar estos ríos de estupidez desenfrenada con un toque de humor, Jam, presintiendo que se avecinaba la tormenta, concibió la idea de crear un semanario rexista en Bélgica que abordara cada acontecimiento con un reflejo divertido. Lo vio como un refugio para la mente. De ahí el nombre de "Oasis".

¿Quién era el encargado de dibujar un titular para este periódico? ¿Quién era? En el O de Oasis había una mezquita pequeña y solitaria; una palmera se cobijaba en su interior, y otra crecía fuera de ella, alcanzando el cielo. A ambos lados galopaban dos camellos negros ("L'Oasis hebdromadaire")... Una estrella los guiaba, colgando de la parte superior de la L de "L'Oasis". La mezquita, las palmeras y los camellos se alineaban en una doble línea ligera y sinuosa, tan fina como la arena. ¿Quién había dibujado este oasis de silencio, paz y frescor? Hergé, por supuesto. El amigo fiel que quería aportar su granito de arena, ¡con una sonrisa!

Antes de la guerra, el humor ya no estaba de moda en Bélgica. La gente refunfuñaba. Nos quejábamos. Nos insultábamos. En nombre de Hitler, por supuesto, la excusa para todo, para todos los refunfuños, las quejas, el humo y los espejos, los cascos con pinchos clavados en las cabezas de los niños que, al parecer, olían a alemán.

Frente a las campañas belicistas contra la nueva Alemania, las autoridades nacionalsocialistas recurrieron a una propaganda cuya impotente sinceridad inspiró a Hergé un episodio relevante de las aventuras de Flupke (véase la página siguiente).

Incluso el hueso que estaba royendo inocentemente Milú tenía que ser antinazi, ¡de eso no había duda!

Cada mañana, los clanes belicistas, alimentados por fabulosas subvenciones extranjeras, descendían sobre los lectores belgas con la violencia de un tornado tropical. Los "canallas plumíferos", como habría dicho Beaumarchais, estaban desatados.

La neutralidad estaba siendo pisoteada. E irremediablemente. Tarde o temprano, las reacciones estallarían y explotarían.

¿A qué santo podría estar todavía rindiendo culto el rey de los belgas, en medio de una furia tan descarada?

Finalmente, atreviéndose a un temible doble juego, Leopoldo III, recortándose los talones, llegó a un acuerdo en octubre de 1939 con el Generalísimo aliado Gamelin, y urdió un compromiso secreto con él (mi libro "La Cohue de 1940" proporciona todos los detalles que se puedan desear). El teniente coronel francés Hautcœur se trasladó a Bruselas para asegurar un contacto constante.

¿Se imaginan al teniente coronel de Hitler acampado del mismo modo cerca del Rey, en el mismo otoño, en la capital belga?...

Todo lo que quedaba en el horizonte eran unas escasas llamaradas en los cielos cada vez más brumosos de un Occidente mareado pero convencido de que Hitler quedaría reducido a comida para perros rabiosos en una o dos semanas.

Capítulo XIII

La campana más allá de la muerte

"C'est bientôt la guerre", dibujo de Hergé para 'La Légende d'Albert Ier, Roi des Belges' de Paul Werrie (1934).

Cuando, negros de pólvora y reducidos a casi nada, habíamos liderado la lucha por la paz en los últimos meses, ¿qué había sido de Hergé|

Y Tintín, que mantenía a Milú atado...

Hergé disfrutaba saboreando las caricaturas de su amigo Jam en 'Le Pays réel'. Era 'de derechas', no se puede negar, una derecha 'rexisante', como dicen hoy sus biógrafos. Pero no habíamos comprometido a Hergé en modo alguno. No había nacido boxeador. Era mejor no llenar de explosivos la pequeña perrera de Milú.

A principios del otoño de 1939, con su "falsa guerra", Hergé desapareció de repente. ¿Adónde fue?

Se había ido a Turnhout, una pequeña ciudad de Limburgo donde una imprenta llamada Brepols copiaba grabados que imitaban a Epinal. Así que Hergé seguía allí, más o menos en el país de los "tebeos". Pero esa no era la única razón por la que estaba en Turnhout. Le habían llamado a filas. Él, que hasta entonces sólo había soñado con expediciones a una Rusia con pantallas artificiales, o a un Congo con elefantes monumentales y leopardos bigotudos, había sido enviado a esta región como militar llamado a filas para preparar a las tropas que atiborrarían de ciruelas pasas a los malditos teutones.

El soldado Georges Remy con su hermano Paul: ¡una movilización surrealista!

Tal era la anarquía y la estupidez de la preguerra: Hergé, que pertenecía a una compañía de ametralladores francófonos, ¡fue enviado a las profundidades de Limburgo como instructor de una compañía de infantería totalmente flamenca! Se le había encomendado una tarea secundaria, pero vitalmente necesaria: "Se me ha encomendado una misión extremadamente insoportable: requisar las bicicletas de las granjas". Todo belga, por supuesto, sabía que Hitler y sus degolladores descenderían sobre Bruselas en bicicleta y que los velocípedos debían mantenerse a salvo de los secuestradores

Pero incluso mientras los estrategas del Alto Mando le utilizaban para recoger bicicletas de los cultivadores de remolacha, Hergé se mantenía fiel a sus convicciones: esta guerra era una locura, los provocadores de la matanza occidental eran unos desgraciados. Desde 1917, el único peligro real para Europa estaba en el Este, en las vastas tierras esclavizadas por los soviéticos. Frente a Stalin, Europa sólo podía estar unida, de lo contrario se apuñalaría a sí misma.

El teniente Georges Remi se arriesgó mucho, a pesar de sus charreteras, y colaboró abiertamente en el semanario neutralista "L'Ouest", creado especialmente para combatir la locura belicista de la prensa en Bélgica.

En 1939, "L'Ouest", como todo lo que intentaba mantener la paz, se convirtió en el blanco del movimiento antibelicista. Desesperado por ponerlos en la picota con su brío, Hergé les disparó una serie de dibujos maravillosos, en los que la estrella, llamada Bellum (guerra), era castigada con humor mordaz, al igual que todos los instigadores de la reyerta que, cuando obtenían la matanza que tanto deseaban el 10 de mayo de 1940, huían al primer disparo de fusil, como perdices presas del pánico. Con meses de antelación, Hergé azotaba a estos intrépidos matamoros que, llegado el momento, se revelarían grotescos cobardes en cinco minutos.

¿Por qué había elegido Hergé el semanario más denostado para vaciar su carcaj, precisamente por su acérrima defensa de la paz en Bélgica? L'Ouest" había sido creado por Raymond De Becker, un personaje bastante misterioso, pero cuyos tres libritos Hergé había ilustrado en su día para REX. Firme opositor a cualquier compromiso destinado a destruir la neutralidad belga, el semanario había sido objeto de hurras histéricos.

Los días 7, 14, 21 y 28 de diciembre de 1939, Hergé publicó en "L'Ouest" veintitrés dibujos en siete "tiras", en las que "un buen belga", irónicamente llamado Monsieur Bellum, pretendía practicar la neutralidad ¡enfrentándose y burlándose de un enemigo entonces inexistente!

Estos dibujos de Hergé eran magníficamente irónicos. Lástima que el fanatismo de la Fundación Hergé, atemorizado por la idea de que aparezca un Hergé "fascista", siga manteniendo en secreto estas veintitrés viñetas y no permita que nadie las reproduzca.

En las dos primeras tiras, el Sr. Bellum escucha distraído la radio. Lleva una camisa en mangas, pero un cuello rígido como la Torre Eiffel. Está leyendo "Le Soir", como es debido. De repente, una voz llega por la radio: "Y en el conflicto actual, Bélgica debe mantener la más estricta neutralidad". La sangre del Sr. Bellum pasa inmediatamente del púrpura al escarlata. Se eleva, virulenta. Flechas, estrellas y vapores brotan de sus brazos, de su nariz redonda, de su cráneo reluciente sobre el que se eriza un mechón de pelo tan liso como una vieja brocha de afeitar de barbero: "- ¡Neutralidad! ¡Neutralidad! ¡Pero nunca neutralidad de conciencia!

En el quinto dibujo, el Sr. Bellum llega a una calle leprosa con ladrillos cansados, cerca de una inscripción líricamente evocadora, "Jules est avec Mariette" ("Jules está con Mariette"). Se detiene, escucha, las manos alerta. Nadie en el horizonte. Entonces el Sr. Bellum se apresura a escribir vengativamente en la pared roída: "¡Hitler es un loco! Todo había terminado. ¡Podía haber sido patriota sin que le pillaran! Dando marcha atrás, frotándose la tiza de las palmas de las manos para borrar cualquier rastro acusador de su hazaña, partió de nuevo, con el puro victorioso. Había salvado la conciencia de Bélgica.

Todos los dibujos de Hergé para "L'Ouest" siguen la misma línea, sarcástica e incisiva, desenmascarando la falsa neutralidad de las tres cuartas partes de los belgas de la época a través de los agitados lloriqueos del Sr. Bellum.

En su libro "Hergé", el izquierdista francés Ajame (para quien un belga que, en 1939, no quiso que le partieran la cara para salvar el marxismo internacional era, de antemano, un traidor) examinó una a una las mismas tiras de Hergé de "L'Ouest", ¡pruebas de los "crímenes de guerra" repetidos a sabiendas por el padre de Tintín!

Típico gag descrito por Ajame: "La radio otra vez: 'Aviones extranjeros sobrevuelan la región de Bruselas...'". El Sr. Bellum baja corriendo al sótano y vuelve a subir un momento para exclamar: '¡Sucios alemanes!".

Otro gag: "En un café donde un italiano lee un periódico italiano, un ruso un periódico ruso, un alemán un periódico alemán, el Sr. Bellum exclama: "¿A qué esperan, el Gobierno, para prohibir todos estos periódicos extranjeros?", luego se despliega... Paris-Soir".

Otra tira. Todavía la radio: "La agencia D.N.B. anuncia que durante el mes de noviembre, 167 aviones enemigos fueron derribados, un avión alemán no regresó...". Furioso, el Sr. Bellum apagó la radio, exclamó: "¡Lavado de cerebro!" y, encantado, se sumergió en la lectura de 'Paris-Soir', que llevaba el titular en letras enormes: "Hitler tiene escarlatina".

¡Los dibujos sacrílegos de Hergé! En el invierno de 1939-1440, los belicistas ya estaban elaborando las listas que harían furor en 1944-1945. Defender la paz era condenarse a sí mismo.

En 1940", dice Ajame con gravedad, "Hergé se colocó una campana que sonaría hasta su muerte y mucho después".

Esta fatídica "campana" fue agitada durante décadas por Ajame, con indecente mala fe.

En primer lugar, estos dibujos de Hergé no son en absoluto de 1940 (¡el año de la guerra!), sino de 1939, el año de la paz en Bélgica.

Ajame intentó engañar a sus lectores confundiendo las fechas.

En segundo lugar, en sus dibujos para "L'Ouest", Hergé sólo intentaba defender la neutralidad belga, en una Bélgica oficialmente neutral. Irónicamente, en 1939, se burlaba del celo desmedido de aquellos a los que les gustaba meterse en peleas. Defender la neutralidad significaba defender la última oportunidad de Bélgica para salvar la paz.

¡Esto es precisamente lo que los belicistas como Ajame intentan convertir después de 1945 en "crímenes de guerra" de antes de la guerra!

Una "campana" que sonaría hasta la muerte de Hergé en 1983, ¡y "mucho más allá"!

Fue entonces, en plena paz, cuando Hergé, el valiente Hergé, fue incluido para siempre en la lista fanática e idiota del antipatriotismo, ¡por haber intentado defender con humor la neutralidad belga, cachondeándose sin malicia del belicista Sr. Bellum!

Hergé ilustró tres libros de Raymond de Becker, fundador de "L'Ouest" y futuro director de "Le Soir".

Desde principios de aquel fatídico año de 1940, cada vez era más probable que ni la llamada escarlatina de Hitler ni la confiscación de las bicicletas de los campesinos de Limburgo bastasen para detener la gigantesca matanza tan insensata y criminalmente buscada.

Hergé podía sentir que se acercaba el desastre.

En cuanto terminó de enseñar a sus "paletos" el arte de cortar el paso a los ciclistas nazis de Bélgica, Tintín fue puesto en excedencia el 10 de abril de 1940 "a causa de su delicada salud" (lo que, de hecho, era cierto). Fue un breve paréntesis,

Hergé en 1939, en la época de las aventuras de "Monsieur Bellum".

porque el 10 de mayo de 1940, con el primer bombardero alemán sobrevolando el Mosa, el Alto Mando Militar belga iba a catapultar a Hergé, junto con decenas de miles de soldados "retirados", a las carreteras del sur, ¡bloqueadas desde las primeras horas por los fugitivos!

CAPÍTULO XIV

TINTÍN, GERMAINE Y EL GATO SIAMÉS

Y así fue. Para resistir a los alemanes en el norte y el este de Bélgica, los reclutas valones y flamencos fueron enviados inmediatamente al sur de Francia.

Todos los que podían ser movilizados, que supuestamente debían hundir a los malditos chleuhs en cinco segundos, recibieron la orden de partir a la hora en punto, a pie, a caballo, saltando, escabulléndose, ¡hacia el Somme, el Sena, el Garona y los pasos y precipicios del Tourmalet!

*En mayo de 1940, gran parte de la población belga huyó
a las carreteras de Francia: era "el éxodo"...*

En realidad, toda Bélgica, escuchando sólo su legendario coraje, ¡había huido a toda velocidad! Dos millones de fugitivos, derretidos por el calor, recorrían las carreteras de Francia: abuelitas gordas, en pleno mes de mayo, se desplomaban bajo sus pieles; los conventos eran izados a los camiones de bomberos; los trastornados mentales se aferraban a los coches fúnebres. Las abuelas morían de agotamiento en los terraplenes, abandonadas sin remisión a las ratas y los gusanos en plena euforia.

Los gloriosos periodistas belicistas de antes del 10 de mayo de 1940, que el día anterior seguían tamborileando con los dedos, se habían escabullido tan rápidamente como sus lectores. El periódico "Le Vingtième Siècle", al igual que sus colegas, no había aparecido en Bruselas desde el comienzo de los combates. En cuanto al editor de Tournai, Casterman, se había desvanecido en el aire, ¡con la agilidad de Milú!

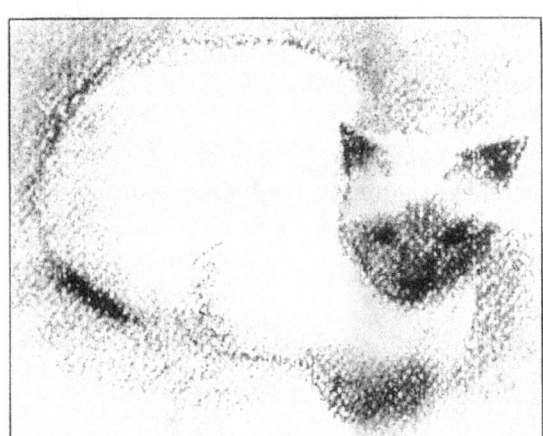

"Taiké, con un ojo amarillo y pérfido". Acuarela de Hergé.

En cuanto a Hergé, al cabo de unos cientos de kilómetros se dio cuenta de que el exiguo tesoro familiar ("¡Diez francos por un vaso de agua!" "¡Ve a beber al Canal Albert!") se había desinflado como un neumático. Germaine, la diligente esposa, que había seguido la zambullida de los héroes hacia los Pirineos, había llegado rápidamente a la conclusión de que este valor pedestre era formidable para la buena salud de los callos de los pies.

Y además, ¡estaba el gato! Porque, dejando fríamente a Milú esperando solo la llegada de los alemanes cortapiernas, la casa Hergé se había llevado a su gato a esta trashumancia, ni siquiera un gato belga, sino un gato siamés, Taiké, con un traicionero ojo amarillo.

A Georges le encantaban los gatos, "tan bonitos como un jarrón chino", decía.

Cuando un día le preguntaron por su sueño de felicidad, escribió inmediatamente "gatos" en su hoja de respuestas. ¡Y firmó con su nombre! Como acuarelista, Hergé dibujó unos bocetos sorprendentes del compañero que se escapó en 1940: pelaje blanco sobre un cojín azul, un hocico negro tachonado con dos orejas puntiagudas y afiladas que parecían dos mariposas. En cualquier caso, el gato siamés y Germaine pronto se hartaron de este tira y afloja europeo en el que sólo se podía luchar con los dedos de los pies. Después de llegar cojeando a Auvernia, como tantos otros, estaban dispuestos a "rendirse en campo abierto".

El 28 de mayo de 1940, Leopoldo III tuvo que asumirlo él mismo, acorralado al final de los prados de Courtraisis.

Hergé, Germaine y el cuadrúpedo asiático volvieron entonces, sin excesiva gloria, de autoestopista en autoestopista, al desafortunado asfalto de Bruselas, machacado por las botas de los chicos de Hitler. Durante los meses siguientes, las carreteras de Francia serían testigos del regreso de los intrépidos asaltantes de las cumbres vascas.

El gobierno belga había huido más lejos que nadie. Aturdido, finalmente se acobardó en un pueblo pobre de la región de Burdeos, donde sólo había un teléfono, en el único café del pueblo, junto a una mesa de billar. El Primer Ministro, Pierlot, Spaak, Janson y compañía habían dejado caer sus armas, sus chaquetas y sus carteras ministeriales. Regresaron a duras penas a Vichy, intentando todavía -en vano- reunir algunos céntimos de las cajas del mariscal Pétain.

Reunión del "Parlamento" belga en Limoges.

Desconcertados, pícaros y aturdidos, hicieron a Hitler la oferta, a través de todos los intermediarios que habían podido solicitar desde

Berna a Madrid, no sólo de firmar el armisticio, ¡sino de concluir la paz! Sí, ¡la paz!

¡Una especie de "paz de los valientes"! ¡Habían anunciado con tanto orgullo que harían pedazos a Hitler con sólo tres disparos de fusil!

Habían dejado que los paracaidistas alemanes (¡ochenta y tres hombres en total!) tomaran la más importante de sus fortalezas, Eben-Emael, en sólo unas horas la primera mañana. Después, corrieron a Limoges para lucirse. Allí, durante unas horas, celebraron una

El Führer condecoró a los 83 paracaidistas que, en cuestión de minutos, tomaron el fuerte de Eben-Emael, la "cerradura" de las defensas belgas...

extravagante sesión de circo, un semiparlamento belga recogido aquí y allá en las laderas de la derrota. Al mes siguiente, lavados y barridos, ¡se declararían dispuestos a someterse a la autoridad de un Gauleiter en Bélgica! Así se lo habían comunicado pública y oficialmente al Senado belga (los detalles completos pueden encontrarse en mi libro "La Cohue de 1940").

Los franceses difícilmente habían sido más brillantes, siendo arrojados al agua del Mosa en Sedan al tercer día y luego empujados hacia atrás, hacia el Mar del Norte, por los panzers de Guderian. Ocho días más tarde, los petroleros del Tercer Reich se bañaron por primera vez en Pas-de-Calais.

Dos semanas más y los alemanes, con los pianos a la cabeza, correrían por los Campos Elíseos de París. Unos días más, y los Reynaud y los Jeroboam Mandel, imitando sin miedo a los gigantes del Tour de Francia, llegarían a Burdeos a una velocidad de vértigo. La guerra había terminado.

Las tropas alemanas disfrutan de un desfile de la victoria en los Campos Elíseos de París.

A mediados de mayo de 1940, los holandeses sólo tardaron cuatro días en enfrentarse a los arenques del Mar del Norte.

Con cien mil hombres en combate directo y tres mil carros de combate al frente de la sarabanda, el Reich había barrido a los cinco millones de Marius que el 10 de mayo de 1940 habían partido de París hacia Berlín, pasando por Bruselas y Breda, ¡para degustar el crustáceo Hitler en salsa de mayonesa! Casi inmediatamente, la indigestión se convirtió en epidemia. Los derrotados holandeses, belgas y franceses sacudían la cabeza en medio de caballos muertos y tanques volcados. Por fin se dieron cuenta de que en 1939 les habían dado gato por liebre, les habían lavado el cerebro con mentiras dignas del Primero de Abril o de la Fiesta de los Santos Inocentes. Todos se avergonzaron de haber sido tan grotescamente transformados por los belicistas provocadores que, habiendo fracasado, habían sido los más rápidos en huir.

Los alemanes no se habían comido a sus hijos a espuertas. Repartían gasolina gratis a los retornados de Perpiñán, Toulouse y Carcasona, para que pudieran volver -con la cartera vacía- a las casas abandonadas donde, desde hacía dos meses, sólo los ladrones y las corrientes de aire los visitaban.

¿Y qué hacer al respecto?

El rey Leopoldo explicó a los belgas que tenían que volver al trabajo. A Henri de Man, Presidente del Partido Socialista Belga el día anterior, le habían crecido alas neonazis en la espalda. Proclamó que la derrota de su país no había sido una debacle, ¡sino simplemente una "derrota de liberación"!

Entonces, ¿de qué había que quejarse? Todo el mundo se apresuraba a colaborar con los alemanes.

Los belicistas más enardecidos de antes de mayo de 1940 corrían a ofrecerse a los ocupantes: el viejo diplodocus Lippens, el masón Devèze, con la cara llena de tics, el ex ministro democristiano Tchoffen, ¡con la cabeza moteada de remolacha!

Hergé y Taiké, de vuelta del "éxodo"...

Empresarios, traficantes, estafadores a lo Empain, bomberos a lo Vaxelaire, hombres de negocios a lo de Launoit pedaleaban sin aliento en maltrechas bicicletas para tener el honor de ser recibidos por uno u otro de los suboficiales de las oscuras "Dienstellen".

Cincuenta años después, está de moda no saber nada de estas degradaciones y placeres colectivos. Pero así era. En julio de 1940, sólo algunos murciélagos en las veladas de las Ardenas o algunos conejos distraídos en las laderas de Campine no estaban encaprichados con las ansias colaboracionistas. Algunos pretendían colaborar en venganza por haber sido estafados por los petulantes belicistas antes del 10 de mayo. Los demás se reían a carcajadas porque sus despensas estaban vacías. Era absolutamente necesario volver al trabajo. Cualquier trabajo que nos ofrecieran, ¡"alemanes" incluidos!

Lo único que les preocupaba era el dinero, los cuatro céntimos que, a final de mes, deberían haber vuelto a los bolsillos de cientos de miles de desempleados involuntarios. Sobre todo en el caso de los innumerables hogares jóvenes que, tras la loca carrera hacia Provenza, Auvernia o Loiret, se encuentran sin un céntimo, con las oficinas vacías y los talleres abandonados.

Entre ellos, y como todos, estaba Hergé, nuestro corredor, ¡de vuelta de Auvernia! ¡Y Germaine! ¡Y el gato siamés! ¡Snowy soñaba con una buena comida! No podía ni rascar un gramo de grasa de su histórico hueso, seco como una espina de pescado. El 9 de mayo de 1940, "Le Petit Vingtième" había publicado su último número, el definitivo. Le Vingtième Siècle" no volvería a aparecer.

Entonces, ¿qué podría estar guardando Hergé?...

Aferrándote a mí, Léon Degrelle...

Pero en ese momento, ¡todo el mundo en Bélgica pensaba que estaba muerto! Y enterrado. Nadie sabía dónde.

CAPÍTULO XV

DISPARO DE DEGRELLE

La noticia de mi fusilamiento había aparecido, bajo titulares elogiosos, en la cabecera de los primeros periódicos reimpresos en Bruselas en cuanto se firmó la capitulación del 28 de mayo de 1940. Testigos habían asistido a mi ejecución y sus relatos eran tan precisos como abundantes.

Léon Degrelle fusillé après un simulacre de jugement!

Le témoignage d'un officier du 2ᵐᵉ bureau français

En varias iglesias se celebraron emotivos servicios por el descanso del alma del pobre Léon, que había muerto tan prematuramente. Mis pobres y desesperados padres fueron arrastrados a mi funeral, sin que sus cuerpos estuvieran presentes. En momentos así, todo el mundo es tan amable. Vivo, era una carga. Muerto, me volví bastante tolerable. Un pequeño elogio, con una lágrima en el ojo, era incluso distinguido.

Estaba en el agujero negro, para siempre, y era inútil que el pobre Hergé viniera a sacudir el timbre de mi puerta... Además, mi casa había sido requisada sin piedad por aviadores alemanes.

De hecho, no estaba muerto en absoluto.

Es cierto que el ministro francmasón Paul-Emile Janson y su jenízaro de familia Ganshof van der Mersch, que tuvo la amabilidad de morir recientemente, habían cometido la pequeña infamia de hacerme detener el 10 de mayo de 1940, decididos a aprovechar la guerra para liquidar vergonzosamente al líder del rexismo, su enemigo predilecto. Yo era diputado por Bruselas y, por tanto, gozaba de inmunidad parlamentaria. Janson, violando la Constitución sin pestañear, me hizo destituir al instante. La mala fe era absoluta. Nunca -y Janson lo sabía mejor que nadie- había estado yo implicado en ninguna conexión, por vaga que fuera, con un conspirador alemán. Janson, una vez perdida la guerra, reconocería además por escrito, desde la propia Vichy, con membrete del Gobierno belga, que yo había sido víctima de una injusticia flagrante y que todo el Ministerio belga estaba deseoso de proclamarlo abiertamente|

Joris Van Severen, líder de Verdinaso (Verbond van Dietsch Nationale Solidaristen), entrevistado por un periodista del semanario rexista "Voilà".

En julio de 1940, Janson tendría la desfachatez, en este documento oficial, de pedirme rotundamente ¡un aman! ¡Incluso me exhorta a volver a poner inmediatamente en marcha a Bélgica, que él había telescópico! El texto íntegro de esta impresionante carta se reproduce en mi "Cohue de 1940".

Pero esta carta de arrepentimiento y de postración del Gobierno belga de Vichy llegaría demasiado tarde. Habían pasado dos meses y medio desde mi detención, el 10 de mayo de 1940. Para el desempleado Hergé, yo estaba muerto desde finales de mayo. Hasta finales de julio, nada se sabría en Bruselas de mi repentina resurrección|

En las aventuras de Tintín, las historias sobre muertos que no están muertos son habituales. Aquí, sin embargo, en mayo y junio de 1940, ¡estuve muy cerca de encontrar los espíritus de mis gloriosos antepasados!

Sin haber recibido siquiera una orden de detención, sin haber sido interrogado por un juez ni siquiera medio minuto, sin haber recibido la menor explicación, la policía belga me había atado como a un ternero el 10 de mayo de 1940. Me llevaron al Mar del Norte y me entregaron a la policía francesa en Dunkerque. Los guardias galos estaban encantados y me arrebataron.

No tenían la menor idea de qué se me acusaba, aparte de que en el momento de mi encarcelamiento, mientras rezaba por los primeros muertos de la guerra, ¡me habían confiscado el misal!

Un misal era la prueba de que yo era protestante; protestante, era alemán; alemán, era nazi. El caso estaba claro: estaba listo para la olla o, más exactamente, para la hoguera.

Casi me fusilan el primer día que llegué a suelo francés. Un pelotón de fusilamiento me disparó, pero fue al aire, para aparentar. Después, durante dos días, me golpearon frenéticamente, me destrozaron la mandíbula (me arrancaron diez dientes; todos los detalles en mi libro "La Guerre en Prison"). Mientras los alemanes se acercaban a la velocidad del mistral, me

El quiosco de Abbeville donde fueron encerrados los compañeros de prisión de Léon Degrelle antes de su salvaje asesinato.

metieron en un camión celda en Lille, con los brazos clavados en barrotes de hierro y enormes bolas de hierro fundido a los pies.

Por la noche, llegamos a Abbeville.

Estaban terminando de descargar a algunas docenas de otros "compañeros paracaidistas", de los que me habían separado justo cuando se preparaban, teatralmente, en Dunkerque, ¡para enviarme doce cálidas y agradables balas a la piel! Desgraciadamente, serían mis veintiún desafortunados compañeros quienes, unas horas más tarde, recibirían los disparos en mi lugar...

Pensaron que golpeándome revelaría tarde o temprano todos los planes estratégicos de Hitler, cuyo primer párrafo obviamente desconocía.

Fue la estupidez de mis verdugos lo que me salvó.

En cuanto a los otros veintiuno, iban a ser monstruosamente asesinados en mi lugar. Eran civiles, mujeres, una abuela, su hija, su nieta, un gorrión alemán y el Gran Líder Flamenco Joris Van Severen. Los asesinos ni siquiera sabían los nombres de él ni de ninguno de los otros desgraciados cuando los mataron -al amanecer del 21 de mayo de 1940- con fusiles y bayonetas delante del quiosco de música local

Las víctimas de la masacre de Abbeville, entre ellas Joris Van Severen, líder del movimiento Verdinaso Gran Flamenco. Léon Degrelle sólo escapó milagrosamente a la matanza.

¡Hablando de un crimen de guerra! Seguimos ocultándolo. ¿Quién en Francia, aparte de unos pocos amigos, ha dicho una palabra al respecto?

Fue un crimen de guerra típico, indiscriminado y sádico. ¡La anciana abuela fue bayoneteada unas treinta veces en el pecho antes de expirar!

¿Dudas de mi historia? ¡Ve y compruébalo! Encontrarás las tumbas de estos veintiún mártires en el cementerio de Abbeville.

Pero todos conocemos la vieja historia: ¡sólo los alemanes pueden ser "criminales de guerra"

Cuando las tropas de Hitler entraron en Abbeville, encontraron este montón de cadáveres, pudriéndose al sol y ya irreconocibles. En el furgón de celdas abandonado -que los asesinos ni siquiera habían visitado, ni antes ni después del crimen- se inscribió un nombre al principio de una lista: el mío.

Le doute n'est plus permis

Degrelle et Van Severen ont été fusillés...

Une information absolument officielle vient enfin nous confirmer aujourd'hui l'assassinat du leader rexiste, Léon Degrelle.

D'après les renseignements qui nous

Un cadáver aparecía como mis propios restos. La noticia dio inmediatamente la vuelta a Europa.

La aventura Degrelle había terminado...

Enterrado en Abbeville, ¡evidentemente ya no podía ayudar a nuestro desempleado Hergé en Bruselas!

¿Podrían haberme sustituido otros en REX para este fin?...

¿Quiénes eran? Miles de dirigentes rexistas habían sido detenidos en Bélgica, sin ton ni son, el mismo día que yo. Habían desaparecido y nadie sabía dónde. Aquellos de mis pocos colaboradores que habían escapado a las garras de Janson y Ganshof no sabían -una vez que yo estaba fuera de onda- si debían o podían comprometerse.

Marie-Thérèse Rossel, propietaria de "Le Soir": sus ofertas de servicio a los alemanes se vieron superadas por la autorización que éstos ya habían dado para que el diario reapareciera bajo la dirección de Raymond De Becker.

Los alemanes les habían dado permiso para volver a publicar nuestro diario "Le Pays réel". Cautelosamente, se abstuvieron de reaccionar. Los ocupantes, disgustados, vinieron entonces y confiscaron nuestro stock de papel, en el que iban a imprimir una falsa "Nación belga" durante unas semanas. Ni siquiera se nos reembolsó este impuesto.

Así que era imposible que un representante de REX hubiera ofrecido, durante aquellas semanas, ocupar -o retirar- un puesto en nuestro equipo a nuestro amigo Hergé o a Jam. El equipo ya ni siquiera existía. Y nadie tenía mandato alguno para tomar una decisión en mi nombre.

Muerto yo, ¿volverá a resucitar REX?...

Para algunos supervivientes, la situación se había vuelto trágica. Jam, por ejemplo, ya no tenía periódico en el que publicar sus viñetas, y estaba en la indigencia desde el 10 de mayo. Hergé también. El problema de cada mañana era cómo sobrevivir.

Raymond De Becker volvió a poner en marcha "Le Soir" en cuanto las autoridades alemanas tomaron el poder. Era natural que diera la bienvenida a Hergé y Jam a su nuevo equipo.

Entonces se presentó una posible solución: "Le Soir" había reaparecido.

¿Noche robada', dijeron? ¡Qué broma! La propietaria del periódico, la señorita Marie-Thérèse Rossel, una muchacha alta y hermosa, de piernas esbeltas, que abría amplia y poéticamente, había corrido a todos los Dienstellen ofreciéndose a reeditar ella misma su pato. Yo también, más tarde, una vez resucitada, tendría el singular honor de su visita, solicitada para apoyar su oferta de colaboración.

El asunto fracasó sólo porque un periodista "intruso", Raymond De Becker, se rebeló. ¿Por qué lo hizo? Gracias al Dr. Liebe, el importante alemán que le había impulsado desde el primer día, De Becker había vuelto a poner "Le Soir" en la prensa. No aceptaba ser el único secretario general del periódico, cargo que la señorita Rossel le había asignado en la lista de futuros redactores que había entregado por escrito a las autoridades de ocupación.

Sólo este incidente personal impidió que el "Soir-volé" se convirtiera en un "Soirnazifié" bajo la autoridad de Mademoiselle Marie-Thérèse Rossel.

Jam y Hergé llevaban mucho tiempo en contacto con De Becker. Seis meses antes, De Becker había publicado en "L'Ouest" los 23 dibujos de Hergé a favor de la neutralidad. Así que los dos desempleados le pidieron que les hiciera un hueco en el nuevo equipo. ¡Y lo hicieron gratis! Le Soir" era el periódico más importante de Bélgica. Jam y Hergé eran los reclutas elegidos para un diario que estaba volviendo a tomar impulso. Ellos, los dos hombres sin trabajo, necesitaban un periódico acogedor para sobrevivir. Así que, incluso antes de mi improbable resurrección, Jam y Hergé, atraídos por el bocadillo, se unieron a la aventura colaboracionista.

Capítulo XVI

Tintín y Milú en el "Soir Volé"

Escribir en 'Le Soir' en el verano de 1940 no asustaba a nadie en Bélgica. Por allí desfilaban personalidades muy elegantes. Le Soir', observa fríamente Ajame en su 'Hergé', alcanzó pronto una tirada de 300.000 ejemplares, "prueba de que la prensa colaboracionista tenía una buena clientela". En el fondo", concluye, "la mayoría de los belgas compartían los deseos del ocupante". No fue De Man quien escribió esas palabras tan aterradoras. Tampoco yo, supuestamente muerto en aquel momento. ¡Fue un notorio izquierdista antifascista del 'Nouvel Observateur'!

Cuando reaparecí, tras dos meses y medio en un cementerio prematuro, era demasiado tarde para pescar los peces que se habían perdido desde finales de julio. Codo con codo con las tiras cómicas de Hergé, las viñetas de Jam se pavonearían en "Le Soir" durante otros cuatro años. Ahora estaban fuera del alcance de la caña de pescar del "Pays réel".

De hecho, una vez liberado, ni siquiera sabía si relanzaría "Le Pays réel". Es cierto que, en una carta oficial que me entregó Pierre Daye en Vichy (texto completo, páginas 102-103, en la nueva edición de mi "Cohue de 1940"), el ministro Janson me animaba encarecidamente a volver a poner en marcha mi prensa: "sin duda haría usted un gran servicio al país". Pero los consejos de estos banqueros no me bastaban. Primero quería conocer la opinión del Rey. No la obtendría, afirmativamente, hasta el 25 de agosto de 1940. Pero, incluso entonces, ya no aparecería como director de mi periódico: me limitaba a escribir bajo el título: "Fundador: Léon Degrelle".

En aquella época, nadie sabía exactamente qué pretendían hacer los alemanes con Bélgica. Europa era todavía un proyecto lejano. Por otra parte, desconfiaba de las autoridades de ocupación, que eran peones temporales e intercambiables y, como habíamos visto casi de inmediato, peligrosamente vinculadas al hipercapitalismo. En cualquier caso, antes de comprometerme, quería saber qué pensaba el propio Hitler.

Para Jam y Hergé, las preocupaciones no tenían por qué ir tan lejos. Su colaboración con "Le Soir" era limitada. Una, para Jam, era hacer reír al público con caricaturas hilarantes; la otra, para Hergé, era simplemente hacer felices a los niños.

Última tira de "El cangrejo de las pinzas de oro" y anuncio de "La estrella misteriosa ("Le Soir", 18 de octubre de 1941).

De 1940 a 1944, las creaciones de Jam y Hergé aportarían un gran interés a "Le Soir". Pero, políticamente, su papel será siempre discreto. El papel de Hergé fue especialmente discreto, con sus aventuras fuera de la actualidad.

L'Etoile mystérieuse" (La Estrella Misteriosa): el final de la aventura es la ocasión de parodiar el tipo de reportaje que "habla por hablar", y de quejarse con elegancia de las restricciones de papel que recortan regularmente "Le Soir Jeunesse".

Le Soir" no sólo proporcionaría un medio de vida a Hergé durante cuatro años, sino que también promocionaría fantásticamente su obra. Hasta 1940, Hergé había sido un dibujante con un público modesto. Desde 1930, su fama había crecido de año en año, pero lentamente, ya que "Le Vingtième Siècle" tenía una tirada bastante mediocre. Sin las viñetas publicitarias (Chicorée Pacha y otras), Hergé a veces habría tenido que llegar a fin de mes con macarrones y garbanzos. En cuanto a los álbumes, antes de 1940, las tiradas nunca habían superado los 8.000 ejemplares. Y aún tardaban años en agotarse.

La aparición de "Soir" en 1940 fue el gran punto de inflexión. Entonces ya no serían unas decenas o quince mil devotos del "Vingtième Siècle" repitiendo los nombres de Hergé, Tintín y Milú, sino, durante cuatro años, trescientos mil compradores, ¡de hecho un buen millón de lectores! Y eso cada semana, ¡después cada día! El Soir se quedaría sin papel. Las tiras diarias se reducirían. Pero un público inmenso se aferraría, para siempre, a ese Hergé que se había convertido en mítico durante esos cuatro años.

Cincuenta años más tarde, ¿quién recuerda los nombres de los redactores de Le Soir de la época? Pero Hergé sigue siendo la estrella inmortal cuyos nietos y bisnietos seguirán comprando millones de álbumes de Tintín en el próximo siglo. En "Le Soir", Hergé pasó de la penumbra a la iluminación solar. De pequeño belga, se convirtió en uno de los belgas más famosos. Sin duda, estaba en racha. Los 160 millones de álbumes vendidos después de 1946, las traducciones a cuarenta y cinco idiomas, los millones de "gadgets", sólo serían la consecuencia natural de los cuatro años durante los cuales Hergé pudo utilizar el gigantesco megáfono de "Le Soir". De no haber sido por la agitación de 1940, Hergé jamás habría podido soñar con un lanzamiento tan prodigioso en Bélgica.

Para "Le Soir", Hergé era la joya, la única joya en realidad, de su vida periodística. Durante 107 años, "Le Soir" se ha dirigido a un público amorfo y pequeñoburgués, y su estilo conformista y pesado nunca ha producido nada sensacional, aparte de Tintín. Es uno de los periódicos más aburridos de Europa, enorme pero hinchado de mal gusto, escrito por chupatintas que son todos intercambiables. La papilla es indigesta. Sin embargo, y hay que reconocerlo, este periódico tiene un efecto positivo, es poderosamente soporífero. En la historia del periodismo belga, "Le Soir" sólo será recordado por haber abierto de par en par las puertas de la inmortalidad a Hergé en 1940. Aparte de eso, todo lo que la historia registrará es el enorme desorden de miles de toneladas de papel amarillento en el que se afanan los ratones y las ratas menos quisquillosos. Pero entonces, de 1940 a 1944, existió Tintín, ¡que lo salva todo!

Me quito el sombrero ante Marie-Thérèse Rossel, la elegante jefa.

Después de la guerra, ¿cómo no iba a ser llamada la "Duquesa de Tintinerie", antes de ir a reunirse en el más allá con el radiante Hergé, que fue, en parte gracias a ella, el más maravilloso encantador de Bélgica?

CUARTA PARTE

TINTÍN EN LA ÉPOCA DE

LA CRUZ PANTANOSA

CAPÍTULO XVII

EL FLORECIMIENTO DE UNA ESTRELLA

En "Le Soir" en 1940, como en cualquier institución humana, había un poco de todo. Algunas de las criaturas del principio, secuaces de los alemanes en la precipitación de los primeros días, habían desaparecido casi inmediatamente. El grueso estaría formado, durante cuatro años, por recién llegados cautelosamente patrióticos.

Leopoldo III había dejado claro que era necesario, al colaborar, intentar tanto mantener lo que quedaba del pasado como sentar unas bases útiles que pudieran servir de anteproyecto para el futuro. Estos consejos de Leopoldo III, más que simples bromas, eran en realidad instrucciones. El Rey las emitiría a lo largo de la guerra, camuflándose más o menos detrás de emisarios oficiales. El más eficaz sería su secretario, el conde Capelle. De forma poco elegante, hay que decirlo, Leopoldo III, contrariado, las dejaría caer todas como trapos desechados cuando se dio cuenta, hacia el final de la Ocupación, de que la cohabitación ya no era rentable e incluso se había vuelto engorrosa.

Emisiones filatélicas que asocian al rey Leopoldo III con el emblema REX.

Le Soir" sería escrito por nacionalistas sinceros que creían estar sirviendo honestamente a su país proporcionándole toda la información posible, con la menor parcialidad posible. Hay que decir que el control alemán era bastante benigno. Las tijeras de los censores estaban oxidadas. Rara vez se redactaba un artículo. Los pocos responsables de esta supervisión en Bruselas eran unos papás bastante escurridizos, inclinados a aprovecharse de la semicomodidad de Bruselas, ¡más propensos a enviar pequeños paquetes reconfortantes a sus familias que a abarrotar las secretarías de redacción con comentarios penosos!

El propio público belga podía sentirlo: leía "Le Soir" después de 1940 con la misma regularidad que "Le Soir" antes de 1940. Los Pierlots, los Spaaks, los Guttensteins y otros políticos que se habían convertido en londinenses porque no habían podido convertirse en hitlerianos, fueron azotados.

En mi "Cohue de 1940", describo extensamente la comedia de estos bromistas suplicando al propio Hitler, en el verano de 1940, que les dejara volver a su vómito, en la antigua tierra de su bandolerismo.

Los belgas de 1940, casi unánimemente, despreciaron cordialmente a estos desvergonzados equilibristas. Cuando estos tránsfugas ministeriales regresaron en septiembre de 1944, volvieron a Bélgica de forma bastante lamentable, en un avión británico, con la nariz pegada al suelo, sin una ovación popular que les diera la bienvenida.

Incluso dejaron solas a sus esposas durante la Ocupación, ya que Madame Spaak y Madame Guttenstein (que era judía) permanecieron en Bruselas. Es más, ¡durante la guerra recibieron medio sueldo ministerial! Es más, fue el propio "nazi" Degrelle quien, por cortesía hacia las esposas de sus adversarios, se dirigió a la Secretaría General del Interior en otoño de 1940 para que estas esposas de ministros repudiados por el Rey y caídos en desgracia recibieran este viático inesperado

En la escuela de los traidores": Churchill recibe al rey de Italia en Spaak, De Gaulle, etc.
(Jam, "Brüsseler Zeitung", 10 de septiembre de 1943).

Roosevelt a Churchill sobre Van Zeeland lustrando sus zapatos: "Por supuesto, nos desharemos de todos estos emigrantes, pero mientras tanto pueden ser de pequeño servicio" (Jam, 'Brüsseler Zeitung', 26 de marzo de 1943).

¡Ministros que me habían enviado fríamente a la muerte el 10 de mayo de 1940! ¡Ministros que, a su regreso a Bruselas tras la "Liberación" de 1944, consumidos por la mezquindad y el fastidio, arrojarían a las mazmorras y perecerían, tras dos años de terribles sufrimientos, a dos ancianos casi octogenarios que habían cometido el imperdonable crimen de entregar su vida al hombre que, después de 1940, había garantizado que sus respectivas esposas pudieran sobrevivir materialmente en Bruselas, donde los fugitivos les habían dejado en la estacada!

Dicho esto, ¿qué hacían exactamente nuestros pintorescos amigos Jam y Hergé en "Le Soir" durante la ocupación? Jam, es cierto, dibujaba virulentas caricaturas, no sólo en "Le Soir", sino también en el "Brüsseler Zeitung", el diario notablemente bien escrito de los ocupantes.

¿Por qué estas caricaturas sencillas e incisivas, con su asombrosa cultura clásica? Simplemente porque le gustaba la sátira.

Para Jam, lo esencial era esbozar un personaje solemne o grotesco, o ambas cosas a la vez, ya fuera Spaak bajo su sombrero de pintor en desuso, o los Guttenstein y consortes con sus narices articuladas, o Pierlot, alimentado con un cadáver congelado, o, más sencillamente, ¡uno u otro de los voraces tiburones del mercado "paralelo"!

Jam destacaba los defectos de estos hombres con una ferocidad hilarante. Que al general alemán von Falkenhausen le gustara o no el tema no le importó ni un momento. Él dibujaba. Esa era su alegría. Sí, estaba en contra del belicismo que había dado a Bélgica una paliza sensacional en 1940. Sí, le habría gustado ver a los soviéticos devueltos mil verstas más allá del río Volga, con la momia de Lenin en su equipaje.

Pero los peligros de la guerra seguían siendo grandes.

En cuanto a Hergé, lo que más le fascinaba no era Hitler, Roosevelt o Churchill, era su Tintín, era ver cómo el héroe de sus cómics seguía vagando aventurero y alegre por montes y valles. De vez en cuando, es cierto, como Jam, mejoraba la arquitectura nasal de un Blumenstein o

Roosevelt a sus "consejeros culturales": "El objetivo de nuestra comisión cultural, señores, es salvar los valores esenciales de la civilización europea". (Jam, "Brüsseler Zeitung", 25 de agosto de 1943).

similar. Pero Cyrano también tenía la nariz torcida, y nunca nadie se escandalizó por ello. Sobre todo, Hergé daría luego a todos sus personajes - a Tintín en primer lugar - el estilo (la "Línea Clara") que haría única su obra: sencillez, claridad, nitidez de rasgos, estudio etnográfico de un centenar de pueblos, vivos o muertos. E incluso un equilibrio de gestos. ¡Hergé llegaría a imaginárselos él mismo delante de su armario de espejos!

En los álbumes, sus personajes se movían de izquierda a derecha, del mismo modo que la escritura europea. De lo contrario, el gesto y la mirada que lo seguían habrían conducido al telescopismo. Por el contrario, en las ediciones de Tintín en lenguas extranjeras, como el hebreo y el árabe, la mirada del lector sigue el texto de derecha a izquierda: el cómic debe, pues, moverse de la misma manera. Con Hergé, ningún detalle se dejaba a la improvisación. En los primeros días de "Tintín en el país de los soviets", la imaginación de Hergé corría libre y desinhibida. El trabajo de investigación era casi inexistente, aparte de algunas indagaciones útiles sobre los "Nueve años en el país de los soviets" de un antiguo cónsul belga en Rusia llamado Joseph Douillet y algunas actitudes graciosas inspiradas en el difunto y estruendoso general Durakin.

Antes de 1940, Hergé creaba sus dobles páginas con dibujos de galleta, inventándolos semana a semana, sin saber en ese momento las nuevas aventuras, malentendidos y gags que salpicarían el siguiente número. Le Petit Vingtième" llegaba incluso a hacer angustiosos llamamientos a sus miles de jóvenes lectores para que propusieran formas de salvar las aventuras que tan terriblemente ponían en peligro al audaz Tintín.

A partir de entonces, con su pasión por la perfección, Hergé trazaba con antelación los planos de sus álbumes, multiplicaba los estudios preparatorios, hacía cientos de bocetos, recogía un centenar de obras ilustradas de autores antiguos tras cuyos pasos tendría que seguir Tintín. Por ejemplo, el relato, adornado con mil grabados, "Perú y Bolivia", publicado en 1886. Hergé estudiaría cada flecha, cada veneno, cada turbante, cada tótem, cada modelo de barco de carreras, escudriñándolos, bloc de notas en mano, en los museos más diversos, desde el Museo Colonial de Tervueren hasta el Museo de la Marina de París. A la pregunta: "¿Cuál es su principal rasgo de carácter? respondió sin rodeos: "El perfeccionismo".

Para Hergé, este imperativo se convertiría cada vez más en una ley inflexible. No quería que se le escapara ni un solo detalle, por insignificante que fuera. Ya fuera en chino o en árabe, cada interjección o inscripción mural habría sido estrictamente comprobada. ¡Ni un solo error ortográfico en un solo epígrafe! La autenticidad es esencial. El perfeccionismo sería realmente la tónica de la evolución artística de Hergé.

Fue durante la Segunda Guerra Mundial, durante la "Colaboración", cuando Georges Remi estableció definitivamente su código de precisión. También lo impuso estrictamente en la coloración de sus álbumes, que data de esos años. La imaginación artística de Hergé alcanzó su apogeo durante este ingrato periodo, en el que los medios materiales para expresarla eran cada vez más escasos.

En particular, Hergé visitó el castillo de Wezembeek-Oppem, al norte de Bruselas, donde vivían el antiguo senador rexista Xavier de Grünne y su hermano Eugène. Diez veces antes de la guerra celebré reuniones confidenciales en esta casa solariega, compartiendo la mesa familiar.

A partir de "Tintín en el Congo", la preocupación por la documentación conducirá a una precisión cada vez mayor: he aquí el Hombre Leopardo tal y como lo dibujó Hergé y tal y como puede verse en el Museo Real del África Central de Bruselas.

Xavier, que, antes que nadie, había creído que si el nacionalsocialismo fracasaba, la extrema izquierda bolchevique ganaría finalmente la guerra (y, como previó en su momento, podría amenazar el trono de Leopoldo III), había hecho acopio de enormes cantidades de armas (suficientes para equipar a miles de soldados) en los sótanos de su castillo en junio de 1940, para hacer frente a un posible golpe de Estado revolucionario. Fue a desenterrarlas cerca de Brujas, en los alijos donde las divisiones belgas derrotadas las habían enterrado el 28 de mayo de 1940.

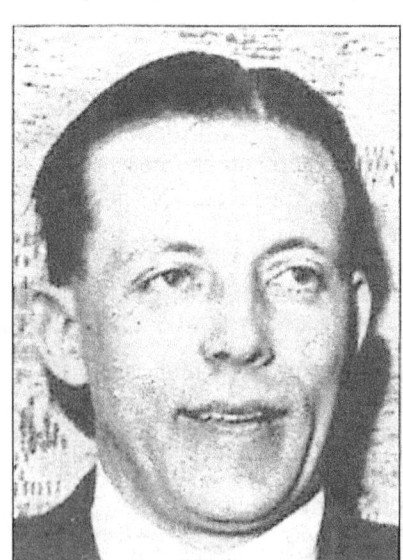

Xavier de Grunne, senador rexista y amigo íntimo de Léon Degrelle.

Con este enorme equipo amontonado en los búnkeres del castillo, Xavier tenía toda la intención de hacer efectivas las tropas que utilizaría contra la extrema izquierda y Stalin la mañana en que éste apareciera como un tirano en nuestras fronteras. Fue una ingenuidad casi conmovedora, porque los alemanes, intrigados por todo este alboroto, acabaron por descubrir este imponente almacén y, mientras yo estaba, por desgracia, muy lejos de él, en el frente ruso, detuvieron a nuestro querido e inolvidable Xavier. Fue encerrado en un campo del Reich donde tuvo una muerte miserable, torturado, como revelaría su hermano Willy, Gran Maestre de la Casa de la Reina Isabel, por "Kapos" polacos. Le hicieron morir en agua helada

Un detalle inaudito: en el "Libro de Oro de la Resistencia Belga", el nombre de Xavier de Grünne, destacado miembro de la Resistencia, ¡ha sido deliberadamente excluido! Antes de 1940, ¡había sido senador rexista! Un crimen inexpiable, por supuesto...

Este viejo castillo de misterios albergaba también trofeos de todo tipo (la familia de Grünne existe desde hace más de mil años), entre ellos una fabulosa momia peruana, personaje maravilloso para un futuro álbum de Tintín. Hergé fue allí para estudiarla, y se sumergió en su misterio. La momia se convertiría en el Rascar Capac de las aventuras de Tintín en el país de los incas.

Al principio, el suplemento semanal "Le Soir Jeunesse" tenía ocho páginas. Luego, en mayo de 1941, se agotó el papel y sus páginas se redujeron a la mitad. El 23 de septiembre de 1941, "Le Crabe aux pinces d'or" (El cangrejo de las pinzas de oro) de Hergé se reduciría aún más. Sólo podía estirarse en estrechas tiras. A mediados de octubre de 1941, el crustáceo sólo agitaba unas patas atrofiadas. En cuanto a la historia "Les Sept Boules de cristal" (Las siete bolas de cristal), tras 152 episodios ni siquiera llegaría al final de su aventurero viaje. En Casterman, ¡los álbumes de Hergé también habían sufrido un severo adelgazamiento durante la Ocupación! Tintín se había reducido a la mitad. ¡Sesenta y dos páginas en lugar de las ciento treinta planchas de antaño! Era como si a Tintín le hubieran quitado la mitad de los pantalones de golf.

Pero, ¿cuál fue la experiencia personal de Hergé con estas castraciones inesperadas?

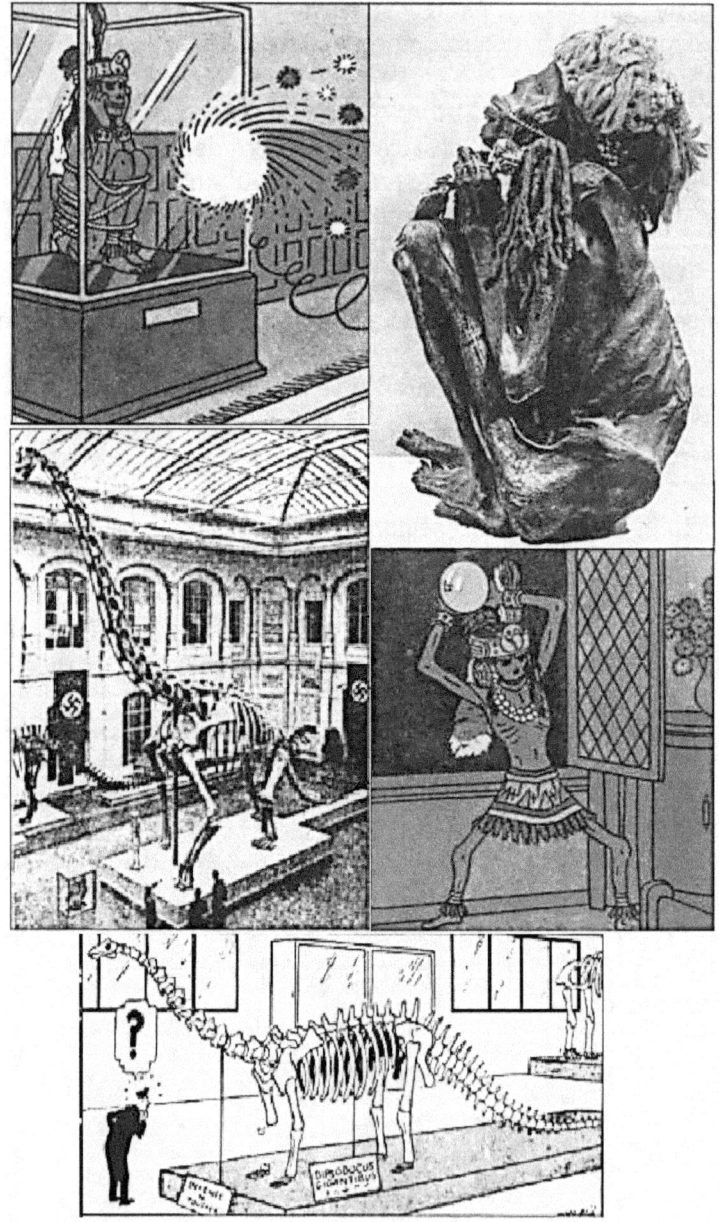

Arriba y derecha: La momia peruana de las colecciones de Xavier de Grunne en el castillo de Wezembeek-Oppem y el uso que le da Hergé en "Las siete bolas de cristal"... Izquierda y abajo: Una constante en la obra de Hergé: la inspiración políticamente incorrecta ("El cetro de Ottokar", foto del "Patriote illustré", 16 de enero de 1938).

Capítulo XVIII

El precio de oro de una nariz aguileña

El principal delito de Hergé durante los peligrosos años de 1940-1944 fue hacer una broma bastante inocente sobre unas narices un poco demasiado ganchudas, en alguno de sus dibujos para "Le Soir".

El hecho de que el banquero Blumenstein, con un gran puro en la boca y un imponente apéndice nasal como un submarino de bolsillo, hubiera divertido, por culpa de Hergé, a la juventud -y a la vejez- del llamado "Soir" robado era, después de 1944, ¡un claro delito racial!

Todo el mundo sabe, sin embargo, que los judíos bien nacidos tienen narices bastante exuberantes, ¡a veces curvadas como una rueda de bicicleta! Bromear sobre ello no es especialmente mezquino. Pero lo cierto es que la nariz ligeramente sobredimensionada del banquero Blumenstein pesaría como un mazo de plomo a la hora de rendir cuentas.

Esta sensibilidad por parte de los judíos -¡a menudo por razones estúpidas! Cuando ven que alguien bromea con ellos, se escandalizan, ¡como si insultaran a una parte de la divinidad!

Desgraciadamente, el hecho es innegable: desde que existe la historia, el judío nunca ha podido hacerse amar de verdad. El propio De Gaulle marcó esta aversión con un adjetivo decisivo: "pueblo dominador". El judío -lo lleva en la sangre- quiere dominar. Dominar las finanzas. Dominar la política. Dominar la prensa. Dominar la opinión. Dominar el universo, ¡aunque la población judía apenas representa tres centésimas partes de la humanidad! Nos gustaría que los israelitas se conformaran con ocupar un lugar normal en el concierto de los hombres. Todo el mundo estaría encantado. ¿Por qué no aceptan ser felices disfrutando, como todos los demás, de su simple cuota de felicidad terrenal? ¿Es realmente necesario que estén constantemente, ruidosa y ostentosamente presentes en la escena mundial?

Incluso ahora que Israel ha impuesto su presencia en todas partes, el público tiene que ver casi todos los días por televisión las bravatas de los maximalistas israelíes decididos a labrar un espacio adicional para su Estado israelí en Líbano, Siria y Gaza, ¡a expensas de los pueblos que no quieren que los gobiernen! Diez veces, los organismos internacionales han protestado contra esta voracidad. Las condenas de la ONU han llovido a cántaros desde 1947. Cada vez en vano. Finalmente, el 30 de octubre de 1991, centenares de delegados se precipitaron a Madrid, minuciosamente reunidos tras 300.000 kilómetros de cortejo aéreo por parte del Secretario de Estado norteamericano Baker. Delante de Shamir, el entonces Primer Ministro, bajito, con los brazos agitados y el ceño fruncido, reanudaron un debate que estaba oficialmente zanjado en la ONU desde 1947. Tuvieron que empezar de nuevo, como si nada hubiera pasado.

¿Para conseguir qué?

Les "Deux Juifs et leur pari": frontispicio de Hergé ('Fábulas', Robert de Vroylande).

Durante dos años, los enfrentamientos no dieron lugar más que a miles de periodistas riéndose a galope tendido, ¡y a unos cuantos miles de millones en gastos de organización y viajes|

Shamir estaba decidido a no dar a los palestinos ni un calcetín.

Les Deux Juifs et leur pari": ilustración de Hergé ('Fábulas', Robert de Vroylande).

Conquista, domina y nunca te acobardes.

No fue hasta la derrota electoral de Shamir en 1993 cuando los israelíes se dieron cuenta por fin de que su sueño dominante de un Estado judío que se apoderara de toda la zona del Nilo y el Éufrates daría poco más que ataúdes.

En vano, habían conquistado Palestina por la fuerza. Habían perpetrado masacres espantosas. Habían instalado a ciento veinte mil colonos judíos en las mejores tierras, ¡verdaderas tropas de ocupación!

Para abrirles paso, habían expulsado al exilio en Sudán, Sudamérica, Estados Unidos y Jordania a cientos de miles de desafortunados campesinos que durante siglos habían cultivado en paz estas tierras bajo el Jordán.

¡Los tanques judíos también habían invadido Líbano en vano, apoderándose de parte de su suelo y fomentando la masacre de dos mil inocentes en Sabra y Chatillah!

En vano, habían deportado a cuatrocientos prisioneros a una zona inhumana del Norte, sin hogar, carcomidos por la nieve y el frío, ¡soltados en el desierto libanés como cabras malditas!

En vano, finalmente, habían sumergido los Altos del Golán, ¡creyendo que podrían mantener a Siria bajo la amenaza de sus cohetes para siempre!

El valor y el heroísmo de los "ocupados" habían resistido a esta opresión, en todas partes y por todos los medios.

Pero lo más increíble de todo fue que fueron los niños -los auténticos Tintines de Oriente- quienes, a través de la Intifada, ¡ganaron finalmente la partida! Estos miles de pequeños David (¡vuelve la historia!) sólo tenían las piedras esparcidas de sus países martirizados para luchar. Durante seis años asaltaron a las decenas de miles de soldados israelíes superarmados, haciéndoles la vida insoportable. Sí, ¡así fue! ¡La Intifada fue la primera guerra del mundo ganada por niños! ¡Con millones de piedras! ¡Como si las hubiera puesto en marcha el mismísimo Tintín! Milú, ladrando a pleno pulmón, lanzándose hacia los proyectiles.

Robert du Bois de Vroylande, autor de las "Fábulas" ilustradas por Hergé: "Les Deux Juifs et leur Pari" nunca será perdonado...

Su valentía fue recibida inicialmente con terribles tiroteos. Más de mil niños y mujeres perecieron bajo las balas. Pero no podían seguir descargando sus fusiles sobre miles de Tintines musulmanes. Al cabo de diez años, Gaza se convertiría en un infierno para los judíos. Al final, tuvieron que darse cuenta de que empezaba a ser imposible resistir en este hormiguero fantásticamente acosador.

Era hora de dejarlo ir.

Y fue en Washington. El Primer Ministro israelí Rabin, antiguo terrorista de la Haganah y tristemente célebre por los escándalos de su esposa en 1977, tuvo que estrechar la mano de la bête noire que le había mantenido en jaque durante más de veinte años, el incansable Arafat, el impedimento de la dominación, perseguido hasta la muerte durante un cuarto de siglo por los asesinos del Mossad, ante el mundo entero el 13 de septiembre de 1993|

¡Sólo quedaba aceptar los inicios de la paz, conceder cierta autonomía a los ochocientos mil perseguidos de Gaza, y también, simbólicamente, a la pequeña ciudad de Jericó, donde las trompetas de un Arafat anti-

Gedeón y los jóvenes héroes tintinescos habían derribado por fin los muros de la nueva Historia!

Isaac Rabin pronunció el último *De Profundis* en el podio de Washington: "¡Basta de sangre! ¡Basta de lágrimas! Basta!" Pero él y su pueblo podrían haber pensado eso 47 años antes.

Cuando la ONU proclamó el nacimiento simultáneo de un Estado de Israel -ya cuestionable en sí mismo porque, al término de la Primera Guerra Mundial, los judíos sólo representaban el 2% de la población de esos territorios- y de un Estado de Palestina, que los creadores del nuevo Estado judío pretendieron devorar inmediatamente.

Durante cincuenta años, los israelíes habían perseguido sin descanso estas conquistas. En 1993, las piedras de los pequeños esclavos pusieron fin a este frenesí de dominación.

¿Qué saldrá de esta llamativa reconciliación?

¿Aprenderá por fin el "judío dominante", tal como lo retrató el general De Gaulle, una lección de este terrible fracaso en Palestina?...

¿Cómo pasaremos, con el tiempo, de la vaga autonomía cuasicomunal concedida a Gaza hasta la fecha a una auténtica independencia?

¿Cómo, desde Nazaret hasta el Jordán, todos los habitantes finalmente liberados de Palestina y los millones de exiliados serán devueltos a su patria ancestral? Y no sólo los 15.000 supervivientes de Jericó con sus asombrosas trompetas...

¿Cómo se reducirá a la condición de ciudadanos normales a los más de cien mil codiciosos colonos acampados estratégicamente, en nombre de Israel, en todos los lugares de control de Palestina y Gaza, atrapando a la población árabe en sus garras?

¿Cómo, finalmente, reaparecerá la Media Luna en Jerusalén, donde Mahoma pasó sus últimas horas en la Tierra?...

Se trata probablemente de la única caricatura de "nariz aguileña" que ha sobrevivido a las correcciones catárticas: esta escena de "L'Oreille cassée" (La oreja rota), esbozada en 1936, ha conservado no sólo la nariz aguileña, sino también la espalda arqueada, la perilla, el casquete, las gafas y las manos que se frotan ante la idea del "buen bedido aviar": No hay duda, se trata del hermano de Isaac de "L'Etoile mystérieuse", censurado en la edición del álbum (véase p.83).

Todavía estamos sólo en la fase de débiles intenciones. Habrá discusiones interminables durante cinco largos años. Sólo entonces sabremos si la paz ha triunfado de verdad o si las premisas de 1993 no eran más que otra trampa en la que, habiendo fracasado la dominación judía por la fuerza, Israel recurría esta vez a la astucia para dominar igualmente a la presa rebelde. Es comprensible que algunos sigan teniendo dudas o se rebelen ante este tipo de equilibrios. La historia está llena de este tipo de reacciones. No son necesariamente antisemitas.

El propio Hergé, como tantos otros, sufriría una aguda persecución judía a causa de las ambiciones y sensibilidades judías. Después de la guerra, se vería obligado a retocar las protuberantes narices de algunos de los judíos de sus álbumes. ¡Entonces, para salir de su apuro, se vería obligado a ceder uno u otro apéndice sobreamplificado a otros banqueros que ya no llevarían el desafortunado nombre de Blumenstein!

En la tira cómica (20 de diciembre de 1941) del robado "Soir", el tal Blumenstein, sentado muy cómodamente en Nueva York en un imponente sillón de director, dictaba solemnemente sus órdenes a su secretario: "Mi querido amigo, usted ha sido mi secretario el tiempo suficiente para saber que si el Banque Blumenstein financiara la expedición Peary... etc.". El diligente secretario contestaba modestamente: "- Eso espero, señor Blumenstein, aunque...".

El mismo dibujo, que reapareció en las ediciones de posguerra de "L'Etoile Mystérieuse", ¡había tenido que sufrir entretanto algunos cambios! El pobre Hergé había sudado sangre y agua para reformar el texto fatal. Las cartas, trazadas exactamente en las mismas líneas, presentaban esta vez a un banquero llamado Bohlwinkel: "¡Mi querido amigo, usted ha sido mi secretario el tiempo suficiente para saber que si el banco Bohlwinkel financiaba la expedición Peary..., etc."! La misma secretaria del dibujo ex-hereje respondió con la misma compunción: "- Eso espero, señor Bohlwinkel, aunque...".

Cómo Hergé creyó arianizar al judío Blumenstein "marollizándolo"
en Bohlwinkel no es consciente de que se limita a intercambiar dos "kipá"...

Nuestro buen amigo Hergé pensó que se había salido con la suya. En la jerga bruselense, Bohlwinkel significa "tienda de dulces". Seguro que estos dulces le quitarían el sabor amargo de un Blumenstein demasiado fuerte.

Mala suerte. Bohlwinkel era, de hecho, un nombre tan judío como Blumenstein. El pobre Hergé no lo sabía. ¡Su nuevo dibujo se había empapado de sudor para nada! ¡Ahora podemos poner frente a frente a las dos variantes igualmente iconoclastas! En Bruselas, en octubre de 1990, una tal Myriam Bru yuxtapuso cómicamente los dos dibujos en "Le Soir Illustré".

Del mismo modo, ha enfrentado a dos barcos sucesivos en las olas ilustradas de Hergé: el de un enemigo plutocrático en 1942, ¡y luego el mismo, retocado después de la guerra! El que ondeaba bandera yanqui en 1942 fue piadosamente restaurado en 1957, en la nueva versión de "L'Etoile Mystérieuse". Todo parece idéntico, se reproducen rigurosamente las mismas palabras, las dos veces escritas, pero el nuevo dibujo lleva una variación casi indetectable para el lector incauto: el fatídico estandarte ya no es la bandera estrellada de los Estados Unidos, las franjas han sido pintadas y sólo se distingue una vaga cruz sobre un fondo oscuro, ¡tan negro como el mariscal Mobutu de Zaire! La bandera ya no es norteamericana, sino saudí. Estados Unidos se ha convertido en Sao Rico.

Otro dibujo de "L'Etoile Mystérieuse", la versión de 1942, fue suprimido casi cómicamente después de 1945. ¿Qué mostraba? Mostraba a dos honorables judíos barbudos, con la nariz como un drakkar, discutiendo sobre la proximidad del fin del mundo.

Salomón pregunta a Isaac: "¿Has oído, Isaac? ¡El fin del mundo! ¿Y si es verdad?" ¡Intensa satisfacción de Isaac! Explica: "¡Eh! ¡Eh! ¡Sería un buen bedide avaire, Salomon!... Debo 50.000 francos a mis vournizeurs. Gomme za che ne tefrais bas bayer".

Un hombre normal habría sonreído ante la broma, pero nada más. ¡Imposible! ¡El bueno de Hergé tuvo que suprimir este simple chiste en su álbum de posguerra!

En el reverso del original, Hergé escribió filosóficamente las siguientes palabras: "Suprimido por exceso de realismo"

Dibujantes geniales como Hergé, para conseguir que sus obras maestras volvieran a publicarse, se veían obligados, incluso años después de la guerra, a introducir cambios tan grotescos en los escenarios, porque uno u otro morro se había picado por el camino, o porque una broma de buen gusto le daba un cólico a Israel...

CAPÍTULO XIX

SECUELA MILITAR DE 'TINTÍN EN EL PAÍS DE LOS SOVIÉTICOS'

Para nadie, ni en "Le Soir" ni en ningún otro lugar, la "colaboración" en 1940-1944 había sido sencilla.

Imaginar que, mientras durara la guerra, podría surgir una solución política que asegurara el futuro de Bélgica pronto pareció algo ilusorio. Por todas partes, la gente se golpeaba la cabeza contra los muros de la imprecisión y la indecisión.

No había podido reunirme con Hitler cerca de Givet en octubre de 1940, en un encuentro organizado por el embajador del Reich, Otto Abetz. El día anterior, Mussolini había echado por tierra nuestro encuentro al invadir Grecia, obligando a Hitler a desviar su tren "Erika" a Florencia sobre la hora, ¡llegando demasiado tarde de hecho! ¿Quizás este encuentro con el Führer me habría ayudado a ver las cosas con más claridad? ¿Y luego, bajo el patrocinio de Leopoldo III, formar un nuevo gobierno con Henri de Man?

Leopoldo III en la terraza del "Nido del Águila" del Führer en Berchtesgaden.

Leopoldo III espera audiencia con Adolf Hitler en Berchtesgaden
(estas dos fotografías fueron tomadas por el secretario del rey, el conde Capelle).

Pero Hitler ahora estaba ocupado durante meses en los Balcanes

Y todo apuntaba a una lucha con los soviéticos. No les había bastado con apoderarse de los Estados bálticos y de Besarabia en junio de 1940. En noviembre de 1940, el ministro soviético Molotov había acudido a Berlín para exigir, casi demandar, en nombre de Stalin, que el Reich diera vía libre a Stalin en Bulgaria, Yugoslavia y el estrecho de Constantinopla, y le permitiera establecer bases militares en Dinamarca y Noruega. En resumen, quería que las puertas del Mediterráneo y del Atlántico se abrieran de par en par a la URSS.

Stalin esperaba el momento de abalanzarse sobre Occidente, sobre la presa de sus sueños, el enorme bastión industrial de Europa. Se preparaba para atacar al Reich. Ya había concentrado cinco millones y medio de soldados desde Brest-Litovsk hasta el Mar Negro. En un día cualquiera, estas tropas podían precipitarse hacia el sur, hacia los campos petrolíferos de Rumanía, y hacia el oeste, hacia Polonia y Berlín. Toda Europa podría haber pasado por allí. La pequeña Bélgica, comprensiblemente, ya no pesaba en la mente de Hitler durante esos meses...

Leopoldo III debería haberse dado cuenta de que si intentaba suplicar al líder del Tercer Reich en Berchtesgaden, sólo conseguiría desacreditarse a sí mismo.

Une révélation d'« Histories » qui heurte la princesse Lilian

Un télex embarrassant de Léopold III

Avant même de passer à l'antenne, ce jeudi, «Histories», magazine historique de la seconde chaîne publique flamande, fait de sérieuses vagues dans l'entourage de la princesse Lilian, qui n'exclut pas d'aller jusqu'à attraire ses responsables en justice. Il se fait que cette émission de Canvas (VRT), qui passe pour une référence dans les milieux historiques, va révéler un nouveau document inédit montrant que Léopold III était prêt à tout pour rencontrer Hitler au lendemain de la capitulation française en juin 1940. Il s'agit, en fait, d'un télex retrouvé par un historien local wallon, René Mathot, dont le réalisateur de l'émission, Philippe Van Meerbeeck, a effectivement retrouvé l'original dans le Bundesarchiv allemand à Berlin.

René Mathot travaille depuis plusieurs années sur un ouvrage qui retracera le parcours d'Hitler en Belgique en juin 40, lorsque, après avoir obtenu la capitulation du pays, il décida de revenir sur les lieux où il avait combattu en 1916. Si le livre sortira le 21 juin prochain aux éditions Racine, René Mathot s'en était déjà ouvert à l'équipe d'«Histories» qui consacre ses émissions des 1er et 8 juin à cet aspect insolite de la guerre.

Insolite mais pas inintéressant car il apparaît que le «Führer» aurait voulu rencontrer le Roi lors de cette tournée ainsi qu'en attestent des messages du ministre Meisner et d'un ostéologue nazi, le Dr Gebhardt, qui avait soigné plusieurs membres de la famille royale pour des maux de dos.

PRÊT À RENCONTRER LE FÜHRER

Finalement après avoir pris le pouls d'Henri De Man (ancien ministre socialiste, dont il était proche) et du général Van Overstraeten à ce sujet, Léopold III marqua son accord pour autant que la rencontre fût discrète. Le 1er juin, Hitler atterrissait à Evere... mais il ne se rendit pas à Laeken car il souhaitait une rencontre largement médiatisée. Mais, en même temps, il apparut qu'une opportunité se présenterait lorsque la France aurait aussi capitulé. Ce qui arriva à la mi-juin. C'est ici que se situe l'épisode du télex: alors qu'Hitler se trouvait à Brûly-de-Pesche, le surveillant allemand de Léopold III, Kiewitz, fait savoir au Führer que le Roi était prêt à le rencontrer le plus rapidement possible. Une opération réitérée le 26 et le 29 juin, où, lors d'une visite de l'émissaire

allemand à son chef suprême: il lui précise alors que le «prisonnier de Laeken» est même prêt à gérer une partie du pays. Il fut alors question de la province de Limbourg. Philippe Van Meerbeeck a réuni la presse, mardi, pour préciser que tous les éléments du dossier ont été vérifiés et soumis à des spécialistes comme Jan Velaers et Herman Van Goethem, mais aussi recoupés avec des documents «léopoldistes» comme les Mémoires (privés) du comte Capelle, secrétaire de Léopold III qui sont déposés au centre Guerres et sociétés contemporaines.

Comme l'émission a fait l'objet de présentations dans certains journaux flamands, la Fondation Princesse Lilian est passée à la contre-attaque et a demandé des droits de réponse pour *le caractère particulièrement diffamatoire de ces accusations tendancieuses*. Le général Robert Close, porte-parole de la Princesse, nous a affirmé hier soir que l'on n'en resterait sans doute pas là. En clair: la Justice pourrait être appelée à intervenir *si on continue à diffuser ces bobards*. D'autant plus que cela s'inscrit dans une campagne sournoise pour déstabiliser la dynastie.

CHRISTIAN LAPORTE

'Le Soir' del 8 de junio de 2000 seguía preguntándose por el acercamiento de Leopoldo III a Hitler: ahora que el Führer es indiscutiblemente la encarnación del mal, ¿es concebible que el Rey quisiera reunirse con él?

Tras la visita en la que insistió su hermana Marie-Josée, esposa del príncipe heredero de Italia, aliado del Reich en aquel momento, lo único que obtuvo fue una taza de té, ¡ni siquiera inglés!

Evidentemente, mientras no se aclarara el asunto soviético, la situación belga permanecería inalterada. Se podrían conseguir algunas gobernaciones provinciales o comisarías de distrito, y colocar a algunos hombres de confianza aquí y allá en puestos subordinados, pero por el momento no se conseguiría lo principal.

En sí misma, la situación política en los países ocupados no podía ser más incómoda: los alemanes eran vencedores militares; nosotros, los "ocupados", éramos simples civiles derrotados y humillados. La desproporción era flagrante. Estaba claro que sólo podríamos debatir fructíferamente el futuro de nuestros pueblos si se invertían las posiciones, si nosotros también podíamos disfrutar del prestigio del soldado valiente, tratando en pie de igualdad con otros soldados, habiendo adquirido los mismos méritos y derechos en la batalla. Sólo entonces podrían iniciarse verdaderos debates intereuropeos, con respeto y honor mutuos

Pero, ¿cómo lograr esta igualdad en la gloria, la base misma, la única base, de cualquier acercamiento?... Para mí estaba claro. Era inútil vadear los lodazales de la política mezquina en casa. Había que forzar el destino. Se hablaba de Europa. Pero estábamos atrapados en un pueblo. Sólo circunstancias excepcionales, en las que se ofrecería todo tipo de heroísmo, podrían poner en marcha el mecanismo liberador. Europa, si llegaba a serlo, sólo se forjaría en el yunque de la grandeza.

Entonces, de repente, una oportunidad providencial cayó sobre nuestros pueblos que esperaban: el 21 de junio de 1941, sonó una enorme grieta en el Este. Ya no podíamos esperar a que Stalin empezara a dividir Europa. Comenzaba la mayor guerra del mundo, a través de la inmensidad de la Unión Soviética. Todos los caminos del futuro se abrían de repente, y para nuestros países, desde los Pirineos hasta Oslo, todas las posibilidades de ser respetados. A partir de entonces, todo lo que teníamos que hacer era ser los mejores. Dejando atrás, para siempre, la mediocridad de vidas mezquinas en patrias marchitas por la desgracia, íbamos a dejar atrás las incertidumbres de ocupaciones atribuladas y a aceptar el gran desafío

En 1941, por desgracia, en el momento en que había que emprender esta tarea, nosotros, los países occidentales invadidos, no éramos casi nada. En cuanto a Europa, seguía siendo una mera aglomeración de palabras sonoras. El Tercer Reich, en cambio, contaba con una población de cien millones de habitantes y dos años de deslumbrantes triunfos militares, con más de ciento cincuenta millones de europeos bajo su control. Sin embargo, el 21 de junio de 1941, todo había cambiado de repente. En las nieves del Este, el valor, la fuerza de voluntad y el espíritu de sacrificio estarían a

partir de entonces al alcance de los constructores de la nación. Los valientes podrían alcanzar el heroísmo que allanaría el camino hacia la resurrección. En aquellos días de finales de junio de 1941, la situación de Bélgica -para qué negarlo- parecía casi desesperada. Pero le quedaba un recurso: merecer, a fuerza de valor en la batalla, volver a ser un pueblo libre

Para los tímidos, el futuro podía parecer inaccesible. Pero por pocos que fuéramos al principio, teníamos que dejar nuestra huella. La fortaleza puede obrar milagros. Para salvar a nuestro país, ¡haremos milagros! Estaba a punto de comenzar una aventura con la que las viejas hazañas de "Tintín en el país de los soviets" no serían más que divertidos balbuceos. Durante cuatro años, a lo largo de cinco mil kilómetros de línea de frente, miles de belgas librarían batallas como nunca antes habían visto nuestros soldados. Miles de los nuestros morirían. Miles más resultarían heridos, lo que representaba el 83% de los efectivos de las dos Divisiones de Voluntarios del Frente Oriental que procedían de nuestro país.

¿Crees que puedes enfrentarte a la muerte o a los peores sufrimientos cada día durante años si no te consume una gran fe?

¿Os habéis preguntado alguna vez, lectores míos, qué pasaba en el alma de los miles de muchachos que, en 1941, partieron de todos los países que habíamos invadido en 1940 para conquistar las estepas soviéticas, que lucharon allí, que ofrecieron allí sus jóvenes vidas, rebosantes de fuerza y radiantes de sueños?

Nuestros guerreros creían, con toda su alma, en la alegría de vivir. Querían disfrutarla intensamente. No fueron al Frente Oriental por necedad o bravuconería; vieron que su país derrotado yacía en barbecho en 1941 y que, sin una nueva solución, corría el riesgo de no volver a levantarse.

¡Y aquí estaba la solución!

En todos los países de Europa que habían sido derrotados el año anterior, y de los que nadie podía ver, salvo en la niebla de principios del verano de 1941, dónde podía surgir alguna esperanza de renovación, miles de jóvenes se levantaron, superando todo desaliento.

De repente, ¡Alemania se había convertido en Europa! La nueva lucha contra el enemigo común de todas las naciones europeas atraía a jóvenes de veinte países, antes enemigos del Reich. Los llamaba a una lucha que ahora iba más allá de los límites y las posibilidades del Reich alemán.

Franceses, españoles, italianos, holandeses, bálticos, húngaros, croatas, bosnios, rumanos, escandinavos, etc., se apresuraron en centenares de miles a formar una federación militar que uniera en un bloque fraternal a los recientes adversarios, vencedores y vencidos en las batallas del día anterior. De este modo, mediante el sacrificio, el sufrimiento y tal vez la muerte, se crearían los lazos espirituales que podrían finalmente, mucho más allá del materialismo, unir a nuestros pueblos tan dispares durante tanto tiempo. ¿Acaso nosotros, flamencos y valones, íbamos a estancarnos al margen de estas olas cuyas poderosas ondas se levantaban y rugían por toda Europa?

La ofensiva contra la Unión Soviética despertó un enorme entusiasmo entre los jóvenes de toda Europa ("Signal", diciembre de 1942).

Por supuesto, podríamos habernos quedado en nuestro rincón. Era mucho más sencillo. Sin separaciones. Sin sufrimientos interminables a dos o tres mil kilómetros de casa. Sin miles de cruces de madera que plantar durante cuatro años en las tumbas de nuestros camaradas.

¿De verdad crees que a los veinte, que a los treinta, estamos naturalmente dispuestos a romper con toda felicidad, a lanzarnos deliberadamente hacia los colmillos de la muerte, a desprendernos de nuestros padres, de nuestra mujer, de nuestros hijos, a arriesgarnos en una aventura azarosa y alucinante, que, ésta sí, no estaría dibujada, como las de Tintín, en hermosas hojas de papel cuadriculado?...

Es demasiado simple despreciar o embarrar la cabeza de unos muchachos que tal vez estaban a punto de morir. ¿Qué querían esos valientes jóvenes que se arremangaron y partieron hacia Arkhangelsk o Stalingrado?

Serían deliberadamente Tintins de verdad, Tintins con peligros ineludibles, mil veces más reales esta vez que los de los álbumes encantados...

¿Se equivocaron estos miles de voluntarios europeos?

Pero si todos nuestros Tintines en el Frente del Este estaban equivocados, ¿por qué todos los que no debían estar equivocados no fueron a unirse a la Brigada Piron belga antialemana en Londres?

Los "resistentes" franceses no eran más emprendedores en Londres que los belgas. Según el propio mariscal Leclerc, ni siquiera representaban el 1% de la población francesa. El olímpico general De

Gaulle admitiría, con bastante cinismo: "Entre nosotros, la Resistencia fue un farol". Extraño, de todos modos. Tantas chaquetas se volvieron del revés en septiembre de 1944.

En cuanto a los belgas de Londres, nunca habría más que un puñado de ellos en el bando aliado, mientras que dos divisiones de voluntarios valones y flamencos se alinearían en los miles de kilómetros de tundra helada del Frente Oriental. Este es un hecho irrefutable.

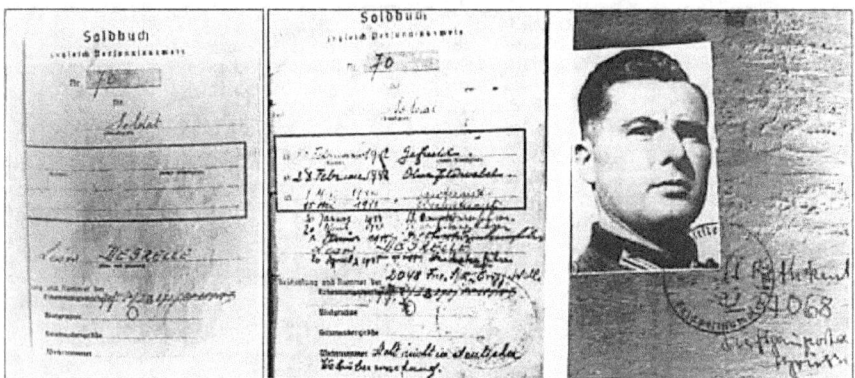

El "Soldbuch" (libreta militar) de Léon Degrelle: fue al Frente Oriental como soldado raso, pero su valentía en la batalla pronto le valió sus galones: terminó la guerra como "Standartenführer-SS", es decir, General.

¿Creía usted que yo, que hasta entonces había gozado del vistoso prestigio del joven líder político amado por multitudes entusiastas, que tenía una casa donde se vivía bien, que conocía la ternura de cinco hijos muy pequeños, iba a dejarlo todo sin un suspiro para alistarme lejos como simple soldado, poniéndome deliberadamente en pie de igualdad con los más desfavorecidos de mis compañeros de armas?

Ni siquiera les había dicho a los alemanes de mi alistamiento. Cuando se supo, Hitler me telegrafió y me nombró oficial. Me negué, no quería ser oficial de opereta. Le dije sin rodeos: "No veré a Hitler hasta que me ponga la Ritterkreuz al cuello".

Finalmente, un día, sería así. Pero durante mucho tiempo sería un simple soldado de caballería, trabajando en medio de brisas huracanadas, hambriento, helado. Cabo, sargento, oficial, sólo llegaría a ser, paso a paso, Comandante de la División Valona por "actos de valor en combate" - setenta y cinco combates cuerpo a cuerpo - habiendo recibido siete heridas (medalla de oro para los heridos)...

¿Has visto hacer lo mismo a los Spaaks y a otros blandengues londinenses

El 3 de marzo de 1942, el Rottenführer (cabo) Léon Degrelle fue condecorado con la Cruz de Hierro con la Cruz de Hierro de Segunda Clase en el Frente Oriental (Stepanovka) ᵉpor el general Sanne, comandante de la 100 División Ligera.

Spaak era casi tan joven como yo: ¿por qué, en lugar de pasar cuatro años de vacaciones en Londres, no se enfrentó a Hitler de frente?... ¿Y qué decir de los otros ministros belgas, a las órdenes de Winston Churchill? Vleeschouwer era joven, al igual que Marcel-Henri Jaspar, casado con una judía.

¡También un Victor de Laveleye, trompeando en la radio! ¿Cuál de estos pashas escondidos en Londres se comprometió a expulsar a Hitler de su país invadido?...

¿Y los jóvenes aprovechados que habían ido a pegársela al clan aliado a orillas del Támesis? Un tal Daniel Ryelandt tenía mi edad. Había estudiado en la universidad al mismo tiempo que yo. Era un pato tranquilo en Gran Bretaña durante las "hostilidades".

Ganó la guerra" al ser nombrado Director General de la Agencia Belga a su regreso a Bruselas

Es un caso parecido al de Ugeux, el William Ugeux que, en nuestra época de estudiantes, se hacía el parvenu cuando, casi solo en su caso en aquella época, ¡conducía él mismo a las clases de Derecho en Lovaina!

En agosto de 1940, en la Bruselas ocupada, intenta recuperar el periódico Le Vingtième Siècle bajo control alemán. Para ello, convoca a sus futuros redactores.

El SS-Hauptsturmführer (capitán) Léon Degrelle, Caballero de la Cruz de Hierro, aparece en la portada de Signal, la principal revista nacionalsocialista europea.

A pesar de sus esfuerzos de reclutamiento, Ugeux había fracasado en su intento colaboracionista, a los alemanes no les gustaba este parlanchín mediocre, atiborrado de tonta prepotencia. Por falta de colaboración, Ugeux también había fracasado en Londres. Era gordo y brillante. ¡Tenía cuidado de no arriesgar demasiado su gordura! Él mismo se había lanzado en paracaídas dos veces en cuatro años en un rincón secreto del territorio belga.

¿Sufriría algún rasguño? De ninguna manera iba a enfrentarse a los alemanes. Sólo reapareció definitivamente en Bélgica, en el equipaje de los aliados, una vez finalizada la ocupación, para que se le asignaran los quesos correspondientes.

Se arrastró y arrastró toda su vida para lograr su gran ambición: ¡convertirse en barón! ¡Incluso conde, si era posible! ¡Ese era su hobby!

Sudó sangre y agua durante cuarenta años hasta que un monarca hastiado estuvo dispuesto a pegar una corona de farsa en su cabeza grande y regordeta de la que emergen dos ojos redondos y glaucos

Una noche, en la televisión belga, se le vio comentar una película de aficionados en la que más de setenta mil rexistas demostraban su entusiasmo bajo mi caseta de Lombeek, en Flandes. Se asombró al ver que, en su país, los rexistas flamencos confraternizaban con los rexistas valones, que las banderas de ambos ondeaban al unísono y que muchos de los espectadores llevaban ¡gorra! Gorras. ¿Y qué? ¡Degrelle también tenía obreros! Ugeux parecía

William Ugeux, pretencioso "líder estudiantil" en Lovaina, visto por "L'Avant-Garde" (1925)

no haberse enterado nunca de que sólo en el bastión obrero de Lieja, REX había tenido dos senadores y tres diputados, uno de los cuales, cinco semanas antes de su elección, seguía siendo uno de los principales dirigentes de las Juventudes Socialistas. Y que las tres bases fundamentales del rexismo eran, además de la paz religiosa, la paz lingüística en el federalismo y la paz social en la colaboración de clases reconciliadas.

Pero, al menos, este Ugeux podía haber hecho una cosa inteligente en su vida: a la hora del peligro, alistarse definitivamente en Londres como soldado de la esbelta brigada de Piron, que buscaba desesperadamente voluntarios. ¡Ugeux tuvo cuidado de no ofrecer su preciado sebo!

¡En lugar de un héroe, los belgas consiguieron un barón! Perdón, ¡un conde! ¡Conde Ugeux! ¡Hagan sonar sus cuernos!

Toda la historia de Londres fue un vodevil de este tipo. Ni uno solo de aquellos gordos fugitivos, empapados en el sudor de 1940, ofreció su piel, entre 1940 y 1944, para combatir a los alemanes en Bélgica, armas en mano. Si hubiera habido uno -¡sólo uno!-, sólo Ugeux, ¡habría sido presentado en 1945, resplandeciente de gloria! Lo habrían cubierto de flores y lo habrían guardado en una vitrina de oro macizo.

El Soldado Desconocido se quedó solo al pie de la histórica Columna. Spaak se ha convertido en Sir, Pierlot ha sido creado Conde y el superviviente Ugeux se pasea por Bruselas con una corona en el occipucio.

¡Los héroes invencibles del gobierno Belgo-Londinense de 1940-1944!

¿Le parece normal que estos bonzos dorados se pasaran toda la guerra holgazaneando cómodamente en el extranjero?

¿A estos estafadores de la victoria, las reverencias? A nosotros, que ofrecimos nuestras vidas en el Frente Oriental para devolver a Bélgica su prestigio europeo y salvarla del imperialismo comunista, ¿desprecio concentrado?...

¿No te escandaliza?

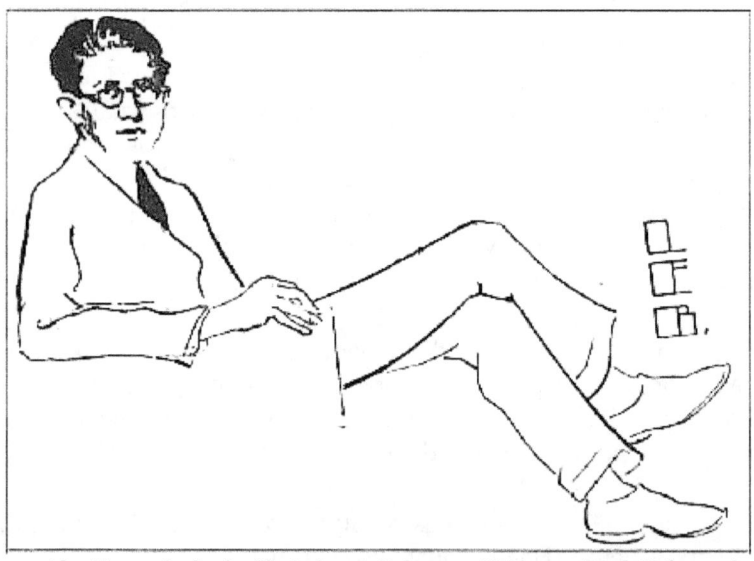

Toda su vida, Ugeux (todavía dibujado por Leb, para "L'Avant-Garde") fue un hombre asentado: estudiante en la UCL, combatiente de la Resistencia en Londres o conde en Bruselas.

CAPÍTULO XX

GAS Y CAMPAMENTOS

¿Se marcharon los belgas del Frente Oriental para "servir a los alemanes"?

¡Vamos!

En primer lugar, nada de lo que se atribuyó, a menudo con imaginación morbosa, a los "alemanes" después de 1945 había salido aún a la luz cuando partimos hacia el Frente Oriental en el verano de 1941.

Ni una sola línea aparecía en ninguna parte sobre ninguna "cámara de gas". Los propagandistas antinazis más implacables de la actualidad deben admitir que en 1941 no tenían ni idea de que existieran tales equipos en Europa.

Aún hoy, numerosos especialistas eminentes y particularmente bien informados expresan dudas o desmentidos categóricos; ya se trate de un intelectual de la más alta categoría como el profesor de la Universidad de Lyon Robert Faurisson y la importantísima escuela histórica que ha retomado sus tesis en todo el mundo; ya se trate del especialista en las cámaras de gas en Estados Unidos, el Sr. Fred Leuchter, quien, tras minuciosos estudios realizados sobre el terreno, exámenes precisos y repetidos, y luego la verificación científica del material llevado a Estados Unidos para su análisis, afirma ahora formalmente, en un volumen muy detallado, que el Holocausto se cometió en Estados Unidos. Walter Lueftl, que recientemente dedicó un centenar de páginas a demostrar que tales gaseamientos eran "técnicamente imposibles" ('Le Soir', 14 de marzo de 1992)

Cuando se haya calmado definitivamente el enorme alboroto que se armó sobre este asunto después de la guerra, veremos qué concluirán los historiadores, una vez que vuelvan a ser serios. Sin duda habrá grandes sorpresas para los acusadores precipitados, los necios y los cínicos mentirosos de nuestros apasionados tiempos.

Mientras tanto, como todo debate sobre este tema está prohibido judicialmente, lo único que se puede hacer es callar. Yo mismo hago lo mismo hoy, con el pico cosido y la pluma seca, sin pensarlo menos tras las omnipotentes faldas de los magistrados blandiendo sus nuevos códigos.

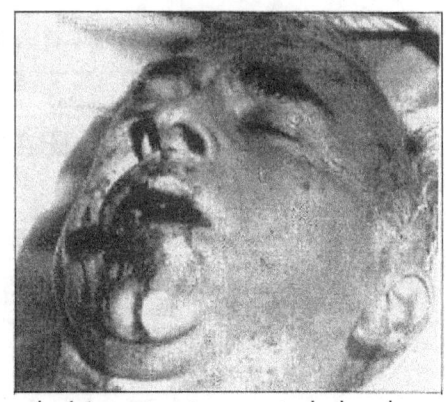

La única respuesta que se pudo dar a los argumentos históricos y científicos del profesor Faurisson sobre las supuestas cámaras de gas homicidas alemanas fue, el 16 de septiembre de 1989, el salvaje ataque de un comando que decía pertenecer a la "memoria judía". El resultado: fractura de mandíbula y costillas rotas.

¿Y ahora qué? ¿Campos de concentración?

Es cierto que existían en Alemania.

Alérgico a las pseudorreligiones, Hergé-Tintín habría sido sin duda también alérgico a la religión del "Shoah-Business", ¡sin duda la más rentable hoy en día! ("Tintín en América").

Al comienzo de la guerra, en 1939, contaban con unos cuantos miles de internos, generalmente dirigentes comunistas de línea dura.

Al mismo tiempo, en Francia también había campos de concentración, muchos más de hecho, ¡supervisados por el propio general Gamelin!

Desde el primer día de septiembre de 1939, e incluso antes de finales de agosto, Francia había enviado a miles de indeseables al campo.

¿Qué indeseables?...

Les Juifs

Il me faut laisser une place dans ce petit livre pour les Juifs. Ils étaient légion. Comment sont-ils arrivés au Vernet? Rien de plus simple.

La Belgique venait d'entrer en guerre, lorsque les Israélites déguerpirent — assez rapidement, dois-je dire ! — de Bruxelles et d'Anvers, où ils avaient leurs ghettos. A leur arrivée en France, ils s'engagèrent dans la Légion Polonaise, étant effectivement tous d'origine polonaise.

Dix jours passèrent. Les autorités militaires se rendirent compte qu'ils n'avaient affaire qu'à des apatrides. En effet, leur loi stipule expressément que les émigrés polonais, s'ils n'ont pas fait renouveler leur passeport, au Consulat, au bout de deux ans, perdent leur nationalité. Les « Autorités françaises » ne trouvèrent rien de mieux que de faire escorter, par leurs gendarmes, ces nouveaux « légionnaires », jusqu'au Camp du Vernet.

Je dois pourtant avouer que les fils d'Israël n'oublièrent rien des caractéristiques de leur race... même au Camp !

Judíos en el campo de Vernet: testimonio de un compañero de 1940 (M. Bourgeois, "L'Enfer du Camp du Vernet", 1941).

Agárrate fuerte a la barandilla. Estos "indeseables" eran, ante todo, miles de judíos que, en 1937 y 1938, habían huido de Alemania y, más aún, de la Polonia antisemita del coronel Beek. Estos fugitivos creían haber encontrado un refugio seguro y libre en la Francia de aquellos años. Pero habían sido acorralados como apátridas por la policía francesa al estallar la guerra. No bajo el mariscal Pétain, sino bajo el gobierno de izquierdas surgido de las elecciones de 1936, ganadas por los comunistas y socialistas unidos en el Front Populaire. La gente se esfuerza en ocultarlo, pero el hecho es indiscutible: ¡a finales de agosto de 1939, el gobierno del Front Populaire fue el primero en encarcelar a los judíos! Una verdad cruel, ¡pero es la verdad!

¿Cómo lo hacemos?

Los propios judíos te lo explicarán.

La esencia de este tema fue revelada en el libro "Vivre à Gurs" (publicado en París por Maspéro), escrito por un grupo de internados judíos que sufrieron terriblemente en estos campos de concentración, en particular Anna Schramm y Barbara Vormeier que, al final de su doble relato, publicaron (pp. 301 a 312) el terrible informe redactado por ocho refugiados suizos (¡súbditos de un país neutral!) que fueron liberados del campo de Vernet gracias a las órdenes del Consulado General de Suiza en Toulouse casi inmediatamente después del Armisticio. La "Lista provisional de campos de internamiento" se publica íntegramente en la página 291 de este libro. Lleva la fecha del 15 de noviembre de 1939. Así que no es cuestión de insistir en algo de Vichy. La lista incluye no menos de 48 nombres de campos de concentración dirigidos por el régimen del Front Populaire, repartidos en veinte regiones. Este siniestro cuadro se completa, en la página siguiente, ¡con la "lista provisional de los campos de internamiento franceses en ultramar"! ¡Ultramar! Once campos, ¡desde Camerún hasta Oceanía

También los belgas, simples refugiados en Francia como Hergé, conocieron la hospitalidad del Camp du Vernet. Marcel Bourgeois explica: "Es el lugar donde fueron relegados todos aquellos que sospechaban de Marianne. Pero, ¿por qué sospechaban de alguien? Nada más elemental. Ser belga era suficiente (...) Defender a nuestro Rey condujo inmediatamente a Le Vernet. (...) El mundo no tiene memoria de ellos, la misericordia y la justicia parecen desdeñarles (...). Yo hablaré.

Ya el 12 de noviembre de 1938, un decreto había puesto en marcha el mecanismo: "Los centros serán designados por decreto, la organización será establecida por el Ministerio del Interior y, en caso necesario, por el Ministerio de las Colonias".

Incluso antes de que estallara la guerra en Polonia (1 de septiembre de 1939), miles de sospechosos -judíos en particular- fueron detenidos en toda Francia: "Una semana antes del comienzo de las hostilidades, se produjeron numerosas redadas y detenciones en París ('Vivre à Gurs' p. 245). Los emigrados eran arrancados de sus camas, llevados a la jefatura de policía donde permanecían detenidos varios días, a menudo enviados a prisión y después a campos, todo ello sin interrogatorio ni orden de detención. Estas detenciones se realizaban sobre la base del decreto del 12 de noviembre de 1938" (Ibid., p. 286).

León Feuchtwänger

El escritor antifascista Alfred Kantoriwicz explica cómo se trataba a los detenidos en el centro de clasificación del Estadio Olímpico de Colombes: "Los detenidos tenían que acampar bajo las estrellas durante unas semanas antes de ser repartidos en diferentes campos (...) Se les daba a elegir entre alistarse en la Legión Extranjera en África durante cinco años o, si se negaban, ser recluidos en un campo de concentración" (Ibid., p. 248)

Ya el 17 de septiembre de 1939, el Ministerio del Interior había emitido una orden tajante: "Los hombres serán reunidos en el campo de Vernet (Ariège)". En cuanto a las mujeres, serían internadas en Petite Roquette, en París, o en el campo de Rieucros (Corrèze). Otros detenidos habían sido "trasladados de la cárcel de la Santé al estadio de Roland-Garros, que en realidad se utilizaba como prisión porque las cárceles reales estaban abarrotadas". Entre ellos se encontraban el escritor Friedrich Wolf, el periodista Berthold Yacob, el sociólogo Paul Frölich, el escritor antifascista Gustav Regler y un gran número de colaboradores de Willy Müzenberg" (Ibid., p. 289).

Los exiliados más famosos fueron encarcelados como peatones. Robert Liebknecht, hijo del gran líder judío Karl Liebknecht, diputado del Reichstag asesinado durante los disturbios de Berlín en 1919, fue internado en el campo de concentración de La Rode como un vulgar matón. El conocido escritor judío Lion Feutchtwänger, que ya era anciano y había sido desposeído de su nacionalidad alemana por Hitler, también fue internado a principios de septiembre de 1939 en el campo de concentración de Les Milles, cerca de Marsella. Fueron necesarias gestiones urgentes de Somerset Maugham en Inglaterra para que Feuchtwanger fuera liberado el 16 de diciembre de 1939, tras tres meses y medio de prisión. Pero no por mucho tiempo, ya que en mayo de 1940, todavía bajo el Parlamento de Izquierda, el escritor judío fue encarcelado por segunda vez. ¿Y cómo? Rebaños de refugiados judíos fueron hacinados en el estadio de Búfalo y en el Vel' d'Hiv, ¡el famoso Vel' d'Hiv que supuestamente se utilizó por primera vez en 1942!

Los horrores relatados en 'Vivre à Gurs' son indiscutibles... Los horrores cometidos en los campos de concentración que existieron y funcionaron en 1939 y 1940, bajo la responsabilidad del gobierno del Front Populaire, legal hasta junio de 1940.

En realidad, Pétain no era más que el heredero involuntario de los campos del Front Popu, aceptando sin querer el regalo envenenado de los rebaños de israelitas apátridas encarcelados en 1939 por los anarquistas en el poder|

He aquí (p. 303) los detalles proporcionados por ocho testigos suizos sobre el destino que aguardaba a los judíos llevados al Estadio Roland-Garros por la policía: "El Estadio Roland-Garros, un campo de clasificación, constaba de tres grupos de barracones que parecían grandes graneros con tejados muy inclinados que dejaban entrar mucha lluvia, en algunos lugares como a través de canalones. Los barracones estaban ventilados principalmente por una puerta delante de la cual había cuatro retretes, cuyo olor penetraba por todas partes. En caso de alarma, durara lo que durara, la puerta del barracón se cerraba y atrancaba desde el exterior, y los soldados

Los campos de concentración del sur de Francia se utilizaron inicialmente para "alojar" a los refugiados republicanos españoles: aquí, la construcción de los barracones del campo de Argelès-sur-Mer.

tumbados en una trinchera apuntaban con sus fusiles a la puerta. Un gesto de pánico y te disparaban...".

En cuanto al campo de concentración de Vernet (¡yo mismo viví en esta colonia penal que albergaba a un gran número de judíos!), he aquí, entre otros cientos de detalles, algunos pormenores de la vida que tuvieron que soportar en una época en la que el gobierno elegido por el Front Populaire sin duda seguía existiendo:

"La comida era más que insuficiente (los guardias vendían la mitad de las provisiones al exterior para su propio beneficio). A veces era sólo medio cuenco de agua grasienta con hojas de col nadando en ella. Muchos utilizan latas viejas recogidas de la basura. Muchos internos no tienen mantas ni abrigos para cubrirse por la noche. Dormimos en taquillas, dispuestos en filas de cinco como sardinas en lata. Si no tienes un colchón de paja, pronto renuncias a la paja, que se humedece y se infesta de alimañas. Las noches se pasan cazando innumerables pulgas. Muchos prisioneros contraen piojos. Las moscas molestan tanto de día como las pulgas de noche.

El material farmacéutico y médico es extremadamente limitado. Hay escasez de todo, incluso las jeringuillas suelen escasear. El hospital está muy sucio. Hay mucha más gente allí que en el resto del campo.

Por faltas de todo tipo, te meten en la cárcel, donde te encierran con un cubo para tus necesidades. Muchas personas han sido golpeadas en esta prisión por los guardias, con puños, culatas de fusil e incluso botas en la cara. Entre ellos hay eminentes científicos, físicos, químicos y especialistas de todo tipo, que languidecen miserablemente.

Todo esto, repitámoslo incansablemente, bajo gobiernos de izquierda, ¡sin que el mariscal Pétain tuviera nada que ver con estos lamentables acontecimientos

Así que tengamos un poco de decencia antes de seguir hablando de la difícil situación de los judíos "encarcelados por el gobierno de Vichy". Fueron encarcelados mucho antes que el gobierno de Vichy, a finales de agosto de 1939, por el régimen supuestamente democrático del propio Front Populaire.

Pétain la heredó un año después, en las peores circunstancias posibles.

Los ministros franceses de Interior y Salud Pública visitan sus campos de concentración en el sur de Francia.

Pretender lo contrario es una mentira descarada, a menudo interesada. Pero a los franceses se les ocultan deliberadamente estas ignominias. Que sepamos, sólo la periodista Juliette Minces escribió una reseña del libro "Mourir à Gurs" en "Le Monde" el 27 de febrero de 1971, relatando la odisea de los judíos en Francia antes de que Pétain tomara el control de una Francia hecha pedazos:

> El artículo continúa: "¿Cuántos jóvenes saben que a partir de 1939 hubo campos de concentración en Francia, dirigidos y vigilados por ciudadanos franceses?
> El simple hecho de ser extranjero, principalmente alemán, austriaco, español republicano, judío de Polonia o de otros lugares, podía dar lugar al internamiento.
> Este libro, que aporta información completamente nueva para la inmensa mayoría de los franceses, es una contribución insustituible a la historia.

Esta contribución insustituible no sustituyó a la verdad, que fue inmediatamente suprimida en todas partes. Se cuidaron de no recordarnos nunca que quienes, en 1939 y hasta julio de 1940, detentaron el poder en Francia y ordenaron salvajes redadas de "judíos de Polonia y otros lugares" ¡eran los representantes electos del Front Populaire de 1936!

La izquierda, que se enfurece por una nariz Blumenstein demasiado prominente en los dibujos de Hergé, siempre se ha guardado celosamente de revelar que sus predecesores, incluso antes de declarar la guerra en 1939, estaban acorralando en redondo a apátridas, en particular a refugiados judíos, a los que, con un poco de agallas, ¡podrían haber convertido en aliados!

En 1941, los estadounidenses no serían menos expeditivos. El mismo día en que el Mikado bombardeó Pearl Harbor (7 de diciembre de 1941), arrastrarían a 150.000 de sus compatriotas, culpables de ser de origen japonés, a sus campos de concentración de California.

Sir Oswald Mosley, líder del Blackshirt Movement, representaba un importante movimiento fascista en Gran Bretaña. En 1934, reunió a más de 150.000 personas en este mitin en Hyde Park.

En 1940, Gran Bretaña hizo lo mismo con los seguidores de Mosley.

Los alemanes, los franceses y los estadounidenses habían sido superados en Sudáfrica durante la Guerra de los Bóers (1899-1902), dirigida por los británicos. Los británicos, atraídos por las minas de oro y los diamantes, se habían precipitado hacia las riquezas fáciles del Transvaal. Desechando la competencia, construyeron inmediatamente los primeros campos de concentración de nuestra época y encarcelaron en ellos a los nativos.

"Granjas quemadas, existencias destruidas, mujeres y niños conducidos en manada a campos de concentración donde perecieron 25.000 de ellos": así resume el Diccionario Enciclopédico Larousse la triunfante campaña en Sudáfrica de los héroes de Su Majestad a finales del siglo XIX...

Qué eran estos ingleses sino imitadores de los que, en Estados Unidos, habían masacrado a los pieles rojas para apoderarse también allí del oro... ¡oro que se pudre y envenena!

Después de 1917, los soviéticos batirían los récords establecidos por los filántropos británicos. Ya en 1929, Hergé había expuesto su atroz

Fueron los británicos quienes inventaron los campos de concentración para acorralar a los bóers en Sudáfrica: 26.370 mujeres y niños perecieron allí.

alcance en su "Tintín en el país de los soviéticos". Sus campos de concentración devorarían a decenas de millones de víctimas en treinta años. Stalin - el muy querido aliado de Roosevelt, a quien debía su victoria en 1945- pasaba imperturbablemente carne humana por la picadora en sus gulags, como si estuviera haciendo morcilla, igual que el gángster que, en 'Tintín en América', intenta reducirla a corned beef... Nadie empezó a indignarse por estos gulags hasta mucho después de que Stalin hubiera muerto en soledad en 1953, cayendo en picado a los infiernos, donde su caudal de experiencia le ha permitido desde entonces cargar a tope los hornos de Satán, su maestro pensador

Lo menos que podemos decir es que todos esos avezados guardianes de los campos de concentración franceses, británicos, estadounidenses y soviéticos no eran las personas adecuadas para acusarnos a nosotros, jóvenes que partíamos como idealistas hacia el Frente Oriental.

"La potence du Roi Edouard", dibujo de Jean Weber que denuncia la barbarie inglesa en los campos sudafricanos ('L'Assiette au Beurre', 28 de septiembre de 1901).

Sobre todo porque en 1941 no sabíamos nada de estos campos de concentración "alemanes".

En cualquier caso, los "alemanes" del frente oriental no tenían ninguna necesidad particular de recurrir a nuestros servicios voluntarios.

No nos íbamos por ellos sino, sobre todo, por nuestro país, Bélgica, por el que queríamos, a fuerza de heroísmo, recuperar el derecho a ser escuchados.

En un solo dibujo, Hergé plasmó la ceguera voluntaria de los occidentales ante la URSS. Y así seguiría hasta la caída del bloque soviético ("Tintín en el país de los soviets").

Mantener la miseria de las clases trabajadoras como palanca de propaganda comunista: como Tintín, muchos jóvenes europeos idealistas concretaron su deseo de combatirla alistándose en el Frente del Este...

¡Era por vosotros, belgas, por quienes íbamos a ofrecer nuestras vidas! Por vosotros, camuflados entonces, sin preocupaciones exageradas, detrás de vuestras latas, a la espera de que la veleta del futuro girara en uno u otro sentido, ¡decididos a no adaptaros hasta que los riesgos hubieran desaparecido!

No culpamos a nadie. Nadie obliga al hombre a ser valiente, ¡pero por Dios! ¡Traten de entender! Miles de nosotros arriesgamos el pellejo, día tras día, durante años. Lo único que nos importaba era la salvación de nuestro pueblo y, más allá, ¡la salvación de una Europa unida!

Anverso y reverso de una postal de reclutamiento para la "SS Sturmbrigade Wallonie" y la "SS Flandern".

En el verano de 1941, cuando las águilas nazis volaban de Narvik a Esparta, y tres mil panzers cargaban victoriosos por las vastas extensiones de Rusia, ¿quién, aparte del quince, o a lo sumo el veinte por ciento de la población, creía que Hitler perdería? Estados Unidos seguía siendo neutral. Stalin estaba acorralado al este de Smolensk y en las profundidades de Ucrania. Por todas partes, millones de soviéticos se rendían.

Si Hitler hubiera vencido, como todo hacía suponer entonces, habríamos podido asegurar a nuestro país un lugar de honor en una Europa del corazón, nacida del sacrificio, fruto únicamente de nuestra tenacidad.

Por supuesto, podríamos habernos contentado con leer tranquilamente las historias de Tintín en "Le Soir", el periódico robado. En lugar de eso, nos lo jugamos todo: nuestra familia, nuestras posesiones, ¡nuestro pellejo!

¿Por qué deberíamos hacerlo? Si no es para salvar nuestra patria de la extinción.

En la larga serie de victorias y derrotas militares experimentadas por nuestros antepasados, ¿podríamos descubrir una acción tan fantástica como la vivida por los miles de jóvenes voluntarios flamencos y valones en el Frente Oriental, desde las oscuras aguas de Finlandia hasta las elevadas cumbres del Cáucaso?...

La forjaron, a lo largo de cuatro años horribles, a lo largo de cinco mil kilómetros de línea de frente, en el más terrible sufrimiento, por amor a su país, ¡y por ustedes, que hoy leen esto, sacudiendo la cabeza en sus sillones|

A lo largo de nuestro épico viaje al frente ruso, nos acompañaría el recuerdo de amigos que se habían quedado atrás, a menudo contra su voluntad.

Paul Jamin fue denunciado, al mismo tiempo que Hergé, en la "Galerie des Traitres".

Algunos no tenían la salud necesaria para semejante esfuerzo. Ése fue el caso de Hergé|

Jam, el Alidor de hoy, estaba listo para la junta de reclutamiento. Pero por muy pendenciero que fuera en sus caricaturas, a los treinta años ya tenía el aire confiado y tranquilizador de un confesor retirado.

Nunca había sentido hervir en sus venas la sangre impetuosa de un

D'Artagnan. Luchar con un lápiz estaba bien. Pero con una bayoneta o una ametralladora, ¡qué horror! Este querido amigo se sentía a gusto en su piel y no quería deshacerse de ella antes de tiempo. Por eso, cuando algunos le susurraron que marcharse al Frente del Este sería una buena idea, respondió con un cornalón: "¡No tengo ningún deseo de que me maten, ni por el rey de Prusia ni por nada!

Ante tal seguridad, ¡habría sido indecente insistir! Lo más gracioso fue que nuestro valiente Jam estuvo a punto de morir igualmente, ¡cuando los delegados de Moscú en Bélgica y otros destripaterrones de la "Resistencia" equipararon los alegres trazos de lápiz con los que había moteado, punteado y mechado ciertas temibles culatas que finalmente triunfaron con fuego de artillería!

En cualquier caso, era necesario que los camaradas del país siguieran ocupando el terreno, para proteger los intereses nacionales contra complicaciones cada vez mayores. Estaban amenazados por oscuros y ambiciosos conspiradores alemanes y, más aún, por asesinos, en su mayoría comunistas, sangrientos agentes de la bulimia soviética.

La intención era aterrorizar a nuestras familias, en particular a las de nuestros soldados.

Mi hermano Édouard, un pacífico farmacéutico de Bouillon, recibió cinco tiros en la espalda, ¡a dos metros de sus hijas! ¡Para hacernos sufrir! ¡Para desanimarnos! ¡Para que algunos de nosotros, después de tantas penurias, nos rindiéramos!

Funeral del farmacéutico Edouard Degrelle, asesinado a tiros por resistentes en su farmacia de Bouillon.

Mil inocentes fueron masacrados en Bélgica entre 1941 y 1944 para echar una mano a Stalin.

Estos crímenes fueron perpetrados por "resistentes", generalmente de extrema izquierda, sin apenas riesgo. La mayoría de las víctimas no estaban protegidas por nadie...

Asesinatos a menudo horribles. Escenas de carnicería. Se encontraban niños masacrados contra un tabique o una mesa, con las cabezas salpicadas en charcos de sangre.

Víctor Mathys

¿Quién tendría la desfachatez de reprocharles si, al final, después de que se hubieran perpetrado cientos de estos crímenes, algunos familiares o amigos, por indignación, intentaran -a pequeña escala- hacer frente a estas abominaciones

Durante mucho tiempo, la prensa, hipócritamente santurrona, guardó silencio sobre los horrores cometidos entonces contra nuestras familias, sin hablar nunca más que de las pocas y torpes represalias que siguieron después. No fue hasta que se mencionaron en la televisión belga los ataques de 1944 contra una modesta aldea de las Ardenas llamada Marcourt cuando la prensa belga publicó una protesta que, para ser sinceros, era casi insólita. Un pequeño grupo de soldados alemanes aislados en retirada al final de la Ocupación había sido masacrado allí por "combatientes de la resistencia". Los asesinos huyeron nada más cometer el crimen. Un "resistente" llamado Fernand Davant, avergonzado en aquel momento del papel desempeñado por su organización extralegal de falsos soldados, prohibida por el Convenio Internacional de La Haya, decidió hacer una confesión pública. ¿Dónde las hizo públicas? Cuesta creerlo, pero así fue: este resistente entregó su confesión al periódico más antinazi de Bélgica, "Le Soir", predecesor y sucesor del famoso "Soir-volé", ¡en el que Hergé había publicado cientos de sus maravillosos dibujos entre 1940 y 1944!

Esta es la verdad de la carta escrita por Fernand Davant, miembro de la Resistencia francesa, y publicada en "Le Soir" el 11 de marzo de 1992:

"He seguido con gran emoción este admirable reportaje sobre el pasado de este pequeño pueblo de las Ardenas, y comprendo el resentimiento de estos desafortunados aldeanos.
La comprendo tanto más cuanto que, en aquella época, yo mismo estaba en la Resistencia. No necesariamente un héroe, pero también era bastante joven. Y es cierto que, pensándolo bien, esas acciones no aceleraron en absoluto el final de la guerra. Actuamos muy a la ligera, sin preocuparnos de las atroces consecuencias para tantos de nuestros compatriotas. Pero a menudo éramos jóvenes y nuestros dirigentes, que eran también nuestros mayores, deberían haber mostrado más discernimiento. (...)
A veces nos pedían que fusiláramos a ancianos, y a veces a chicas jóvenes u hombres jóvenes a los que no se podía acusar de nada, sólo porque un miembro de su familia colaboraba o estaba en el frente ruso.
A veces, hay que decirlo, incluso nos pedían que fusiláramos a la gente, sin ninguna razón muy concreta, y un camarada, escondido como yo, también sospechaba que si esas razones eran menos concretas, era porque en realidad eran menos vergonzosas.
Por eso lamento todos estos excesos y me dan tanta pena, dado el dolor imborrable de tantas víctimas desgraciadas.

¡Una confesión tardía! Pero una confesión ejemplar.

Nuestros corazones, en los peligros del Frente, compartían los peligros a los que se enfrentaban nuestros camaradas en casa.

Un tal Victor Mathys, tan noble como un príncipe, que me sustituyó en casa durante toda la guerra, arriesgó su cuello casi tan peligrosamente como nosotros en la batalla.

Un Paul Jamin, al ridiculizar alegremente a bromistas londinenses como Spaak y Pierlot, corría sin embargo peligro, como tuvo ocasión de comprobar después de 1945, cuando algunos jugaron con su vida durante seis años de encarcelamiento.

Incluso Hergé se arriesgó a dar serios golpes de efecto al ironizar en "La estrella misteriosa" sobre los puros anillados de los banqueros al estilo Blumenstein, ¡y sobre la desbaratada expedición americana de Peary!

Conociendo la bondad de Hergé, y sabiendo que a menudo se abusaba de ella, me aseguré desde lejos de que mi afecto le sostenía. En julio de 1942, le dediqué la primera página de nuestra revista de gran tirada "Voilà", que había sustituido a la antigua "Pourquoi Pas? El 10 de julio, los belgas pudieron admirar a un encantado Hergé y a un sorprendido Tintín luciendo mis históricos pantalones de golf por toda la portada de la publicación.

Mientras tanto, a varios miles de kilómetros de distancia, mis verdaderos pantalones -los de un soldado- se acercaban al río Kuban. Ese era el mes en que debíamos alcanzar las fronteras de Asia tras más de mil kilómetros de ofensiva diurna y nocturna desde el Dniéster hasta el monte Elbrus. ¡Semanas de sol abrasador y conquistas prodigiosas! ¡Estábamos seguros, después de tanto esfuerzo y tanta sangre derramada, de que por fin estábamos a punto de alcanzar la victoria definitiva! ¡La victoria de Europa en combate!

Porque toda Europa estaba allí.

En dos años de lucha en el frente, los voluntarios de veintiocho países europeos habíamos dejado de ser un conglomerado de pequeñas naciones rivales. Nos habíamos convertido en una confederación fraternal, no sólo de guerreros victoriosos, sino de soldados políticos, todos poseídos por la misma fe, todos alimentados por la misma doctrina.

Todos creíamos en la necesidad de naciones europeas fuertes y populares, que aunaran sus recursos físicos y morales en una acción comunitaria. Todos habíamos barrido la anarquía de los rebaños parlamentarios irresponsables a merced de incompetentes y corruptos. Sólo un verdadero líder, elegido directamente por el pueblo, aseguraría el poder de una Europa dueña del orden universal, gracias a la armonía de sus infinitos recursos materiales y espirituales, reunidos en una sola gavilla, capaz, por fin, de enfrentarse tanto a un marxismo nivelador, ya en plena bancarrota, como a un hipercapitalismo multinacional, fundamentalmente egoísta, que sólo busca el beneficio individual a costa de la colectividad.

Fuertes, en nuestras poderosas unidades, tras la victoria aseguraríamos la unidad del Continente, ¡estructurada al fin!

En particular, los combatientes europeos de las Waffen SS alcanzarían el millón. Altos y orgullosos, física y moralmente formidables, eran los verdaderos caballeros del futuro. Seiscientos mil de ellos, la mayoría, no eran alemanes. La nueva Europa habría sido verdaderamente europea. Habría sido la Europa de los héroes, la Europa de la grandeza con la que podría haber soñado De Gaulle, y no la Europa de los tenderos, la Europa vulgar del consumismo, la Europa materialista en la que el mundo sigue vadeando, sin conseguir nada, cincuenta años después.

Nunca antes sobre la faz de la tierra había habido tal reunión de voluntarios, tan maravillosamente preparados política y militarmente. ¡Tres veces más fuerte que la Grande Armée de Napoleón!

También en este caso, ¡qué ceguera la del mundo ablandado de hoy, incapaz de reconocer este hecho evidente! ¡Y este valor! ¡Porque cuatrocientos dos mil jóvenes Waffen SS dieron su vida, como héroes clarividentes, por Europa!

¡Cuatrocientos dos mil Caballeros del Absoluto, tan poderosos como el Caballero de la Muerte de Durero!

A lo largo de la historia del mundo, ¿qué ejército de voluntarios ha reunido jamás a un millón de jóvenes, todos voluntarios, tan heroicos en la alegría de las armas como lo serían, tras la derrota, en la adversidad?...

QUINTA PARTE

AY DE LOS VENCIDOS

CAPÍTULO XXI

¿QUIÉN GANÓ LA SEGUNDA GUERRA MUNDIAL?

Fue a principios de 1943, en Stalingrado, cuando giró la veleta del destino.

Para entonces, setecientos cincuenta enormes tanques Sherman estadounidenses habían acudido in extremis al rescate de los ejércitos soviéticos a punto de perecer en el Volga.

Hitler podría haber borrado el comunismo del mapa de Europa en los meses especialmente victoriosos de 1942. Rusia ya se había quedado sin más del 75% de sus recursos agrícolas y mineros, conquistados durante la primera gigantesca Blitzkrieg de 1941. En 1942, la URSS estaba también a punto de perder sus riquezas petrolíferas en el Cáucaso. Sería una presa fácil para la tercera y última Blitzkrieg, que en 1943, remontando el Don hacia Moscú y el Extremo Norte, liquidaría definitivamente el Imperio de los soviéticos.

Hergé, el precursor, ¡habría triunfado de una vez por todas! Imagínese el éxito que habría tenido en esas fechas una nueva versión de "Tintín en el país de los soviets"...

En el verano de 1942, la URSS estaba prácticamente perdida.

Los ciegos aliados tardarían cincuenta interminables años de dilaciones antes de darse cuenta por fin, entre 1989 y 1991, de que la URSS no era más que un gigante invertebrado, incapaz de poner orden en un régimen de irresponsables que, desde 1917, llevaba a todo un pueblo a su destrucción.

"La URSS no era más que un gigante invertebrado, incapaz de poner orden en un régimen de irresponsables que, desde 1917, llevaba a todo un pueblo a su destrucción. Lo que todo el mundo se verá obligado a aceptar como una obviedad cegadora cuando se derrumbe el bloque soviético ya fue perfectamente ilustrado por Hergé en "Tintín en el país de los soviets"...

Desde nuestra juventud, entonces en el frente, habíamos escudriñado los fallos mortales del sistema estalinista. Sabíamos que se acercaba el momento en que tendríamos que cumplir la misión suprema de acoplar a esos viejos pueblos del Este, mortalmente abandonados, a una Europa regenerada. Es cierto que, al principio, muchos alemanes creyeron que estos pueblos habían sido totalmente comunitarizados. De ahí algunos errores de 1941. Pero algunos meses de contacto demostraron que apenas el 3% de los nativos habían sido contaminados: estos valientes anhelaban ahora con todo su ser el fin de esta tiranía.

En 1942, los soviéticos sólo podían hundirse en la bancarrota militar, claramente indicada por quince meses de derrotas. A finales de julio de 1942, sus dos últimos ejércitos en el sur se retiraban en desorden al este del Don, hacia Stalingrado. Estaban a merced de un cerco final.

Si el general Paulus no hubiera sido un peón burocrático sin carácter, el knock-out habría concluido a mediados de agosto de 1942. Este cobarde, siempre indeciso, inclinó la victoria final justo en el momento en que el asunto estaba prácticamente en el saco. Abandonados a su suerte, los soviéticos nunca habrían podido ganar. Sus líderes eran unos torpes primarios. Mataron diez veces más soldados de lo que exigían las necesidades de la batalla. Era un espectáculo espantoso ver llegar a estas divisiones desorganizadas en enormes manadas aturdidas, sin medios de transporte propios ni radios para coordinar sus asaltos. Ya no eran batallas. Eran masacres.

Lo único que salvó a los soviéticos fue el gigantesco y demencial esfuerzo realizado por el presidente estadounidense Roosevelt, admirador ciego de Stalin: ¡cuatrocientos noventa mil camiones, setenta mil más de los que Roosevelt suministraría a todos los frentes aliados entre 1941 y 1945!- Decenas de miles de aviones y tanques, fábricas enteras llave en mano, miles de millones de kilos de los más diversos suministros: ¡absolutamente todo fue ofrecido, sin límite, por el presidente norteamericano al tirano soviético, sumido desde hacía veinticinco años en los pantanos sangrientos de sus millones de víctimas!

"Exterminio de prisioneros, fusilamientos en masa, consumo en los gulags helados":
¿quién podía hacerse ilusiones sobre la naturaleza del régimen estalinista tras el
descubrimiento de las fosas comunes de Smolensk o Katyn? (dibujo de Jam en el
"Brüsseler Zeitung" del 15 de abril de 1943).

Más tarde, durante los cincuenta años de la Guerra Fría, Estados Unidos gastaría cientos de miles de millones de dólares para compensar el error de Roosevelt. Pero por culpa de este belicista socarrón, cuatrocientos millones de pobres campesinos de Rusia y Europa Central tendrían que soportar, durante casi medio siglo, el calvario más espantoso de todos, como Hergé

Después de tantos años de opresión, poder por fin desacreditar el odioso oropel marxista, leninista, estalinista...

había predicho ya en 1929 en "Tintín en el país de los soviéticos": el exterminio de prisioneros, fusilamientos en masa , el agotamiento en gulags helados. Y después de la guerra, ¡el aplastamiento de Budapest y Praga por los tanques del KGB! La sangre de esos millones de víctimas se derramó sobre Roosevelt. Por su culpa, Europa del Este fue subastada y sufrió cincuenta años de martirio. Incluso cuando ya no pudo aguantar más, ni el Occidente democrático ni Estados Unidos, rebosantes de riqueza y poder, hicieron nada por aliviarla.

Serían los pueblos de Europa del Este, y sólo ellos, los que, en su exasperación, a partir de 1989, estallarían en Varsovia, Budapest, Praga, Berlín, Bucarest, Sofía y finalmente Moscú, ¡y se liberarían!

En 1943, los europeos de Occidente, invadidos por el Reich de Hitler, podían ciertamente sentirse inquietos. ¿Cómo se constituiría esta Europa que sentíamos nacer? ¿Cómo se respetarían sus características nacionales? A muchos les asaltaban las dudas.

Sin embargo, había grandes esperanzas entre las élites de veinte países europeos: a partir de julio de 1941, los alemanes ya no eran los únicos con poder de decisión. Cientos de miles de jóvenes combatientes no alemanes del Frente Oriental se estaban ganando el derecho a expresarse y a ser respetados. Y el derecho a ser respetados. Sólo el apoyo prestado a los soviéticos de 1942 a 1945 por la pandilla rooseveltiana permitió a un salvaje de genio elemental como Stalin asegurarse, durante medio siglo, el dominio de un Imperio Rojo más vasto en sí mismo y más poblado que todo lo que los primeros constructores de Europa habían podido imaginar en dos mil años.

¿A Stalin se le dio rienda suelta para lograr qué? ¡Genocidios espantosos, caos, veinte pueblos arruinados, económicamente arruinados! ¡Ya lo hemos visto! ¡Brillante negocio! ¿Y quién sabe si el daño podrá repararse algún día?

Después de 1989, las gigantescas estatuas de Stalin que abarrotaban las plazas públicas de las Rusias y sus feudos europeos fueron derribadas. En Estados Unidos, ¿cuándo se derribarán los recuerdos de Roosevelt, sin el cual Stalin en Europa nunca habría podido resistir? ¿Y menos aún habría podido engullir, en 1945, a cien millones de habitantes de Europa del Este? Roosevelt, ya lo dice la historia, fue el Padre de la Victoria para los soviéticos, como Clémenceau lo fue para Francia al final de la Primera Guerra Mundial en 1918.

La nueva Europa en ciernes tardaría tres años en derrumbarse. De Stalingrado a Berlín, la retirada de los ejércitos europeos -¡alemanes y no alemanes!

¡Mil días!

En 1940, Hitler sólo necesitó tres días en Sedán para liquidar Francia. Si los ejércitos del Frente Oriental no hubieran resistido, con un heroísmo casi inimaginable, paso a paso, muerte a muerte, esta retirada de una tenacidad fabulosa, ¡Stalin habría llegado a París mucho antes que De Gaulle y los yanquis! Todo Occidente se habría hundido en el estalinismo en 1943 o 1944 a más tardar: ¡habría experimentado, como los polacos, checos, húngaros, rumanos y búlgaros, cincuenta años de aplastamiento absoluto! ¡Se habrían plantado estatuas gigantes de Stalin en Burdeos, Lyon y Carcasona! Y en Sevilla.

¡Este es el destino que les habría deparado a quienes hoy nos insultan tontamente si la épica resistencia que libramos durante mil días y mil noches, desde el Volga hasta el Don, desde el Dniéper hasta el Danubio, desde el Vístula hasta el Sprée, hubiera fracasado un solo día!

Roosevelt -y éste será el veredicto del futuro- abrió de par en par las puertas de Europa a Stalin. Sólo la lucha sin precedentes de los combatientes del Frente Oriental fue capaz de bloquear el acceso, in extremis, entre Lübeck y Venecia.

Años después de la catástrofe, los mismos alemanes y japoneses que, en 1945, habían parecido aplastados para siempre, reconstruyeron desde cero, con una energía ejemplar, los dos grandes polos de la vida que son Europa y Asia

En cuanto a las llamativas y jactanciosas democracias de la era posterior a 1945, tuvimos cincuenta años para observarlas: no tuvieron absolutamente nada que ver con el colapso de los soviéticos en 1989. En 1944 y 1945, apenas fueron capaces de cometer las peores atrocidades en su propio suelo, con el pretexto de la "resistencia".

Así que sí, tras cuatro años de espera, a menudo sin riesgo, cuando estaban seguros de que todo peligro había desaparecido, ¡los incompetentes de 1940 se vengaron!

Hergé, y cientos de miles de personas de bien de Francia y Bélgica, aprendieron lo que significaba la "intolerancia ciega".

Ahora me gustaría que el público, que ha sido engañado cien veces, hiciera un esfuerzo por aceptar la verdad que se le ha ocultado durante medio siglo.

"Después del Bósforo y los Balcanes, tenemos Finlandia salteada en setas, Europa en salsa tártara", viñeta de Jam ('Brüsseler Zeitung', 5 de septiembre de 1943).

CAPÍTULO XXII

BÉLGICA EN SALSA DE HITLER

Durante la Ocupación, cuando Tintín revelaba coloridamente los secretos de "L'Etoile Mystérieuse" a los lectores de "Le Soir", ¿se trataba especialmente mal a los belgas?... ¿O los franceses? ¡Desde luego, no habían entrado con Hitler en un paraíso mahometano, relajándose entre los platos más deliciosos y enjuagándose los ojos a la vista de los cuerpos ondulantes de odaliscas callipagosas! En 1944, un Tintín que recorriera la Europa ocupada con Milú difícilmente habría podido describir un espectáculo tan tentador.

No todo era maravilloso, eso estaba claro, ¡a pesar de los fabulosos sombreros floreados que llevaban las elegantes bruselenses en los concursos hípicos! Por supuesto, se comía pavo en algunos restaurantes semiclandestinos, y aquí y allá se comerciaba con jamones de las Ardenas, tan grandes y brillantes como la nariz del banquero Blumenstein. Pero no era el caso de la mayoría de los "ocupados". El belga medio, masticador por naturaleza, podía sentir cómo se le derretía la figura. Las patatas fritas suelen ser velas encendidas en los arbustos cada día en el altar sagrado de su festín. Pretende comer a su antojo, no crujir, y desabrocharse los pantalones a la hora del café.

Esto ya no era exactamente así.

Para conseguir cuatro zanahorias, había que presentar un fajo de billetes, y Tintín tenía que pedalear hasta pueblos lejanos si quería comprar un trozo de cerámica. ¡Encontrar una gallina que no estuviera demasiado flaca significaba ganar el premio gordo!

Sin embargo, aunque en general los contribuyentes franceses y belgas administraron sus raciones con prudencia, consiguieron mantenerse.

En este dibujo de "7 bolas de cristal" publicado en "Le Soir" en plena guerra (agosto de 1944), Hergé no se escandalizó en absoluto al dibujar la mesa del desayuno de Tintín: tetera, lechera, azucarero, huevo cocido, tostadores esperando sus rebanadas de pan, plato de mermelada y bandeja de frutas (uvas, manzanas, peras).

Sin escandalizar a nadie, Hergé podía incluso describir en sus álbumes el menú del desayuno de Tintín: café con leche, tostadas, mermelada, huevos cocidos y fruta. En su "Mourir debout", el futuro ministro comunista Demany se mantenía en forma a primera hora de la mañana tomándose el mismo tentempié

Algunas personas "ocupadas" habían perdido algunos kilos, ¡pero el belga casi siempre tiene diez o quince de reserva!

Hoy en día, los médicos le cobrarán miles de francos por deshacerse de los bultos de grasa que adornan los cuerpos nobles: ¡Hitler, en Bélgica y Francia en 1944, lo hizo gratis!

¿Exigían los alemanes mano de obra a los países ocupados? Al principio, inmediatamente después de la debacle de 1940, los belgas se fueron por su cuenta a ganar altos salarios en el Reich.

No se trataba de unos pocos trabajadores, sino de más de cien mil trabajadores sólo en Bélgica, ¡todos ellos voluntarios! Las estadísticas están ahí. Nunca se vuelven a mostrar, pero siguen existiendo, tanto como las peregrinaciones. Lo mismo ocurría en Francia. El futuro líder del Partido Comunista Francés, un zoquete bravucón llamado Marchais, se había ido a atornillar cómodamente en la fábrica alemana de aviones de guerra de Messerschmidt.

Después, el entusiasmo decayó cuando los Aliados empezaron a bombardear Alemania. Se derribaban casas por todas partes. Tuvimos que trasladarnos a barracones, que estaban adosados a las propias fábricas, por lo que fueron

Prisioneros franceses trabajando en una fábrica alemana.

especialmente blanco de los bombarderos de Churchill y Estados Unidos

Al agravarse la guerra, los trabajadores del Reich fueron movilizados en masa. Partieron hacia Leningrado o Maïkop: el ministro alemán Sauckel, hombre excelente y padre de once hijos, tuvo que ordenar requisas de mano de obra en todo el mundo.

De ahí el nacimiento del primer maquis.

De ahí también los trenes en los que había que apilar los "requisitos" en grupos.

De hecho, a menudo los vagones se vaciaban antes de llegar a la frontera alemana. Un día, uno de estos transportes llegó a Aquisgrán con un solo soldado requisado, ¡que estaba muy seguro de no llegar más lejos! De hecho, no tenía piernas.

La opinión pública estaba indignada por la solicitud de trabajadores belgas, franceses, holandeses y serbios para trabajar en las fábricas del Reich en contra de su voluntad. Estaban enfadados. Era normal.

"Los alemanes se habían marchado, a menudo hacinados en los vagones más abigarrados...".

Pero, ¿qué eran estas remesas de trabajadores requisados en comparación con los cientos de miles de flamencos y valones que, a principios del siglo anterior , Napoleón había enviado, sin demasiados reparos, no a las fábricas sino, sin más, a los sangrientos campos de batalla de Wagram, la Berezina, Extramadura o Iliria?

Pero, ¿no ve usted bandadas de belgas beatificados que van todos los años a París a postrarse ante la tumba del mismo Napoleón en Les Invalides?...

Más de cincuenta mil belgas, enrolados así contra su voluntad, habían dejado sus huesos en el Tajo o en el Danubio, en el siglo anterior, ¡para gloria de un Bonaparte! ¡Cincuenta y un mil! Son tantos belgas como los que cayeron por su país en los cuatro años de la Primera Guerra Mundial (1914-1918).

¡Napoleón no había mirado los costes! Hizo Europa a su manera. Pero sus futuros súbditos habían pagado un alto precio durante quince años.

Entre 1940 y 1944, los funcionarios alemanes peinaban a las poblaciones ocupadas? De acuerdo. Pero eran supervisores militares, nada más. Hitler nunca se creyó con derecho a instalar emisarios de la Wehrmacht en puestos donde pudieran influir en la opinión pública.

¡Qué era esto comparado con las intromisiones multilaterales de Napoleón, en particular nombrando obispos de nacionalidad francesa para todas las diócesis de Bélgica! Todos estos prelados imperiales nombrados para Malinas, Gante, Brujas, Lieja, Namur y Tournai eran, sin excepción, tanto en Flandes como en Valonia, clérigos de nacionalidad francesa, ¡ignorantes de la lengua de la mayoría de los habitantes, los flamencos!

Soldados alemanes en retirada en 1945, masacrados por los combatientes de la Resistencia en Court-Saint-Etienne.

El propio cardenal-primado de Malinas era un ciudadano francés, Monseigneur de Prat, eminente espía por cierto, ¡que delató pícaramente a su clero ante la Gestapo imperial de la época!

¿Se imaginan la protesta de los belgas si Hitler hubiera instalado a un cardenal prusiano en la sede arzobispal de Malinas? ¿O al cardenal Innitzer, traído de Viena?... ¿O un policía con peluca piadosa?...

A los belgas, que a lo largo de su historia han sido ocupados por todo el mundo, nunca les han gustado sus ocupantes.

Los alemanes que impusieron allí temporalmente su autoridad eran sólo unos cientos. Unos cientos de más a los ojos de los ocupantes. Viejos brutos, a menudo. A finales de agosto de 1944, se habían escabullido de Bruselas con poca fanfarria.

Los impertérritos héroes belgas, una vez pasado el peligro, se deshicieron de los últimos rezagados sin demasiados preámbulos. A uno de ellos, que había insistido en volver a casa bien afeitado, el barbero le cortó el cuello. Cerca de La Roche-sur-Ourthe, en Rendeux-Haut, los alemanes heridos del frente occidental acabaron rápidamente con su desgracia al ser asesinados.

Pero, en general, la retirada se llevó a cabo sin excesivos combates. Apenas se notó que los alemanes se habían marchado, a menudo hacinados en los vagones más abigarrados.

¿Fueron los belgas especialmente belicosos durante las hostilidades entre 1940 y 1944?...

No especialmente.

Hay que decirlo con toda sinceridad: a finales de mayo de 1940, más del 80% eran colaboracionistas. Hasta el más acérrimo antialemán lo admitiría. Éramos casi primos. Con el paso del tiempo, el clima se había vuelto menos favorable. Empezaron a detener a contrabandistas demasiado enérgicos y a algunos sacerdotes demasiado elocuentes. Entonces aparecieron los que empezaron a llamarse "resistentes".

¿Eran muchos? En cualquier caso, no eran muy efervescentes, mataban más fácilmente a belgas que a alemanes en Bélgica.

¿Habían acudido en masa a Londres, donde fueron invitados con bastante cinismo por los Spaaks y los Pierlots?

Sólo un puñado de estos "resistentes" acudiría a Londres para apoyar el esfuerzo bélico aliado. Sólo unos 2.100 de ellos se alistaron en la exigua Brigada Piron, que, en nombre de Bélgica en Londres, se opuso a los alemanes en los campos de batalla del Oeste sin mucha fanfarria. No desembarcó en Francia hasta un mes después que los demás.

En cuanto a los "resistentes" del interior, en la primavera de 1944 se calculaba que eran unos nueve mil para toda Bélgica. Inmediatamente después de la guerra, serían cuarenta o cincuenta veces más numerosos, todos Vercingétorix y Bayard, multiplicándose como gusanos. Desde entonces, han sido colmados de condecoraciones. Alrededor de un millón de medallas. Todavía se reúnen de vez en cuando, en "chochetés". Con una bandera, antorchas y bocadillos, ¡parecen heroicos!

No cabe duda de que debemos rendir homenaje a quienes fueron verdaderamente valientes en aquellos tiempos azarosos. Algunos fueron fusilados. Honraron a su país. Pero tampoco había prisa. ¿Cuántos eran? ¿El uno por ciento? ¿O menos? ¿Mucho menos? ¿Qué era eso comparado con los cincuenta y un mil héroes que, entre 1914 y 1918, habían caído gloriosamente en defensa de Bélgica?

Normalmente, uno habría pensado que el pueblo belga, que había estado dando tumbos durante tanto tiempo y que, sólo hacia el final, había empezado a patear la lata por el camino en pequeños estallidos, casi simbólicos, no estaría exagerando en su recién encontrada libertad. No fue así en absoluto. No fue cerveza, vino o champán lo que fluyó libremente después de septiembre de 1944, fue sangre, la sangre de cientos de hombres asesinados y las lágrimas de cien mil familias de los encarcelados. Las multitudes son crueles y cobardes. Pero era difícil imaginar que, en cuanto desapareciera la Wehrmacht, se vertería sobre Bélgica semejante río de horrores. No tiene sentido negarlo. Fue repugnante. Por todas partes, la gente atacaba salvajemente a cualquiera que supuestamente hubiera tenido algún contacto, por leve que fuera, con las fuerzas de ocupación.

En general, nos conformaríamos con resolver rencillas comerciales, rivalidades vecinales o celos por las enaguas.

Con cualquier pretexto, cualquiera podía ser denunciado: ¡se abrirían 682.814 expedientes judiciales! Sí, ¡682.814 expedientes!

En otras palabras, ¡en el espacio de unas pocas semanas íbamos a profanar y deshonrar a un tercio de las familias de toda Bélgica!

El amable Hergé había sido recogido del montón.

Charleroi, septiembre de 1944: las "colaboradoras son rapadas y humilladas por "combatientes de la resistencia".

Capítulo XXIII

Hergé bajo arresto

En este ambiente de odio, venganza y maldad, Hergé, el padre de nuestro querido Tintín, fue detenido el 3 de septiembre de 1944.

Hablando de esta "Liberación", el Ministro de Estado Devèze declararía sarcásticamente más tarde: "¡Veinte mil belgas superpatrióticos, que regresaban de Londres, se enfrentaron a ocho millones de sospechosos, de los cuales al menos cuatro millones eran culpables!

Para cientos de miles de ellos, era algo bueno: la prostituta que había sido honrada una noche por un ocupante solitario, la camarera ignorante que había limpiado cuatro tazones en un comedor de la Wehrmacht, la campesina que había llevado de contrabando un pato a un rexista, se convertían instantáneamente en temibles enemigos de la nación. Las propias autoridades que habían regresado de Gran Bretaña fomentaron enérgicamente la delación: el ministro del Interior del Bus de Warnaffe, un bufón hinchado conocido como Gugus de Warnaffe, exigió, mediante un cartel, ¡que ningún belga faltara a su sagrado deber de denunciar! Miles de policías se improvisaron. Resistentes a posteriori, surgían por todas partes como mosquitos; se abalanzaban sobre cualquiera, torturaban, violaban y asesinaban. Cualquiera podía ser encarcelado por cualquier cosa. En un solo día, el creador de Tintín, Hergé, ¡sería detenido sucesivamente por cuatro bandas diferentes!

En mi libro "Lettres à mon Cardinal" (Cartas a mi Cardenal) - prohibido inmediatamente en Bélgica, por supuesto- publiqué todo un dossier sobre estos horrores. Enumeré los nombres, los lugares, las víctimas y los autores. Miles de ejemplares de mi libro circularon por toda Bélgica. Gil, el extravagante Georges Gilsoul, el propagandista motorizado que habría dado la obra del Marqués de Sade a Dios Padre, vendió novecientos ejemplares él solo.

Llamamiento a la denuncia en la "Presse verviétoise" (21 de septiembre de 1944)

El comunista Demany, con la cabeza de un pequeño oriental comadreja, a quien Pierlot había instalado como ministro en su gobierno tras su regreso de Londres, se atrevió a escribir estas líneas, dignas de los peores sádicos del Guepeu: "Caímos presa de un odio sin cuartel. Todos los trucos, todos los medios estaban permitidos. Nos invadía algo increíble, incluso, reconozcámoslo, una sed insaciable de sangre. Este odio impulsaba todas nuestras acciones.

¡Y qué acciones!

Sólo voy a mencionar algunas de ellas. Si, después de leerme, no se siente suficientemente edificado, intente encontrar un ejemplar de mis "Cartas a mi Cardenal" en una librería. Allí está todo.

He aquí, a título ilustrativo, el testimonio de un magistrado belga, el único que se ha aventurado a tales revelaciones, Substitut Rouch. Con cinco años de retraso, este hombre de ley tuvo el valor -¡tarde, pero lo tuvo!- de desahogarse en "La Libre Belgique" del 10 de mayo de 1950. Rouch informaba de lo sucedido en la gran ciudad de Wasmes, tal y como había establecido su investigación oficial:

Para eludir la prohibición de distribución de los libros de Léon Degrelle, el leal Georges Gilsoul, antiguo legionario en 1944, se empleó a fondo para abastecer las librerías de toda Europa (¡en Vespa!) con libros de su antiguo "Comandante"...

"Se creó una sección denominada 'Servicio Judicial', con derecho a arrestar, detener e interrogar a las personas. De los numerosos testimonios se desprende que hombres y mujeres fueron maltratados, golpeados sobre una mesa y quemados, mientras una camioneta atronaba durante todo el día, sin conseguir siempre ahogar los gritos de las víctimas.

Paul Colman, cuyo caso fue sobreseído, fue despojado de su ropa, atado a una mesa y apaleado. Cayó al suelo y fue pateado salvajemente.

Simon Koriankoff, absuelto por el Consejo de Guerra, también fue sometido a "interrogatorios reforzados": le ataron a una mesa, le rompieron la muñeca izquierda y le quemaron las piernas con pólvora.

Rose de Moustiers, esposa de F. Liénard, fue detenida el 26 de septiembre de 1944, cuando estaba a punto de ser madre. En presencia de varios prisioneros y comandantes de los Patriotas Armados, fue golpeada con los puños, apaleada y luego sometida al mismo trato, atada a una mesa. Tras colocarle un saco sobre la cabeza y la parte superior del cuerpo, la desafortunada mujer fue abandonada en los pasillos, donde murió poco después.

Armand Favaux, que no fue interrogado por la fiscalía militar, sufrió los malos tratos en ausencia de testigos. Desde el sótano donde estaban encerrados, otros prisioneros oyeron gritos que atravesaban la música, y luego el ruido de un cuerpo que caía pesadamente al suelo. La noche siguiente, mientras Favaux yacía ensangrentado en una litera, los combatientes armados de la Resistencia le sometieron a una brutalidad indescriptible. De madrugada, expiró.

La indignada conclusión del coronel Lovinfosse: "Hubo más de cien mil detenciones, los guardias torturaban a la gente|

Para ilustrar esta afirmación, he aquí algunos casos concretos de estos abusos, publicados por "Europe Magazine", la revista belga más importante de la época (¡torpedeada cuando se reveló independiente!). En esta ocasión, los hechos tuvieron lugar en el cuartel Petit Château de Bruselas. El cuartel del Petit Château. Un centro oficial.

"El preso B. fue obligado a comer sus propios excrementos. Un preso tuvo que ser llevado al hospital porque tenía los genitales tan hinchados por las palizas que ya no podía orinar. Al carnicero A. le golpearon tanto con porras que después de la operación le salió un ojo saltón. También se obligaba a los presos a orinar a la manera de los perros, a cuatro patas, levantando una pierna, mordiéndose, golpeándose, siempre a la manera de los animales".

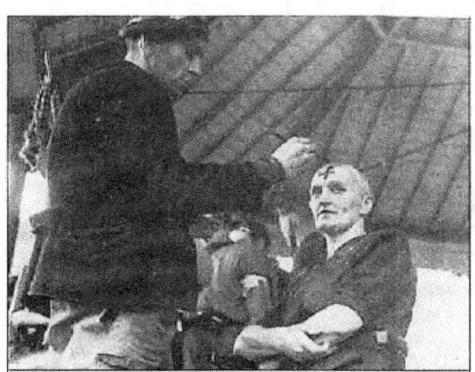

"*Colaboradora*" *rapada con una esvástica en la frente (Lanaken, Limbourg).*

Otro incidente típico. Se trataba de una mujer, casada, a la que le habían cortado la mitad del pelo el 10 de septiembre de 1944. Luego fue entregada a una virago llamada Tante Jeanne:

"La Sra. A. fue conducida entonces al patio interior. Allí estaban reunidos hombres y mujeres.

La famosa tía Jeanne le cortó el resto del pelo y le pintó una cruz gamada en la cabeza. A continuación, la prisionera tuvo que quitarse la ropa y las bragas. La tía Jeanne le pintó sucesivamente cruces gamadas en los pechos, el vientre y las nalgas. En presencia de las demás presas, la Sra. A. tuvo que caminar con la ropa levantada para que todo su cuerpo fuera claramente visible. Fue fotografiada de esta manera. Después de este tratamiento, la Sra. A. fue colocada en una cesta y dos presas tuvieron que llevarla a cuestas por el patio; a continuación, dos presas tuvieron que depositarla en un ataúd de forma que sólo su cabeza quedara al aire libre. Se volvieron a tomar fotografías. Tía Jeanne" dijo: "Vamos a probarte un poco el ataúd para ver si te queda bien..."; luego la Sra. A. tuvo que caminar seis veces de un lado a otro de la acera con la ropa levantada para que las esvásticas fueran claramente visibles.

La multitud gritaba: "¡Puta alemana! ¡Cuélguenla! Fusiladla!" Al final, con un casco alemán en la cabeza, la Sra. A tuvo que subir a un coche. Tuvo que hacer el saludo hitleriano. El coche iba y venía varias veces mientras la prisionera recibía una lluvia de insultos. La Sra. A. tenía que estar regularmente en la ventanilla día y noche. Quince días después, se supo que la Sra. A. no era culpable y que había habido un error.

Otro "error": ¡pero esta vez iba a morir un niño! Era la Sra. H., de Putte:

Joven designada como "colaboradora" y detenida por la multitud de "combatientes de la resistencia".

"Me detuvieron el 2 de octubre. En cuanto me detuvieron, me maltrataron en Putte. Estaba embarazada desde julio. Cuando me quejé a los partisanos del dolor que sentía, me lanzaron las peores obscenidades. Me golpearon en la cara y en la cabeza. Me encerraron en un sótano. Al segundo día les dije que estaba embarazada, pero nadie me hizo caso. Una mujer abusó de mí y me tiró del pelo con todas sus fuerzas, gritando: "¡Hay que afeitar a la puta boche! Entonces me afeitaron la cabeza. Fue en la mañana del cuarto día cuando sentí que iba a perder a mi hijo. Luché por llegar al baño y perdí a mi hijo con gran dolor. Ningún médico ni enfermera vino a buscarme.

Tras estas abominaciones, por fin se celebró un careo con los testigos locales: ¡también en este caso se había tratado de un error! Pero ¡un niño había muerto a consecuencia de este "error"! El responsable se limitó a decir a los verdugos: "¿Sois belgas o quiénes sois?

¡Belgas cuyos crímenes fueron rápidamente amnistiados unos días después! Nuestros héroes del Frente del Este (véase mi "Sire, Vous et moi..."), nuestros heridos graves y nuestros mutilados, ¡todavía esperan, después de cincuenta años, el menor signo de indulgencia por parte del Estado que tan escandalosamente encubrió las abominaciones de los asesinos de la banda de la Resistencia en 1944 y 1945!

Otra declaración, refrendada por once testigos.

Se trata de un hombre llamado Jan de Rijck, detenido en Amberes el 5 de septiembre de 1944:

"Jan de Rijck, nacido en De Klinge el 21 de junio de 1917 y residente en Kemse, fue apaleado y golpeado con correas y un látigo para perros en la plaza del fuerte de Breendonk el 3 de octubre de 1944. Fue golpeado todos los días por guardias y visitantes, incluso por la noche. En la noche del 10 al 11 de octubre, fue arrastrado por quince hombres a la cámara de tortura, donde le arrancaron toda la ropa. Le golpearon desnudo con porras. Cuando quedó exhausto, fue lanzado al aire y pisoteado por cinco hombres. Suplicó que lo mataran porque no podía soportar las palizas. El 11 de octubre lo llevaron a Malinas, pero murió en la noche del 17 al 18 de octubre"...

Capítulo XXIV

"Intolerancia absoluta"

Por todas partes, en septiembre de 1944, se desataron las grandes fiestas de la violación, la rapiña y la riña. Manadas de jóvenes Rex eran violadas, o canjeadas por cigarrillos ofrecidos por soldados negros estadounidenses a cambio de carne fresca.

El sadismo era tan crudo que apenas nos atrevemos a reproducir descripciones de estas escenas de estupor.

He aquí algunas declaraciones enviadas a la propia archidiócesis de Malinas. La escena tuvo lugar en Amberes (Breendonk):

"Una noche llegaron unos guardias. Le dijeron a una joven: "Adelante, quítate las bragas y enseña tu sexo". Bromeaban entre ellos, porque ella tenía muy poco vello púbico.
Otra mujer también tuvo que quitarse las bragas. Ella no quería. Pero tuvo que ceder.

La víctima añadió: "Tuve que ponerme de rodillas, levantar las manos, tumbarme boca abajo, besar el suelo y comer tierra.

En Bruselas, en pleno cuartel de la Gendarmería (¡sí!), se batieron récords de ignominia:

"El Centro de Internamiento de la Gendarmería en Avenue de la Couronne era un lugar de terror en los primeros días de septiembre. Los partisanos quemaban con cigarrillos las puntas de los pechos de muchas mujeres internadas. Pertenecían al Front de l'Indépendance.
En un sótano había cuatro chicas completamente desnudas. Permanecieron allí ocho días. El F.I. (Front de l'Indépendance) se complacía en hacer caminar a cuatro patas a estas desgraciadas mientras les clavaban el cañón de un fusil en el sexo".

Hergé, como la mayoría de los belgas, recibiría horrorizado el eco de cientos de escenas de tortura similares

Esta vez, los hechos tuvieron lugar en el cuartel de la Gendarmería de Bruselas, un edificio oficial:

"Durante la llegada de un preso al centro, a una mujer embarazada le trabajaron el sexo con cadenas.

Humillación del alcalde rexista de un pueblo de Namur.

Un hombre moribundo, con la cara hinchada por los golpes de la porra, fue arrastrado por los pies hasta el fondo del camión de modo que su cabeza golpeó el suelo, luego fue arrastrado por las piernas de modo que toda la parte superior de su cuerpo saltó a la acera y después a los peldaños de la escalera. Al llegar al suelo estaba muerto.

El 5 de septiembre, viviendo en Cortenberg pero procedente de Amberes, llegó un hombre en un estado terrible a consecuencia de los malos tratos. Fue expuesto a la multitud y luego fusilado en un sótano.

También el 5 de septiembre llegó una mujer maltratada. Medio desnuda, tuvo que correr en círculos mientras el F.I. y una enfermera la golpeaban. A una chica de Zoutleeuw le marcaron una esvástica en la frente, y luego ocho partisanos le dedicaron todas las obscenidades que pudieron imaginar. Como resultado, tuvo que ser internada en un instituto psiquiátrico.

La revista Europe (agosto de 1975, n° 63) resumía así las conclusiones de sus investigadores:

"Entre estos sucesos repugnantes se encontraba un extraño comercio: los partisanos vendían mujeres internadas a miembros negros del ejército americano para pasar la noche, a cambio de unos paquetes de cigarrillos. ¿Debemos mencionar también la carta enviada por trescientos internos de Hasselt a Monseigneur Creusbiger, o las torturas infligidas por los partisanos en los bosques de las Ardenas? Tenemos algunos testimonios conmovedores al respecto.

Partidarios significaba casi siempre comunistas, bajo la sangrienta dirección del ministro comunista Demany. ¡No lo olvidemos!

Caza de "colaboradores"...

El cardenal Van Roey, el pesado prelado de la Edad Media, a quien siempre le había aterrorizado cualquier mención al sexo, ¡apenas se sonrojó cuando estos horrores llamaron su atención!

La "Resistencia francesa", igualmente intrépida, batiría gloriosamente los récords de odio y derramamiento de sangre de sus colegas belgas.

En el verano de 1944, decenas de miles de cadáveres (cuarenta y cinco mil según los informadores oficiales parisinos; ciento cuatro mil, según los archivos del ejército estadounidense) cubrían las cunetas, los bosques y los estanques de las regiones "liberadas" entre los Pirineos y el Mosa.

Por supuesto, los patriotas franceses, como los belgas, participarían dignamente en la "Resistencia", pero muchos de ellos pronto le darían la espalda, dadas las atrocidades cometidas por muchos comunistas, combatientes de la Resistencia despés del 21 de junio de 1941, únicamente por cuenta de una URSS decidida a liquidar en masa, en

Francia y en otros lugares, a las élites de derechas que se rebelaron contra la instauración de la dominación soviética en Occidente.

Fue sobre todo en el verano de 1944, cuando el Tercer Reich se retiró tras el desembarco angloamericano, cuando se produjo la mayor masacre. En agosto, sólo en Le Grand Bornand, en Alta Saboya, ciento once jóvenes franceses fueron asesinados a tiros, ¡diez u once cada vez! En el departamento de Gard, ¡se llevaron a cabo más de 800 ejecuciones sumarias! Lo mismo en Bouches-du-Rhône. Mil fusilados más en Haute-Vienne. Por todas partes, decenas de miles de víctimas fueron masacradas: "Todo sospechoso de anticomunismo figuraba entre los sospechosos", explicó el ex diputado Xavier Vallat ante el Tribunal Supremo.

"Colaboradores" ofrecidos a la reivindicación del populacho.

Los franceses verían tanto como nuestro Hergé en Bélgica: "En Dordoña", escribió en "Les Écrits de Paris" en diciembre de 1950, "fueron asesinados los siguientes: La señora y el coronel de Boisson, alcalde de Doissat durante 30 años (agosto de 1944); la señora y el señor Goussy, alcalde de Saint-Laurent-sur-Manoire (agosto del 44); el comandante de gendarmería Carrière, retirado en Périgueux (agosto del 44); el abate Lascaux, párroco de**** Le Grand (mayo del 44); el abate Lagarde, párroco de****, que fue torturado y luego llevado a Burdeos donde lo remataron (agosto del 44); Abbé Bonnet, párroco de Conlaures, cuyo cuerpo abandonado fue devorado por perros (agosto del 44); Monsieur Delarbre, asesinado en el cementerio de Périgueux sobre la tumba de su mujer (agosto del 44); Monsieur Ratineau, secretario jefe del ayuntamiento de Périgueux, que fue torturado (agosto del 44)...

Los "colaboracionistas" fueron ejecutados en un ambiente de feria: gendarmes, policías, soldados y oficiales podían ser reconocidos entre la multitud...

Y la lista continúa: "El Sr. Roux, comisario de policía de Périgueux, torturado, dejado desnudo y moribundo toda la noche en la escalinata del Palacio de Justicia y rematado al día siguiente (agosto del 44); el doctor Labrue, de St-Astier, secuestrado en el sanatorio de Clairvivre y asesinado en **** (agosto del 44); el capitán Menier, retirado en St-Médard-de-Curçon (agosto del 44); la Sra. Coulpié, torturada y quemada, cuyo cuerpo sigue enterrado en el bosque de Carayac; los Sres. Bidault, Moreau y Vigier, ejecutados ante el monumento de guerra de 1914 (agosto del 44); el Sr. Vacheyroux, notario en Piegut-Pluviers, y su hijo André, asesinados en agosto del 44 tras el saqueo de su casa; los Sres. Moreau, padre e hijo, asesinados en el castillo de Puyrazeau en Piegut-Pluviers; un cartero de Thiviers asesinado porque se opuso al saqueo de la oficina de correos; una monja de la congregación de Santa Marta, de origen alsaciano, enfermera del hospital de Thiviers, secuestrada, torturada y asesinada (agosto del 44); una empleada de correos de Miallet, asesinada porque se negó a entregar su caja; el Sr. Aymar, suboficial de la gendarmería, asesinado en St-Germain-de-l'Herm; en Carayac, varias fosas comunes contienen aún numerosos cadáveres; Madame Marie, tendera en **** (Gironda), ahogada en el río Drome; el Sr. Champeral asesinado en La Sauvetat du Dropt, después de haber hecho cavar su fosa y "probado", etc., etc..."

"Sólo en Bergerac, el número de detenciones alcanzó las 3.000. En Dordoña, el número de ejecuciones sumarias superó el millar.

Desde el púlpito de Notre-Dame de París, el Domingo de Ramos de 1945, el P. Paniel denunció alto y claro los trágicos crímenes de aquella época roja. Paniel denunció, alto y claro, los trágicos crímenes de aquella época roja: "Innumerables detenciones ilegales, mucho más : innumerables detenciones arbitrarias, cuando no eran simples actos de venganza; innumerables encarcelamientos igualmente insostenibles; lugares de detención privados donde hombres sin función pública mantenían cautivos a ciudadanos, la mayoría de las veces sin causa objetiva alguna ; masacres sin juicio, torturas incluso de condenados antes de la ejecución; asesinatos de personas absueltas o indultadas por miserables que invadían las cárceles para satisfacer su venganza; delaciones elevadas al rango de institución y, con demasiada frecuencia, derivadas de rencores contra dirigentes leales a su deber. "

El propio cardenal Suhard no pudo más que confirmar la terrible lista dada por el predicador en su catedral: "Lo que dice es desgraciadamente cierto", respondió a la Garde des Sceaux, que ordenó entonces sustituir al predicador iconoclasta en Notre-Dame de París por otro predicador "resistente", el padre Riquet, notoriamente extravagante, que afirmaba haber visto exterminar a diecisiete millones de judíos en Alemania, ¡más de los que había en todo el mundo en aquella época!

Mujeres "colaboradoras" rapadas y humilladas públicamente.

Para que la opinión pública francesa empezara a desvincularse de todos estos crímenes, fue necesario que uno de los más antiguos compañeros de exilio del general De Gaulle, el coronel Remy, estigmatizara públicamente a lo que él llamaba "estos bandidos de derecho común, a lomos de un enemigo al que nunca habían contribuido a poner en fuga".

Graffiti que nombra y avergüenza a los habitantes de una casa.

Estos crímenes y atrocidades", declaró el coronel Rémy, "como harían los antiguos compatriotas de Hergé en Bélgica, se cometieron al amparo de una justicia sumaria falsamente adornada con los colores de la Resistencia y que sólo estaba inspirada por el espíritu de la baja venganza, el asesinato, el robo, la violación, el pillaje, o incluso la conquista de prefecturas o ayuntamientos en beneficio del partido.

¿Del partido?

Del Partido Comunista, ¡por supuesto! Porque aunque, repetimos, hubo algunos resistentes perfectamente respetables durante la Segunda Guerra Mundial y al principio de la "Liberación", lo cierto es que la mayoría de los carnívoros de agosto y septiembre de 1944 eran esbirros soviéticos, o incluso sanguinarios supervivientes del Frente Popular español. El propio ministro de Justicia (¡en Francia!) en la época de la "Liberación" era el comunista Marcel Willard. En agosto de 1944, declaró públicamente el estado de ánimo en que se llevaban a cabo las ejecuciones masivas: "¡De ahora en adelante, el signo de la justicia ya no será la balanza, sino la ametralladora!

¡Potencia de ametralladora!

En su libro L'âge de Caïn (La edad de Caín), René Chateau, antiguo diputado francés, enumera una serie de casos típicos de la refinada técnica que distinguía estos crímenes en 1944, ya fuera en Francia o en la Bélgica de Tintín:

> "Golpear a hombres y mujeres con correas y barras de hierro, arrancarles las uñas, quemarlos con cigarrillos o cigarros encendidos, quemarles los pies, marcarlos con hierro al rojo vivo, hacerlos arrodillarse durante horas sobre objetos afilados, acuchillarlos con navajas de afeitar, colgarlos y ahorcarlos alternativamente, o afeitar la cabeza o el vello púbico de las mujeres, cortarles la punta de los pechos, sobre objetos afilados, acuchillándolas con navajas, colgándolas y ahorcándolas alternativamente, o afeitando las cabezas o el vello púbico de las mujeres, cortándoles las puntas de los pechos, haciendo pasar una corriente eléctrica por sus vaginas - todo esto era sólo el a.b.c. de una nueva técnica, una técnica de tortura con la que ciertos "libertadores" resucitaron y mejoraron un arte de la gehenna que se había perdido desde los tiempos bárbaros".

Chateau cita torturas aún más sofisticadas. Como las velas que se clavaban en el ano de las víctimas y se encendían allí.

En "Les nouveaux Seigneurs", Mauloy, ahora asesor económico y social y director de periódico, relata escenas aún más increíbles que tuvieron lugar en la Ardèche, donde reinaban españoles rojos como Christino García. En el siniestro campo de Joannas se cortaban las orejas y se quemaban con un soplete. Allí fusilaron al abate Mandaroux, pero "sólo en las partes sexuales le apuntaron y golpearon". En otros casos, "muy a menudo, como el pelotón de fusilamiento sólo apuntaba a las piernas, los ejecutados eran arrojados al pozo de una mina abandonada en Fons, donde los horrorizados campesinos les oían gritar todo el día y toda la noche".

En el campo de Chamignoux", prosigue el antiguo diputado francés, "practicaban la tortura del baño, que consistía en empujar a los prisioneros a un charco de barro hasta que hundían la boca en él. "Otro tipo de baño era el de la cara, sumergida en un recipiente de ratas podridas. O "el prisionero es atado con las manos a la espalda, levantado con una cuerda de modo que sólo puede apoyarse en los dedos de los pies" y, en esta posición, es sometido a los golpes de los F.F.I., "que golpean e insultan, queman las plantas de los pies y aporrean los tobillos con las culatas de los fusiles". "Todos los días, los prisioneros, con el torso desnudo, son obligados a doblar la espalda; son azotados con un látigo tachonado de anzuelos. Otras veces, bailan desnudos alrededor de un árbol, intercalando golpes de nervios de toro. Tampoco se libran las mujeres. Para ellas, "son los pechos quemados con llamas de mechero".

Pero "hay un extra: es violación... Y, en una degradación suprema, los perros a veces hacen el trabajo. Perros que primero fueron adiestrados... Para que los perros se acercaran a las mujeres torturadas, éstas eran cubiertas de mermelada...".

Una escena banal de la detención sumaria de un "colaborador" por los llamados "combatientes de la resistencia".

El Sr. Paul Vallein, alcalde de Chermignac en Charente-Maritime, hombre muy apreciado por toda la comuna, tenía la desventaja de ser rico. "Monsieur Vallein se negó a dar la ubicación de su casete y fue llevado a su hogar. Sus torturadores presionaron las plantas de sus pies descalzos contra los troncos encendidos. Sucumbiendo al dolor, Monsieur Vallein señaló el lugar...". Luego, "a pesar de sus atroces quemaduras, Monsieur Vallein fue obligado a servir él mismo el desayuno a sus torturadores. A los postres, le desnudaron y le hicieron pasear desnudo por las calles de Chermignac entre la gente en la que siempre había confiado".

Luego, "Monsieur Vallein fue llevado cerca del cementerio de Rioux, donde le sacaron los ojos. Lo llevaron con las cuencas de los ojos ensangrentadas, un pobre despojo derrumbado, ante la puerta del cementerio de Rioux y lo fusilaron en el acto".

Otra escena de la detención de "colaboradores", listos para ser torturados.

En su libro *Terror 1944*, el escritor inglés Sisley Huddleston describe lo ocurrido en el Hotel Stoll: "Los jóvenes fusilaban a sus prisioneros, apresados sin orden judicial y, a menudo, completamente inocentes, les rompían las costillas y los pies, los metían en bañeras de agua helada hasta asfixiarlos y les quemaban las partes más sensibles, cortaban los extremos de los pechos de las mujeres, les introducían hierros al rojo vivo en la vagina, violaban a jovencitas hasta la extenuación y, cuando sus víctimas estaban a punto de expirar, las arrojaban por la ventana, simulando un improbable suicidio. "

L'Aube", el mismísimo periódico del ministro Bidault, uno de los sacrosantos magos de la Resistencia, se vio obligado, con seis años de retraso y no sin vergüenza, a expresar su indignación por el asesinato en agosto de 1944 -un caso entre mil- de un antiguo oficial condecorado con la Croix de Guerre francesa y la Medalla de Verdún, el conde Christian de Lorgeril, padre de cinco hijos.

He aquí cómo y por qué los "resistentes", que entretanto se habían convertido en "individuos despreciables", asesinaron a este héroe de la Primera Guerra Mundial. Citamos textualmente "L'Aube" del 16 de noviembre de 1950: "Como poseía una vasta propiedad y un castillo histórico, y con el pretexto de que siempre había profesado ideas monárquicas, los viles individuos lo detuvieron el 22 de agosto de 1944 y lo torturaron atrozmente. Completamente desnudo, el desgraciado tuvo que sentarse primero en la punta de una bayoneta. Luego le cortaron los espacios metacarpianos y le aplastaron las manos y los pies. Los verdugos le atravesaron el pecho y la espalda con una bayoneta enrojecida por el fuego. A continuación, sumergieron al mártir en una bañera llena de gasolina, a la que los sádicos prendieron fuego. Cuando su víctima se desmayó, lo reanimaron rociándolo con agua y luego vertiendo gasolina encendida sobre sus heridas. El desgraciado seguía vivo. No moriría hasta 55 días después, sufriendo como un condenado.

También en Francia, las mujeres fueron rapadas
y exhibidas al populacho por las "fuerzas del orden"...

Se infligieron torturas similares a los señores André Got, Louis Durand, Tagliaferré Terrier, Garet, etc.", se lee en los "Écrits de Paris". Muchos detenidos en la prisión de Carcasona fueron horriblemente torturados antes de ser fusilados.

Nada pudo detener a los spadassins. Un bebé de ocho meses fue asesinado a tiros en el departamento de Ain. Un chico de quince años y su hermano de dos fueron asesinados delante de su madre en el campo de Tronçais, en el Allier.

Una letanía interminable, tan espantosa en Francia como en las cárceles belgas donde fueron encarcelados cien mil lectores de Tintín.

Incluso los periódicos franceses más estrechamente relacionados con el régimen de la "Resistencia" deben dar algunos detalles aquí y allá sobre las abominaciones practicadas en las celdas y calabozos de la Resistencia: en "Combat", firmado por René Borin (fechado el 5 de octubre de 1947): "Un internado debe utilizar su cepillo de dientes para cepillar el cerdo del comandante sin hacerlo gritar. Si el animal grita, el internado pasa ocho días en régimen de aislamiento. Durante este tiempo, otros internos depilan las patas del animal. El comandante explica, golpeando el escritorio: "Quiero demostrar a estos bastardos que ahora manda la tricolor, no la esvástica".

En "France Soir", firmado por Henri Danjon (fechado el 23 de julio de 1947): "En ese momento, uno de los hombres encadenados salió de su celda. No puede andar porque está muy encadenado. Salta hacia delante como una cabra, sacudiendo sus eslabones de acero.

En "Paroles Françaises", también de François Sauvages (fechado el 30 de enero de 1948), esta descripción de las mazmorras:

"El calabozo es un subterráneo totalmente desnudo y sin aire donde el recluso pierde toda noción del tiempo. ¿Es de día? ¿Es de noche? No lo sabe. Y ésta es la tortura final. Desde las 7 de la mañana hasta medianoche, cada 30 minutos el guardia llama al preso, que debe responder: "Preso número tantos, presente". El hombre tiene que permanecer allí en la oscuridad, cansado, alucinando, luchando contra los calambres, luchando contra el tiempo, luchando contra el miedo de no oír las llamadas, con los oídos zumbándole, el estómago vacío, el corazón clavado en el pecho, los ojos muy abiertos por el miedo. Porque el hombre, en la noche de su casa subterránea, tiene miedo de contar mal las llamadas, un miedo pánico a que la última llamada a medianoche no sea señalizada. Si ha contado mal, esperará sin la menor noción del tiempo, hasta el último grado de estupefacción, la última llamada que nunca llegará. Se desplomó en el suelo. Nadie le tocó. Eso no se hace en Francia.

[er]En el mismo "France Soir", por el mismo H. Danjon (con fecha de 1 de agosto de 1947):

"¡Hola 78! ¡Hola 78! Pregunta al 14427 de la cuarta planta qué ha pasado. La respuesta llegó diez minutos más tarde en la celda 77: ¡13740 estaba muerto! Había saltado al vacío desde el cuarto piso. Había pedido salir de su celda para respirar aire fresco. Estamos recogiendo sus pedazos...".

Una joven llamada Françoise Armagnac, modesta dirigente jeannette que vivía en Excideuil, en la carretera Angulema-Limoges, fue asesinada con su largo vestido de novia de seda blanca. Coronada la cabeza con una diadema de rosas blancas, ella y toda la comitiva nupcial fueron detenidas por partisanos a trescientos metros de la iglesia, izadas a un camión y fusiladas al día siguiente detrás de un arbusto, todavía con su hermoso vestido de seda. Su cuerpo no sería encontrado, enterrado en el barro, hasta cinco meses después.

Miles de cadáveres, enterrados en fosas comunes en las profundidades de los bosques, nunca volverían a aparecer.

Refinamiento en la humillación de los "colaboradores" :
la exposición en las jaulas del Jardín Zoológico de Amberes...

En cuanto a los prisioneros alemanes, el periodista René Borin relató "de primera mano" en Combat, con fecha de 12 de octubre de 1948, el trato que recibieron estos detenidos en tiempos de paz durante la posguerra en el campo de Corneilles: "Llegamos inesperadamente al patio del fuerte de Corneilles justo cuando los prisioneros de guerra salían de servicio por fatiga. Estaban en un estado de suciedad repugnante. La mayoría llevaba chaquetas y capotes rotos, demasiado grandes para su talla. Todos tenían el rostro demacrado y su piel gris indicaba inmediatamente que estaban desnutridos. Muchos de ellos no llevaban zapatos. Iban descalzos, con sandalias de madera que ellos mismos habían fabricado. De mil quinientos prisioneros, sólo cuatrocientos trabajan. Muchos de ellos caminan con dificultad, parecen ancianos. Los demás están demasiado débiles o enfermos. Casi todos tienen gastroenteritis. Pero sólo un centenar de enfermos permanecen en la enfermería, que es demasiado pequeña para albergarlos a todos. En las habitaciones donde están hacinados, los prisioneros duermen sobre el cemento. No hay colchones de paja, pero los más acomodados han encontrado algo de paja que no han podido renovar en tres meses.

Muchos sólo tienen sus preservativos para cubrirse. Otros comparten una manta en grupos de tres. Por la noche, viven en la oscuridad. Naturalmente, abundan las alimañas, y los presos que están ociosos durante el día pasan el tiempo buscando piojos. Muchos de los presos muestran signos de malos tratos.

"Varios de ellos perecieron. Tres de ellos, fusilados contra el muro del patio de una escuela de Cheryes, serían arrojados, sin más, a un lodazal cercano. Permanecieron en ese estanque al menos diez años, con los pies asomando"... escribió meticulosamente un cronista.

¿Lo has leído bien? "¡Les sobresalían los pies!

De hecho, hasta 1989 no supimos, gracias a un investigador canadiense (James Bacque, autor del libro "Morts pour Raisons diverses") que, a pesar de las intervenciones urgentes de la Cruz Roja Internacional, varios centenares de miles de prisioneros de guerra alemanes habían muerto de hambre en 1944 y 1945 en campos estadounidenses y franceses, privados deliberadamente de casi todos los alimentos por un comisariado yanqui rebosante de víveres deliberadamente inutilizados con los que esos prisioneros habrían podido alimentarse perfectamente durante todo un año...

¡La guerra de la civilización, que!

Los desvaríos "ametralladores" del nuevo ministro de Justicia francés, Marcel Willard, en agosto de 1944, se encontrarían con los aullidos de odio del ministro comunista belga, Demany, ¡triunfante ante los "morros aplastados" de los "collabos"!

Fue en estos excesos de violencia y estupor en los que Hergé, detenido en Bruselas, se vio repentinamente sumido a principios de septiembre de 1944.

La conmoción fue terrible. Algunos colegas incluso anunciaron encantados que se había vuelto loco de horror.

Más que nadie, en septiembre de 1944, en Bélgica -y también en Francia- fueron los intelectuales quienes pagaron el precio de la Resistencia. En particular, los redactores de los periódicos de Bruselas "Le Soir", "Le Nouveau Journal" y "Le Pays réel" que, a pesar de las dificultades de la época, habían intentado servir a su país de acuerdo con las instrucciones constantemente repetidas del Rey.

Un Paul Colin, un Robert Poulet, un José Streel, un Paul Herten, estaban cien codos por encima de los analfabetos y fanfarrones chupatintas de la prensa belga actual.

Era el talento al que acudían los perdedores.

En las redacciones de los periódicos de la Colaboración, el concepto de patriotismo variaba de grado. Los periodistas debatían libremente.

José Streel no fue olvidado durante la "purga": fue fusilado el 21 de febrero de 1946.

Algunos ya veían la Europa del futuro.

Otros seguían en Bélgica al comienzo de la invasión. En aquel momento, su pequeño país estaba encaramado en la línea exclusiva de su horizonte. La creación de un continente único -que, a finales del siglo XX, había pasado al primer plano de la actualidad- escapaba a su análisis.

José Streel y Robert Poulet, ante la posibilidad de una federación de veinte pueblos, se resistieron. Este concepto les parecía demasiado atrevido. También temían -y era comprensible- que una Alemania demasiado ansiosa pretendiera ser el motor omnipotente del futuro próximo.

Esta propensión, aún hoy, puede inquietar a los tímidos. Derrotada y casi eliminada en 1945, Alemania, a finales del siglo XX, reunificada de nuevo, volvió a ser el país más fuerte, es decir, el motor de un Mercado Común (o no Mercado Común).

Lo real es lo real.

La Europa del futuro, nos guste o no, sólo se hará realidad si su núcleo vital es la Alemania inmutable de Bismarck, Hitler o el Canciller Kohl, que ya está listo para la acción.

En 1940, no se trataba de negar lo evidente, sino de adaptarse a ello con dignidad. Esta fue la base misma de nuestra participación en los combates del Frente Oriental, con su audacia cuidadosamente meditada.

Poulet, en aquel momento, sólo lo entendió a medias, al igual que José Streel.

Al final de la guerra, ¡se les trataría aún peor que al resto de nosotros! En septiembre de 1944, tanto si los intelectuales implicados en la colaboración eran minimalistas como maximalistas, el objetivo era aniquilar al enemigo, y más concretamente, al enemigo inteligente.

Hubo -y nos guardamos de negarlo y, por el contrario, queremos repetirlo una vez más- auténticos miembros de la Resistencia, poco numerosos, que fueron, a su manera, patriotas encomiables y valientes que supieron morir con nobleza para honrar sus convicciones. Les rendimos homenaje. Pero la inmensa mayoría de los que desempeñaron el papel de "resistentes", como el futuro ministro comunista Demany, eran agentes de Stalin apenas camuflados. Su verdadera patria no era Bélgica, sino la URSS, empeñada en erradicar por doquier a las élites europeas.

El caso fue particularmente notable en Francia, donde miles de comunistas españoles, que habían huido a través de los Pirineos tras la victoria de Franco en Cataluña en febrero de 1939, se distinguieron entre 1942 y 1944 en el maquis francés por su crueldad sádica. El propio ministro francés del Interior, Joseph Darnand, me mostró un montón de fotos espantosas que mostraban a civiles franceses de familias petainistas literalmente despedazados por estos spadassins.

Durante los últimos meses de la ocupación alemana de Francia, estos ex refugiados se distinguirían en particular por sus crímenes en las regiones del maquis, exactamente en la línea de las atrocidades cometidas por ellos, en número incalculable, durante la guerra de España entre 1936 y 1939, durante la cual, entre otras cosas, habían asesinado a ocho mil seiscientos sacerdotes y monjas, la mayoría de ellos horriblemente torturados antes de perecer.

En España, estos verdugos habían sido dignos en todos los sentidos de Stalin, su santo patrón. Entre 1942 y 1944, volverían a hacer lo mismo, en Francia, destruyendo a quienes, de lejos o de cerca, habían seguido al prudente y sabio mariscal Pétain, baluarte de la supervivencia francesa durante cuatro años, en su sacrificio a menudo muy doloroso.

Los patriotas perdidos en las filas de los asesinos de la "resistencia" de extrema izquierda sólo serían utilizados por los dirigentes comunistas como escudos temporales. Exactamente como los patriotas de Polonia, a los que Stalin, en agosto de 1944, dejó exterminar impasiblemente, ante sus propios ojos, durante semanas y semanas, ¡a ochocientos metros de la entrada de Varsovia sublevada!

Así que estos antinazis de derechas no se interpondrían en el camino del imperialismo de la URSS cuando el gong de la Segunda Guerra Mundial hiciera sonar la hora de las grandes confiscaciones territoriales.

En septiembre de 1944, los agentes de Moscú en Bélgica y en otros lugares dieron rienda suelta a los instintos salvajes que siempre se encuentran, a lo largo de la historia, en las entrañas de cierto tipo de gentuza que sólo espera tales oportunidades para emerger de las cloacas.

Eran los verdaderos tiranos de la Liberación. Tenían que atemorizar a la masa amorfa de gente de bien, pero, sobre todo, tenían que eliminar en Bélgica, Francia e Italia a las cabezas pensantes que, reconfortadas por las recomendaciones del rey de los belgas, o bien habían intentado limitar los daños de la guerra perdida en 1940, o bien habían querido construir los pilares de lo que sería la Europa del futuro

Tintín en la cárcel: Hergé también experimentó esta angustia ("Le Petit Vingtième", 1933).

En septiembre de 1944, todos estarían bajo llave, sus esposas e hijas a merced de bastardos al acecho de carne fresca, ellos mismos cazados, clasificados o condenados a muerte.

Hergé, personalmente, se libraría de sus cuatro arrestos y de una breve estancia entre rejas. Podría perfectamente, en aquellos tiempos de locura, haber sido condenado a muerte, como José Streel, como Victor Meulenijzer, como Paul Herten, de un tiro en la espalda.

Gracias a un extraño capricho de un magistrado, en 1944 se libró del pelotón de fusilamiento o de pasar interminables años en la cárcel.

En el ajetreo de los tribunaux d'exception "con el poder de pequeños reyes negros", como diría el profesor Kluyskens, donde cientos de soldados gruñían por no haber ganado nunca una escaramuza y aceitosos abogaduchos bombeaban honorarios milagrosos a incivilizados condenados de antemano, Hergé se había encontrado cara a cara con un fiscal llamado Vinçotte, ¡cuyos hijos, durante todas las semanas de la guerra, se habían deleitado con las Tintineries! Ahora lo sacaba de un calabozo un hombre harapiento y sudoroso que decía ser Hergé.

"¿Hergé? ¿Pero tú eres el ilustrador de Tintín?".

Le parecía increíble. Hasta entonces, lo único que había visto era a sus hijos celebrándolo cada jueves cuando llegaba "Soir Jeunesse". Sus hijos se lo pasaban en grande leyendo "Tintín": eso era todo lo que él sabía. Entonces, ¿por qué le trajeron a un Hergé esposado entre dos policías?

"Durante la guerra, ¿sólo hacías dibujos?
-Sí, sólo dibujos".

Vinçotte pensó en sus hijos, que le despreciarían si, por unos dibujos tan graciosos, mantuviera a su encantador Hergé en una tumba durante años. Se rascó la cabeza. ¿Qué podía hacer? ¿Arriesgarse a una ruidosa pelea familiar? ¿Aparecer ante su prole como un ostrogodo que hubiera apaleado al mago semanal por haberles divertido tanto? Miró a Hergé, que bajó los ojos dolorosamente. Evidentemente, aquel chico nunca había matado a nadie. Había hecho reír a la gente. ¿Te pasas la vida en la cárcel por hacer reír a la gente?

El fiscal se levantó, bastante orgulloso de sí mismo: "¡No, no se dirá que he devuelto a su celda al hombre que tanto divertía a mis hijos!

¡Hergé era libre!

El mismo diputado Vinçotte compensaría rápidamente esta breve condescendencia. Haría condenar a muerte a una serie de intelectuales amigos de Hergé, pero que no publicaban cómics. Varios serían fusilados. Robert Poulet pasaría cuatro angustiosos años en su celda de la muerte, preguntándose si también él sería fusilado contra el muro de un cuartel al amanecer del día siguiente.

Sin duda, Hergé se había liberado. Pero, ¡qué libertad! El Generalísimo Eisenhower se había dado el derecho de romper los lápices de los artistas. Cuando Hergé saliera del calabozo, no le quedarían más que dedos torpes e inútiles. Tenía "prohibido dibujar".

Y luego estaban sus amigos, miles de ellos, ultrajados, hacinados en prisiones inmundas. Sus rostros sufrientes le atormentaban. ¿Qué sería de ellos? A lo lejos, entre nubes de pólvora, resonaba el sonido seco de las salvas de ejecución.

Le Petit Vingtième", 1933.

Parece que Hergé llevaba mucho tiempo planeando su propio encarcelamiento. En uno de sus primeros autorretratos, en el número 13 de "Le Petit Vingtième", había esbozado, quince años antes, a un Tintín de grandes ojos redondos ahogados de angustia, estupefacto tras unos barrotes negros, en una siniestra prisión: seis barrotes a la altura del pecho, tras los cuales miraba al espacio, ojeroso, sin un atisbo de luz, como si la noche le aprisionara también a él. ¿Qué siniestro sueño pudo inspirar este extraño dibujo de Hergé?...

CAPÍTULO XXV

"¡FUE HORRIBLE! ¡HORRIBLE!"

Hergé no corría tantos riesgos como los intelectuales que, desde hacía cuatro años, agitaban los problemas del foro en el mismo periódico que él.

Fue el escándalo de su ciega persecución lo que le apuñalaría. Le apuñalaría para siempre. Nunca lo superaría. Aquellos horribles meses permanecerían en su cerebro el resto de su vida. Ese era su verdadero cáncer.

¿Hergé había sido, de alguna manera, un hombre de los alemanes? Por supuesto que no. Y además, ni Poulet ni José Streel, ni más ni menos que todos los intelectuales de la "Colaboración", habían sido otra cosa que patriotas, que sólo buscaban sacar a su país del lío en que lo habían metido los belicistas de 1940

En cualquier caso, Hergé no había sido más que un maravilloso animador infantil. Sin duda, era mi amigo más querido, pero de eso hacía ya quince años, en los felices tiempos en que

Éditions REX, 21 rue Vital Decoster, Lovaina.

éramos unos chiquillos que se reían de todo, ¡y que apenas sabían, en 1929, que un tal Adolf Hitler empezaba a luchar en Alemania!

REX no era entonces más que una pequeña editorial religiosa con sede en Lovaina, rue Vital Decoster. En aquella época, ¡nunca se nos habría ocurrido publicar un Hitler entre nuestras Encíclicas!

Hergé, siguiendo mis instrucciones, se disponía, modestamente, a lanzar un Tintín en el "Vingtième Siècle", para lo cual, a fin de no cansar su imaginación buscando modelo en otra parte, había pasado de mis pantalones de golf y mi polvera.

Luego, según mi temperamento ruidoso pero divertido, iniciaré la fabulosa lucha del rexismo.

Para Hergé, los venenos más terribles no matan: te hacen delirantemente feliz...

Por supuesto, Hergé y yo hablábamos de mis combates, que pronto llenaron las columnas de los periódicos. Hergé, como todo el mundo, había sido testigo de mis hazañas populares: "- He visto a Degrelle y a las masas fanáticas" ('Humo', semanario flamenco, 11 de enero de 1973).

Pero, por naturaleza, Georges no era un buscavidas. Era un hombre amable, o mejor dicho, tímido. De niño, ¡no le hubiera quitado la pata a una mosca! Todos sus héroes manejaban veneno, ¡pero nunca era letal!

En "Le Nouvel Observateur" (27 de febrero de 1991), un redactor, Hervé Gattegno, se divertía enumerando las "sustancias malignas" que se encuentran en los álbumes de Hergé:

Dan a su obra sus aspectos más variados", escribe. Los dardos recubiertos de curare de los guerreros Arumbaya en 'Oreja rota' son exóticos. En "Tintín en el país del oro negro", las pastillas de N14 disueltas en gasolina son francamente cómicas, hacen estallar los motores, desestabilizan el mundo y, cuando se las tragan los Dupont, aceleran el crecimiento del pelo y el bigote.

Misterioso, en 'Las siete bolas de cristal', el veneno inca (hecho de coca) que sume a los científicos profanos en un sueño letárgico que podría ser permanente.

Surrealista, en 'Vuelo 714 a Sydney', el suero de la verdad del doctor Krollspell (probablemente un antiguo nazi) inyectado al multimillonario Carreiras al mismo tiempo que al estafador Rastapopoulos, y que provoca la revelación más inmoral de la obra de Hergé: el más malvado no siempre es el que crees que es. En "Los cigarros del Faraón", el arma más temible de los contrabandistas de opio es la radiadiah, un veneno que vuelve loca a la gente, y del que Tintín escapa por los pelos. Para Hergé, el veneno nunca mata. Sumerge a sus víctimas en un segundo estado (locura, letargo) que siempre revela una verdad sobre los personajes. El veneno utilizado por los profanadores del "Templo del Sol" transmite remordimiento. En cuanto a los "Cigarros del Faraón", que provocan la locura de los fumadores, simbolizan la muerte. Pero una muerte particular vivida como una mordaza. Para Hergé, nunca puede ser seria, y menos aún definitiva. Incluso Milú, que sorbe el té envenenado destinado a su amo en "El loto azul", se recuperará tras unas horas de reposo. Sólo el capitán Haddock, víctima voluntaria de un veneno llamado Whisky, cae de espaldas en "El cangrejo de las pinzas de oro", intoxicado por el más inesperado de los venenos: ¡un vaso de agua!

¡Así que nuestro Tintín no se parece en nada a un asesino!

El pacífico Hergé había seguido en silencio el auge de nuestro movimiento. No se había convertido ni en militante ni en líder rexista.

"El más inesperado de los venenos: ¡un vaso de agua!

Si yo hubiera querido, y si él hubiera querido, podría haberlo hecho diputado sin ninguna dificultad. Pero Tintín habría estado fuera de lugar entre aquellos gamberros sin encanto, ¡y Milú no habría tenido otra cosa que roer que terneros viejos y resecos y sus accesorios de calcetín!

Y yo estaba allí de pie, desnudo, chorreando porquería, en medio de un gigantesco alboroto, ¡con mi colección de gente podrida de todas las fiestas!

Pourquoi Pas? del 20 de julio de 1945 anunciaba el proceso de Robert Poulet: "¡Lo que nos parece enorme, amargo y vergonzoso de la traición de Robert Poulet es la inversión del espíritu que llevó a un intelectual de lengua y formación francesas a admitir, aunque sólo fuera por un instante, (...) que un pensamiento alemán, (...) necesariamente, quiéralo o no, destruye o adultera el nuestro, puede proyectar su sombra sobre nosotros y desfigurarnos"!

Hergé contemplaba el espectáculo, divertido, riéndose de mis excesos. Sus enemigos, queriendo demolerle, escriben que era un "rexisant". De hecho, ésa es la palabra correcta. Vibraba cuando me oía. Pero no rompía baldosas ni pegaba a los adversarios. De hecho, antes de 1944, ¿Hergé había tenido oponentes? Después sí, pero sólo cuando el hecho de haber sido un joven "rexisant" fue estigmatizado, después de 1944, como un crimen abominable. Esta persecución sería el recuerdo más doloroso de su vida.

En una entrevista con el periodista Benoit Peeters, Hergé haría un día unas declaraciones casi desesperadas y muy reveladoras sobre el tema:

"BP (Benoit Peeters): ¿Puedo preguntarle cuál ha sido la experiencia más importante de su vida?
Hergé: Me pregunto si no es la guerra, o más bien la inmediata posguerra.
BP: ¿En qué sentido?
Hergé: En el sentido de la represión y el odio.
BP: ¿Fue un momento muy difícil para usted?
Hergé: Extremadamente difícil. Tenía amigos periodistas y todavía hoy creo que eran absolutamente puros y que no estaban a sueldo del enemigo. Y cuando vi a algunas de esas personas condenadas a muerte y a algunas incluso fusiladas, ya no entendía nada. Fue una experiencia de intolerancia absoluta. Fue horrible, ¡horrible!

¡Patético diálogo

Robert Poulet

Robert Poulet relataba en el semanario Rivarol, en un artículo escrito en el momento de la muerte de Hergé en 1983, cómo se encontró cara a cara con el Hergé detenido: "En la escalera de Saint-Gilles, la cárcel de Bruselas, se amontonaban "traidores" purificados, todos ellos más o menos identificados con la élite del país. Los "patriotas" londinenses también habían detenido a Hergé por la única razón de que había publicado sus dibujos en un periódico censurado. Georges y yo intercambiamos la habitual sonrisa valiente antes de seguir caminos separados hacia el ignominioso infierno de las "ocho celdas"...".

Después de 1944, Hergé no volvería a ser el Hergé sonriente, sencillo, sin complicaciones, cuyos ojos eran tan apacibles y tranquilos como un cielo lleno de pájaros... Vería a sus compañeros más queridos sufrir o perecer durante aquellos horribles tiempos.

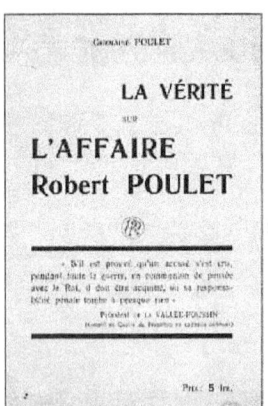

Paul Colin ya había sido asesinado, Paul Herten estaba a punto de ser fusilado, José Streel estaba a punto de ser fusilado y Victor Meulenijzer, su amigo de 'Voilà', estaba a punto de ser fusilado. Jam, como Robert Poulet, también había sido condenado a muerte y podía ser enviado a la hoguera en cualquier momento. Sin embargo, todos ellos eran patriotas irreprochables, personas lúcidas que, en medio de la cobardía de miles de aguardenteros, sólo habían pensado y luchado por la supervivencia de su país.

Robert Poulet sólo escapó a la muerte porque su esposa, heroica como una antigua romana y decidida a hacer saltar todo por los aires antes que permitir que su marido fuera asesinado judicialmente, implicó sin rodeos al rey Leopoldo III, proclamando que, si había que fusilar a alguien por colaboración, era él, el Monarca que había inspirado la "Colaboración", quien, antes que nadie, ¡tenía que pagar la factura! Ante la inminencia del escándalo, Robert Poulet fue cargado de noche en un coche ministerial e, inmediatamente, con la boca cerrada, ¡fue descargado en un muelle de París!

Georges Remi siempre estuvo al lado de sus camaradas perseguidos. Robert Poulet, a quien Hergé ofreció su piso cuando fue liberado en 1958, lo recordaba maravillosamente: "Se puede decir ahora: entre 1950 y 1960, fue la providencia de los 'incivilizados', el gran recurso de los deshonrados y desterrados, cuya perfecta honradez conocía. Fue una gran ayuda para mí, y para muchos otros, en tiempos difíciles. Sigo y seguiré moralmente en deuda con él" ('Rivarol', 18 de marzo de 1983).

Jam, como Robert Poulet, tuvo un pelotón de fusilamiento delante de sus narices durante mucho tiempo.

¡Morir por haber dibujado caricaturas maravillosas como Jam! ¡Morir por querer hacer reír! ¡Qué época tan bárbara! Un viejo ministro socialista que aún tenía sentido del humor, Camille Huysmans, salvó a Jam en el último momento. Liberado (tras seis años de cárcel), el valiente Paul cambió de seudónimo. Se hizo llamar Alidor. Ahora vuelve a ser el principal caricaturista belga. Los ministros acuden en masa a sus exposiciones, sobre todo porque le temen. ¡Recientemente, uno de ellos, llamado Gol (Golstein, según algunas lenguas maliciosas), llegó a prologar muy amablemente una de las colecciones de dibujos cómicos y feroces que publicó en su día este ex presidiario!

Durante aquellos años de estupidez y horror, ¿quién de entre los patriotas de la "Colaboración" no fue aplastado por estas fanáticas persecuciones?...

Miles de los nuestros fueron condenados a muerte. Doscientos cincuenta y dos fueron ejecutados.

Todos aquellos que, de cerca o de lejos -¡incluso de muy lejos! aunque sólo fuera suscribiéndose a nuestros periódicos-, habían participado en nuestras condenas, fueron arrastrados a las mazmorras de los asesinos.

Una pregunta incidental: en el momento en que Hergé pronunciaba su espantoso "¡Affreux! ¿Qué había sido de mí, director de la orquesta de colaboradores en Bélgica?

Paul Jamin (Jam), caricaturizado por Hergé en una aventura de "Quick et Flupke" en el "Petit XXe" del 30 de mayo de 1935.

SEXTA PARTE

EUROPA EN EL PUNTO DE MIRA

CAPÍTULO XXVI

UN AVIÓN CAE EN PICADO

Desde mi juventud hasta el final de la Segunda Guerra Mundial, el 7 de mayo de 1945, ¡no había echado de menos las aventuras al estilo de Tintín!

Tales aventuras encantaron a Hergé. El llamado cuestionario Marcel Proust, al que se había sometido, le inspiró la siguiente pregunta: "¿Sus héroes en la vida real? Para él, yo era uno, tanto en la espesura de la naturaleza como en la de los hombres.

Básicamente, lo que Hergé inventó con la punta de su lápiz, yo lo he creado con cada movimiento de mi vida pública.

Ya era una especie de Tintín cuando crucé miles de kilómetros de Europa en mi bicicleta de veinte kilos. Ya era un Tintín cuando inventé las enormes travesuras de "L'Avant-Garde" en la Universidad de Lovaina. ¡Lo fui cuando, armado de papeles falsos, me embarqué en una loca expedición a México

Decenas de miles de personas acudían a las reuniones de Léon Degrelle (aquí en Lombeek en 1936).

Tintín, que nacería en el "Vingtième Siècle" poco después, podría entonces haber ocupado mi lugar, desembarcado en el viejo puerto de La Habana, seguido por el fiel Milú, con la melena al aire, desembarcado en las ruinas de la guerra civil de Veracruz, ¡pasar meses vagando por las pampas, trepando a la lava y la nieve del Popocatepelt, partiendo en piragua las lagunas de Ixaltivalt y cantando canciones indias en las fogatas del desierto de Chihuahua!

Podría haber cruzado el puente internacional de Juárez sin visado para entrar en Estados Unidos, haber sido ayudado por un obispo de California, haber viajado por Estados Unidos durante la Ley Seca, haberse calentado en los rascacielos de Chicago, haber pasado con la nariz enrojecida bajo las gélidas aguas del Niágara, haber mordisqueado insípidas manzanas en los muelles de Montreal, haberse llevado una maceta de flores a la cabeza durante una tormenta en Labrador...

El carisma público de Léon Degrelle en la vida real (Lombeek, 1936) y el de Tintín, imaginado por Hergé ('Tintín en América') son perfectamente similares...

Poco después de mí, Hergé repetiría la aventura, a su manera, en su "Tintín en América".

Igual que Tintín, en su imaginación, había vagado por la sabana del Congo y desafiado a elefantes, leopardos, rinocerontes, cocodrilos y boas, yo había cortado a hachazos las desgreñadas enredaderas de las turbias guaridas de los políticos belgas. Atacaba a los corruptos y los hacía pedazos.

Levanté mi frente vengativa en innumerables mítines marxistas y en el mismísimo bar de los tribunales, donde había exterminado a los Segers y a otros proscritos. Tenía decenas de miles de "fans" y, el 24 de mayo de 1936, barrí cientos de miles de votos de los viejos partidos podridos, derrotándoles hasta su sacrosanto parlamento. Hergé y yo éramos amigos de la misma edad. Cada uno a su manera, él con el lápiz, yo con el club, llevábamos a cabo nuestra exploración: ¡ser los caballeros del Bien derrotando al Mal!

Otra aventura similar para los dos Tintín: ¡cárceles, esta vez!

Léon Degrelle entre sus decenas de miles de "fans
(aquí, tras la victoria electoral de 1936).

Sin Milú, el Tintín de Hergé habría estado en las mazmorras de la "democracia" en septiembre de 1944.

El 10 de mayo de 1940, el caricaturista antibélico de "L'Ouest" podría haber sufrido ya los encarcelamientos -dispersos desde el Mar del Norte hasta los Pirineos- que padeció el Tintín-Degrelle de aquel verano.

¡Veintiuna prisiones!

En Dunkerque, Francia, me clavaron a un poste de fusilamiento la primera mañana, ¡sólo como broma! En Lille, me arrancaron diez dientes en una sola noche. En la prisión de Caen, me obligaron a beber mi propia orina. En el pánico a escapar, me dejaron en la cárcel de Tours, con candado, sin comida, en una celda con una alcantarilla rota. Me volvieron a encerrar y me metieron en un transporte de trescientos presos de Poissy. Me encerraron con diez presos y un barril de excrementos en una celda subterránea en la isla de Ré. Me llevaron desde Puy-en-Velay, atado en un coche fúnebre en lugar de los muertos. Me habían entregado a doscientos comunistas españoles encerrados en el campo de Vernet, para que me hicieran algo. Fui rescatado por tres salvadores milagrosos, verdaderamente in extremis, vestido sólo con pantalones harapientos, ¡con una barba poblada como la del capitán Haddock!

Mi libro "Guerra en la cárcel" podría haberse llamado "Tintín en la cárcel".

En cada ocasión, Tintín-Degrelle había escapado a una muerte inminente, igual que el hombrecillo de Hergé había escapado mil veces a las trampas de los complots, a los colmillos de las fieras y a las flechas de las jaurías de perseguidores.

De 1941 a 1945, las aventuras de Tintín-Degrelle en el Frente Oriental fueron aún más impresionantes que las de Tintín-Hergé en el país de los soviéticos. Pero, en mi caso, ya no era inventado, como cuando mi amigo Georges describía las aventuras de su pequeño héroe en la URSS. Esta vez era de verdad.

En guerra con los soviéticos en el Frente Oriental, Léon Degrelle no tiene nada contra Tintín en el País de los Soviets...

Fue Degrelle, un doble del Tintín de la juventud de Hergé, quien se alistó como soldado raso para compartir la suerte de los voluntarios más desfavorecidos en los horrores de Rusia. Luchó durante interminables meses de invierno, bajo una nieve horrible, a 42° bajo cero. La rata sólo llegaba a los puestos avanzados en carámbanos. Los huevos congelados se volvían grises, duros como piedras prehistóricas. En febrero de 1942, fue herido por primera vez. Fue ascendido a cabo. Luego, tras terribles combates, esta vez fue ascendido a sargento. En marzo de 1942, Tintín-Degrelle fue ascendido a teniente por su valor y se le concedió la Cruz de Hierro de Segunda Clase. Dos meses más tarde, tras la batalla de Kharkov, se le concedió la Cruz de Hierro de Primera Clase.

Telegrama del Mariscal de Campo Schoerner al Reichsführer de las SS Heinrich Himmler proponiendo conceder las Hojas de Roble a la Cruz de Caballero de la Cruz de Hierro al SS-Sturmbannführer Léon Degrelle.

En septiembre de 1942, alcanzó la cima de los picos del Cáucaso bajo las intensas lluvias otoñales. Como todos sus camaradas valones, había quedado aislado de todo contacto por las tormentas, alimentándose de la carne negruzca de los caballos muertos varados en los recodos de los torrentes. Fue alcanzado por un proyectil que cayó a ochenta centímetros de él, lacerándole el esófago ocho veces e hiriéndole diecisiete centímetros del estómago. En febrero de 1943, vivió nuevas aventuras: en Cherkassy, convertido en comandante de la 55ª Brigada de Asalto Valona, tras diecisiete días y diecisiete noches de forcejeo alucinante -¡y cuatro heridas! - había roto el bucle infernal de trescientos mil soviéticos que cercaban a once divisiones europeas al borde de la aniquilación.

Al día siguiente, Hitler le hizo volar en su avión especial desde el frente ucraniano hasta su cuartel general en Prusia Oriental y le colgó del cuello el collar Ritterkreuz. Hacer de Tintín de verdad fue un auténtico placer.

Seis meses después, en agosto de 1944, más hazañas. Esta vez en Estonia. Tintín nº 2 salvó por segunda vez el destrozado Frente Oriental. El mariscal de campo Schoerner, comandante en jefe del Grupo de Ejércitos Norte, telegrafió a Himmler: "Degrelle, que ya ha demostrado muchas veces su valía como soldado y oficial en tiempos difíciles, merece el mérito decisivo de haber evitado que la importantísima ciudad de Dorpat cayera en manos del enemigo el 23 de agosto. Esta acción, que también fue decisiva para la continuación de los combates, lleva la marca de una voluntad de lucha única.

Por segunda vez, un avión especial vino a recoger a Tintín-Degrelle al campo de batalla. Esta vez, Hitler le había entregado las famosas Hojas de Roble, la Cruz Alemana de oro, la Medalla de Oro a los Heridos y la Insignia de Oro al Combate Cuerpo a Cuerpo, que sólo se concedió a once soldados durante la guerra, ¡por más de cincuenta combates directos clasificados oficialmente! El Gran Jefe le abrazó y le dijo: "¡Si tuviera un hijo, me gustaría que fuera como tú!

Hubo otras declaraciones explícitas de Hitler, que "France-Soir" publicó el 11 de enero de 1973, en un artículo titulado "La mort de Bormann". Martin Bormann, que murió al día siguiente de la muerte del Führer y había sido uno de sus tres últimos compañeros, explicó al doctor Stumpfagger, médico de las SS, antes de su propia muerte, lo que el líder del Tercer Reich le había dicho poco antes de suicidarse: "El Führer había expresado su pesar por no haber confiado el mando de sus tropas a Léon Degrelle" ('France-Soir', 11 de enero de 1973). El último pensamiento de Hitler, confiado a Bormann, constituye una prueba asombrosa de la evolución europea del jefe del Reich, a quien no le habría parecido anormal que un no alemán comandara sus ejércitos, como en su día había hecho el valón Tilly de 't Serclaes al frente de los ejércitos germánicos en la Montaña Blanca durante la Guerra de los Treinta Años.

En numerosas ocasiones, en 1944 y 1945, el Führer había dicho que veía en Degrelle, si sobrevivía al frente, al futuro jefe político de Occidente. En este espíritu hay que entender la misión confiada por Hitler a Léon Degrelle en París en 1944, cuando vino a explicar, en el Palacio de Chaillot, a diez mil franceses, al gobierno de Pierre Laval y a la embajada del Reich, el futuro de Occidente en la nueva Europa. (Compárese con la afirmación del filósofo alemán Conde de Plattenberg: "Los belgas, en su historia, han tenido dos oportunidades: Carlos V y León Degrelle")...

Los últimos meses de la guerra en el frente oriental se habían librado a lo largo de mil kilómetros del mar Báltico, desde el golfo de Finlandia hasta el puerto de Copenhague. Combates encarnizados en Prusia Oriental, en el Oder y en toda Pomerania. La mitad de los muertos de la División Valona -para mantener a los soviéticos lo más lejos posible de

Bélgica- habían caído durante estas batallas desesperadas. La mayoría de los heridos fueron alcanzados por granadas soviéticas lanzadas a poca altura, que les arrancaron los órganos sexuales y les dislocaron la mandíbula inferior, de la que colgaba una larga lengua azulada, pegajosa de coágulos de sangre...

"SI TUVIERA UN HIJO, ME GUSTARÍA QUE FUERA COMO TÚ...".
El Führer entregó la "Ritterkreuz" a Léon Degrelle el 20 de febrero de 1944 (sólo 28 Waffen SS europeas la poseían).

Justo cuando los Aliados estaban a punto de cerrar el cerco, un centenar de los últimos supervivientes consiguieron, una semana antes del fin de las hostilidades, colarse por la brecha entre británicos y rusos y llegar a Dinamarca. Allí, el Reich se rindió por primera vez. Una vez más, repitiendo los escamoteos de Tintín, me había zafado de las tenazas que ya se habían cerrado, había podido llegar a la costa en un bote, enrolarme en un dragaminas frente a Suecia y alcanzar el último frente antisoviético que quedaba, el de Noruega, a través de cientos de kilómetros de mar sembrado de minas. Pero a las dos de la tarde del 7 de mayo de 1945, la fatídica noticia llegó a través de una pequeña radio: ¡rendición en todas partes!

¿Se acabó para siempre?...

¡Pero no! ¡Para un Tintín, nada está terminado! ¡No tenía ninguna intención de caer en manos de Stalin o de sus aliados, los funerarios!

"Me has dado mucho de qué preocuparme": Adolf Hitler entrega las Hojas de Roble de plata y el Broche de Combate Cuerpo a Cuerpo de oro a Léon Degrelle el 27 de agosto de 1944 (sólo tres Waffen SS no alemanes recibieron las Hojas de Roble).

Un avión yacía abandonado en la retaguardia del último campo de batalla. Era un Heinkel bimotor que había pertenecido al ministro Speer. Los hombres decididos aún podían subir a él. Sería la última incursión de la guerra intentada por un avión del Reich.

Pero, ¿adónde ir? ¿A Islandia? Entonces, ¡a por los americanos!

¿En España? ¡Pero al Heinkel normalmente le faltaba combustible para hacer los últimos ciento cincuenta kilómetros! ¡Qué lástima! ¡Había que arriesgarse! A las doce menos veinte minutos de la noche, sin siquiera un guía en tierra, en la más absoluta oscuridad, Tintín-Degrelle y sus cinco últimos compañeros se disponían a intentar una nueva - ¡y quizá última- aventura!

En la noche del 7 al 8 de mayo de 1945, Europa hasta los Pirineos estaba ocupada por los vencedores. La capital de Noruega, que había que atravesar antes de llegar al Heinkel, estaba aquella noche en un estado de prodigiosa efervescencia. ¿Qué iba a ocurrir? ¿Dónde había vivido Tintín un acontecimiento semejante? Miles de chicos altos y atléticos y de espléndidas chicas rubias se paseaban por las calles en señal de celebración. En mi pequeño Volkswagen, con las Hojas de Roble alrededor del cuello, aún llevaba mi uniforme de Comandante de División de las Waffen SS. Si tenía que morir, quería hacerlo con orgullo, ¡por orden! Pero, ¿cómo atravesar intacto esta ciudad de locos? El coche avanzaba lentamente entre la multitud. La estampida humana era alegre. Para seguir el ritmo, saludé a las hermosas valquirias, que estaban más encantadas que beligerantes. Llegué a un oscuro prado donde el Heinkel se había detenido. Para él, la guerra no había terminado. La verdadera aventura estaba a punto de comenzar.

El Heinkel I I I de Albert Speer, Ministro de Industria del Reich.

A las veintitrés cuarenta minutos, ágil como Tintín, pude saltar al avión con mis cinco últimos temerarios. Despegué a toda velocidad por la hierba y desaparecí en la oscuridad de la noche en cuestión de segundos.

Lo arriesgué todo, prefiriendo cualquier tipo de muerte a la rendición. Quizá había dos o tres posibilidades entre cien de no ser derribado en ruta por los cañones antiaéreos de los Aliados, que seguían siendo agresivos a pesar de que la guerra había terminado...

El Heinkel no tenía suficiente alcance para volar hasta los Pirineos. Pero, ¿quién sabe?

En los coches, cuando se enciende la luz que indica el final del depósito de combustible, el coche suele continuar un rato. Quizás el Heinkel aguantaría hasta el final. Si no, ¡bueno! Nos estrellaríamos en cualquier sitio a oscuras: la partida de póquer se acabaría limpiamente. Es una alegría poder elegir tu propia forma de morir...

El avión cruzaría todo el continente hasta París, bajo el chapoteo de cientos de obuses del enemigo. Sus artilleros darían el más deslumbrante espectáculo de fuegos artificiales en nuestro honor. Era grandioso. Las detonaciones estallaban por todas partes alrededor del avión, como inmensas rociadas de flores blancas, doradas y escarlatas. Fantástico esplendor funerario, ¡si es que el ataque tenía que terminar como un funeral!

Pero había calculado bien mi negocio. La guerra había terminado a las dos de la tarde. Desde entonces habían transcurrido diez horas, durante las cuales los angloamericanos habían tragado sin duda océanos de whisky, coñac y champán para ahogar su victoria en ríos de dicha. ¡Estaba seguro de que apuntarían mal! Para evitar ser derribados, sólo tenían que sobrevolar el campo a gran altura, fuera de su alcance, y luego caer en picado de repente al cruzar las grandes ciudades, casi rozando los tejados, ¡ya que los cientos de cañones antiaéreos de cinturón sólo podían funcionar en vertical! Ni un solo proyectil aliado alcanzaría el objetivo...

Tras una extraordinaria odisea, el Heinkel de Léon Degrelle se estrelló al amanecer del 8 de mayo de 1945, sin combustible, en la playa de San Sebastián.

A las tres de la madrugada, último recuerdo de la gigantesca cruz gamada trazada en el cielo de París por las escuadrillas aéreas de la Luftwaffe en mayo de 1940, las relucientes cruces gamadas de nuestro Heinkel se habían despedido románticamente de los dos o tres millones de parisinos que retozaban por las calles de la frenética ciudad, sin sospechar que justo por encima de ellos, a unos cien metros de distancia, ¡pasaba por última vez, entre el rugido de los motores, el famoso emblema de Adolf Hitler! Después de París, el Heinkel había quedado sumido en una oscuridad total, con el país ahogado en las tinieblas, como exigían aún las normas de protección contra los bombardeos aéreos.

Todo lo que teníamos para guiarnos era una brújula. ¿Funcionaba bien? Durante mucho tiempo, tan enorme era la sombra, que pensé que habíamos perdido el rumbo sobre el Atlántico. El avión jadeaba. ¿Se iba a estrellar, sin combustible, en medio del océano?

De repente, la escena fue dramática: había aparecido un gran brazo gris, como pegado al suelo. Era el estuario de la Gironda, al oeste de Burdeos. No nos habíamos movido ni cien metros desde Noruega.

Más tarde, una línea muy fina, tan fina como un hilo de plata, casi irreal, había aparecido en la distancia, coronando las cumbres. ¡Los Pirineos! ¡La salvación estaba cerca! Pero el Heinkel jadeaba cada

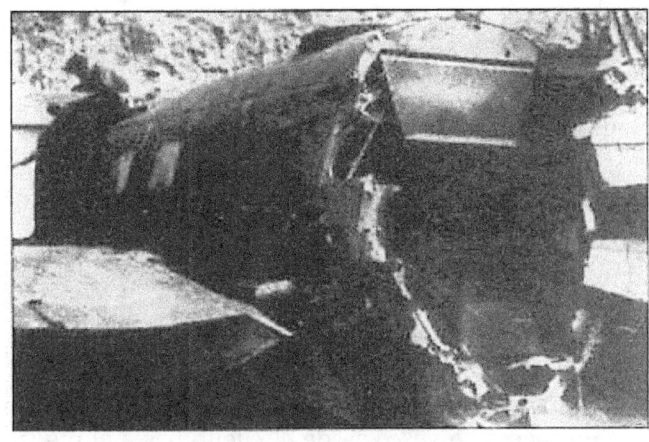

Bajo la fuerza del impacto, el fuselaje del Heinkel se partió en dos...

vez más. El avión descendía, descendía... Ya nos habíamos quitado los pesados zapatos de la frente -que pesaban tres kilos- para poder bañarnos en el agua. ¿Se iba a hundir el avión a falta de un cuarto de hora?

Los restos del Heinkel 111 de Léon Degrelle han sido recogidos en un hangar de Logroño: en su último viaje, habrá recorrido unos 2.200 km en siete horas...

Entonces, de repente, en las primeras horas del amanecer, se levantó un alto acantilado negro. Quedaba el combustible justo para saltarlo y dirigirnos hacia la blancura de una bahía. Nos lanzamos hacia él.

En un instante, vimos que íbamos a estrellarnos contra otra roca que, según supimos más tarde, sostenía el palacio real de San Sebastián. Volvimos corriendo las dos ruedas a la bodega para frenar el aterrizaje lo más posible, utilizando toda la masa del casco. ¡Milagro! El panzudo Heinkel tocó la arena en cuestión de segundos y ¡se deslizó! Justo en ese momento, un motor saltó de repente un obstáculo, el avión viró, se precipitó al mar y se estrelló un centenar de metros en el mar. Estábamos con el agua hasta el cuello. Pero la punta de un ala flotaba. Con la mano que me quedaba, me agarré a ella. ¿Qué vi? En la playa, a lo lejos, ¡brillaban dos tricornios! ¡Dos Guardias Civiles! ¡España!

Bendito sea el dios de Tintín, ¡nos salvamos!

Estaba gravemente herido. ¡Cinco fracturas! Y una columna vertebral muy magullada. Por extraño que parezca, ¡fue un golpe de suerte! Si hubiera caído intacto en el agua fresca de la madrugada, las autoridades españolas me habrían pedido inmediatamente que tuviera la amabilidad de ir a ahorcarme a otra parte.

Iba a estar atrapado durante mucho tiempo en una especie de pesada camisa de fuerza de yeso, desde el cuello hasta el pie izquierdo. No me podían transportar a ningún sitio durante meses. A finales de julio de 1945, enviaron una ambulancia al hospital militar de Mola, en San Sebastián, para llevarme a Barcelona, donde me meterían en el avión que llevaría al Presidente Laval de vuelta a los Aliados. Pero no podían llevarme en pedazos. La ambulancia partió de nuevo vacía.

Como decían mis soldados: "Chance Degrelle, chance éternelle". Con esta suerte tan tintinesca, ¡no faltaría trabajo!

Averigüémoslo.

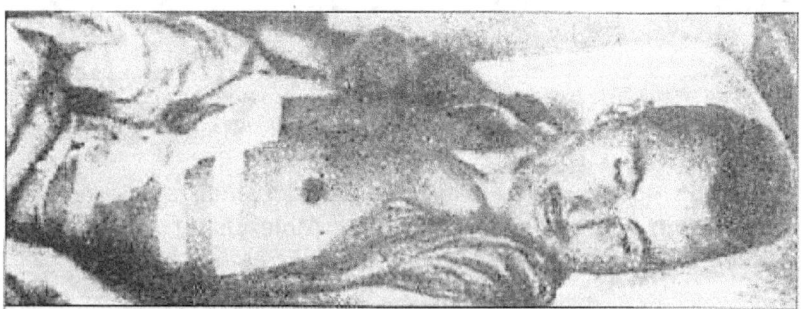

Léon Degrelle en el hospital de San Sebastián: fueron sus graves heridas las que le salvaron la vida al impedir que fuera entregado a las autoridades belgas...

CAPÍTULO XXVII

EN EL PAÍS DE LAS 100.000 DETENCIONES

En lugar de arriesgarse a morir calcinado entre los restos de un avión que, casi con toda seguridad, podría haber sido derribado por los Aliados en la noche del 7 al 8 de mayo de 1945, ¿por qué Tintín-Degrelle no acudió simplemente a los Aliados occidentales en el momento de la Capitulación, el 7 de mayo de 1945?

Estuviéramos o no de acuerdo con su decisión de luchar en el Frente Oriental contra los soviéticos, había luchado valientemente, arriesgando el pellejo cien veces por lo que creía que era un ideal. Eso en sí mismo era respetable. Normalmente, entre personas de honor, el vencedor saluda al valeroso oponente que, con el corazón y las manos limpias, no fue tan afortunado como él.

Pero en 1945 ya no era una cuestión de honor, si no de odio. En 1940, ya era una guerra religiosa ("¡Cree en la democracia o muere!"). Para entonces, yo casi había perecido sombríamente, sin explicación alguna. Mis veintiún compañeros de celda, completamente desconocidos para sus verdugos, habían sido masacrados como animales el 21 de mayo de 1940 en Abbeville. ¡Una trágica advertencia! El 8 de mayo de 1945, no iba a dejarme engañar por segunda vez

Desde el principio de su exilio, Léon Degrelle se esfuerza por defender el compromiso de los borgoñones en la construcción de la nueva Europa (véase "Europe Amérique", septiembre de 1949).

De no haber sido por aquella inquietante experiencia de mayo de 1940, me habría presentado ante las tropas aliadas en Occidente con la frente bien alta en el momento de la rendición general. Ni siquiera había luchado contra ellos, sino exclusivamente contra los soviéticos.

Desde septiembre de 1944, la prensa belga rebosaba de relatos salvajes sobre la persecución de que eran objeto los rexistas que se habían quedado. Ninguno de ellos había sido capaz siquiera de dar una explicación sincera. Cien mil buenas personas habían sido golpeadas, pateadas y metidas de doce en doce o de quince en quince en mazmorras de infamia. Por la mañana temprano, en los barracones y en los patios de las prisiones, sonaban las salvas de los pelotones de fusilamiento. Sabía de antemano que, en cuanto me entregaran, me asesinarían.

Estaba dispuesto a morir, pero sólo después de decir la verdad a los cobardes de 1940-1944 que, una vez ganada la guerra por otros, se habían convertido en verdugos ciegamente omnipotentes.

Para poder decir la verdad algún día, había que sobrevivir un tiempo. De ahí la loca -y exitosa- aventura del vuelo Noruega-España la noche siguiente al final de la guerra. Y la vieja suerte que me había convertido, en mi avión cortado en dos pedazos, en el herido que ya no podía, al menos temporalmente, ser entregado a los impacientes perseguidores.

Pero, ¿qué fue de los demás, amontonados en miles de cárceles? La prisa por deshacerse de ellos era tal que, en cuanto los Aliados entraron en Bélgica en septiembre de 1944, comenzó la caza del hombre. Hergé estaba acorralado, como otros cien mil belgas acorralados como ratas. Para estos cazadores de caza humana, todos éramos, indiscriminadamente, criminales probados.

Yo fui el primero. A toda prisa, durante la ofensiva del mariscal Von Rundstedt a mediados de diciembre de 1944, un excepcional tribunal belga me condenó a muerte in absentia en sólo quince minutos. Sin citación, sin expediente, ¡sin abogado! Con una locura casi risible. Una docena de líneas en total.

¿Mis "crímenes de guerra"? ¿Qué "crímenes de guerra"?

```
                    TRIBUNAL MILITAIRE DE BRUXELLES .

          Jugement du mercredi 27 Décembre 1944.

     Le Conseil de Guerre présidé par M.Michielsen a statué sur le cas de Léon
     DEGRELLE, sur le réquisitoire de M.l'Auditeur Militaire Couturier.

     Sept infractions sont retenues :

     1-Avoir porté les armes contre la Belgique et ses Alliés.
     2-Avoir fourni aux ennemis de l'Etat des secours en soldats et en hommes.
     3-Avoir participé à la transformation par l'ennemi d'institutions légales.
     4-Avoir formé un complot dont le but était d'exciter à la guerre civile.
     5-Avoir levé ou fait lever des troupes armées sans y être autorisé par l'Et
     6-8'être mis à la tête de bandes armées pour s'emparer des deniers publics ,
          propriétés,places,villes;appartement à l'Etat.
     7-Avoir créé des milices privées ou d'autres organisations particulières dor
          l'objet est de recourir à la force ou de suppléer l'armée ou la police.

     Réquisitoire très bref de M.l'Auditeur Couturier : depuis 1941,Léon DEGRELLE
     recrutait des hommes pour une Légion combattante a institué les Gardes
     Wallonnes qui devaient exercer des fonctions de surveillance qui sont    en
     principe confiées à l'armée. Il a fourni des secours en hommes et en main
     d'oeuvre,ardant un bataillon féminin de la Croix Rouge et un Service Agricol
     destiné à envoyer des belges en Prusse Orientale.
          Il a favorisé la politique de l'ennemi en mettant dès le 1-1-1941 son
     Parti au service de la politique Nationale-Socialiste.
          En mai 1941,il a fait un accord avec le V.N.V. pour partager le payson
     deux communautés distinctes. Plus tard,il a développé le thème de l'intégrat
     dans le Reich de la partie wallonne,qu'il disait d'origine germanique,   et
     de l'annexion par l'Allemagne, de la Belgique ou d'une partie de la Belgique
          Il a préparé la guerre civile en créant des bandes armées pour la conqu
     du pouvoir,la Garde Wallone et la Légion Wallonie devant accomplir     la  ·
     Révolution Nationale Socialiste.

     Léon DEGRELLE a été condamné à mort par fusillade à Saint-Gilles.

     Dans un délai de dix mois,s'il n'a pas été fait opposition au jugement,DEGRE
     sera déchu de la nationalité belge.
```

La condena a muerte dictada contra Léon Degrelle el 27 de diciembre de 1944: un modelo de justicia expeditiva que, sin haber oído al acusado, le acusa de preparar una guerra civil que casi estalla al mismo tiempo por la acción de los "resistentes" comunistas...

No había cometido ninguna. Todo lo que se escribió sobre ello en aquella época eran mentiras y tonterías. En particular, se me culpó de la ejecución, el 18 de diciembre de 1944, de maquisards capturados en las Ardenas, en Bande. Pero ese día, como informaron cien periódicos, ¡yo estaba hablando en Viena en una importante reunión de la prensa internacional! La Comisión de Crímenes de Guerra fue allí a condenarme. Tuvo que admitir que fue una unidad de alsacianos de la Wehrmarcht, comandada por un suizo francófono, la que había llevado a cabo la operación. Publicó sus conclusiones en un folleto oficial, descartándome por completo. Eso estaba bien. Pero ni un solo periódico belga se hizo eco de ello. El crimen se archivó.

En la Nochevieja de 1944", afirmaba la prensa en sus titulares, "también había liquidado a un alcalde de los suburbios de Bruselas que respondía al nombre campestre de Pêtre. Yo ni siquiera sabía quién era

Funeral de Prosper Teughels, alcalde de Charleroi, asesinado por "resistentes" en noviembre de 1942. Victor Mathys, jefe en funciones de Rex, siguió a la familia; él mismo fue ejecutado en 1946...

el Pêtre en cuestión. No fue hasta un consejo de guerra en 1947 cuando reconoció mi total inocencia: fueron tres flamencos de la organización DeVlag quienes habían llevado a cabo la ejecución, y quienes lo admitieron.

También se me culpó del fusilamiento de tres Bouillonnais (¡Bouillon, mi país!). Sin que yo tuviera la menor idea de su paradero, habían sido encarcelados (no lo supe hasta treinta años más tarde) en Neufchâteau, luego en Arlon. Finalmente, en un viaje casi incomprensible, habían sido devueltos cerca de Bouillon, al borde de un bosque. Según los Feldgendarmes que les acompañaban, los tres sospechosos debían señalar la entrada del bosque por donde salía gente del maquis. En lugar de ello, al parecer intentaron huir y fueron abatidos a tiros cuando ya se habían adentrado quince metros en la espesura. Explicación exacta o no, los feldgendarmes alemanes, en lugar de encubrir la ejecución, fueron directamente a la gendarmería de Bouillon para informar a sus colegas belgas del suceso. No me mencionaron ni por un segundo. Yo estaba en París en ese momento. Después de la guerra, los feldgendarmes alemanes fueron localizados en su propio país y extraditados a Bélgica, donde comparecieron ante un consejo de guerra en Dinant.

No es ningún honor para las tres víctimas de Bouillon atribuir su muerte a una persona que no tuvo nada que ver con su destino, pero a la que deseamos perjudicar por principio. Hoy, pesados barrotes intentan proteger la mentira...

Era una oportunidad única para volver a plantear mi caso, si es que había tenido alguna base en este caso. Esto se evitó. Ni siquiera se mencionó mi nombre. Los feldgendarmes alemanes fueron condenados a muerte y ejecutados.

Sin embargo, en el lugar donde perecieron estos pobres bouillonnais, una placa conmemorativa explica a los viandantes que fueron ejecutados "por la Gestapo por orden de Léon Degrelle". La placa ha sido destruida cuatro veces por visitantes indignados. En cada ocasión, fue sustituida apresuradamente con furioso celo. En mi lejano exilio, sólo puedo compadecerme de todo corazón de estos tres compatriotas que murieron, aún no sé por qué, en aquel mes de julio de 1944, del mismo modo que sigo ignorando por completo lo que pudo ocurrir a lo largo de su viaje Neufchâteau-Arlon-Bouillon. Por lo que a mí respecta, en aquel momento había abandonado para siempre mi amada patria. Nunca se presentaron cargos contra mí en este asunto, ni se previó ninguna investigación. Pero la placa sigue ahí, innoblemente acusadora.

Posteriormente, nadie me acusaría, en ningún lugar, de haber cometido fechoría alguna en tiempos de guerra. Ni siquiera por los soviéticos (como comprobó meticulosamente la cadena francesa FR3 antes de encargar al cineasta y guionista de cómics Jean-Michel Chartier dos películas sobre mi vida). Yo había sido un soldado, un soldado valiente, y desde luego no tenía nada de qué avergonzarme.

Así que, aparte de las habladurías de la época, hoy desinfladas, ¿qué encontraron? Me condenaron por luchar "contra un aliado de Bélgica". ¿Quién era ese famoso aliado? Era Stalin.

Hoy resulta casi cómico tener que admitir que tal amistad soviético-belga... ¡con el mayor asesino del siglo! Era, además, bastante grotesca, porque en mayo de 1941, tres meses antes de la partida de la Legión Valona hacia el Frente Oriental, Stalin se había comportado tan como un aliado de Bélgica que había echado al embajador belga de Moscú, ¡rompiendo todas las relaciones diplomáticas con el gobierno belga en Londres!

Nunca faltó la diversión en mi aventura. En el otoño de 1944, fui Comandante de una División de las Waffen SS y -¡imagínese! ¡y el diputado elegido por el mayor número de "votos preferenciales" de toda Bélgica! Podría haberme presentado de repente en el Parlamento belga, con mi uniforme del Frente Oriental, la Ritterkreuz y las Hojas de Roble al cuello... Desgraciadamente, en septiembre de 1944, ya no había tren Berlín-Bruselas que me permitiera presentarme así en el Parlamento belga. Pueden imaginarse el asombro de mis "honorables" colegas. En cualquier caso, ¡mi ausencia fue un golpe para los fotógrafos de prensa!

me reí. Pero en el fondo debería estar llorando porque mi suerte la iban a pagar mis desgraciados padres...

Al no encontrarme, los degolladores de la Liberación se abalanzan sobre estos dos ancianos casi octogenarios, así como sobre mi joven esposa, mis cinco hijos -una de mis hijitas, Marie-Christine, de ocho meses, será durante unas semanas la internada más joven del mundo-, mis hermanas, mis cuñados (mi hermano había sido asesinado), mi tribu de sobrinos.

A mi madre la metían, hasta la víspera de su muerte, en una celda espantosa donde cinco prostitutas se clavaban una zanahoria en el bajo vientre para mantenerse en forma. Tuvo que soportar estos espectáculos hasta poco antes de su muerte. Ni siquiera llegó a ver a un juez. ¿De qué se la acusaba, si no del delito de maternidad? Moriría para expiar este crimen, tras dos años de indecibles sufrimientos.

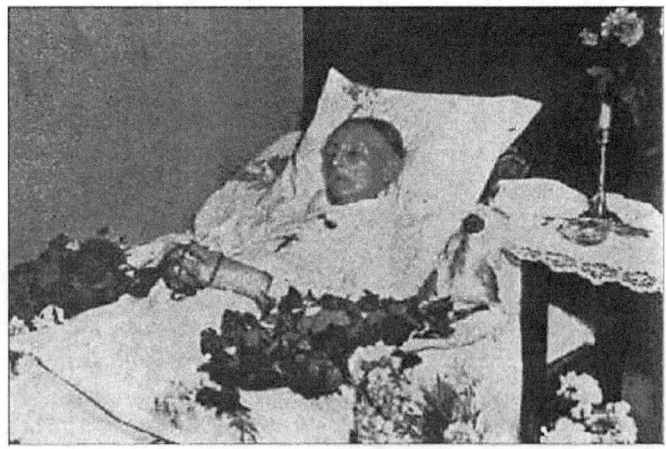

Detenida en 1945, la madre de Léon Degrelle, de 79 años, fue arrastrada de prisión en prisión y murió de pena y agotamiento el 28 de octubre de 1947. Su marido sólo vivió unas semanas: su cuerpo desnudo fue mostrado a sus hijos en la prisión de Saint-Gilles el 11 de marzo de 1948.

El padre de Léon Degrelle durante su "juicio" (30 de mayo de 1947). La Lanterne publicó el siguiente titular: "Se libra de 8 años de cárcel. Es un viejo tambaleante sacudido por los sollozos al que la Justicia ha golpeado".

Tres meses después, el cuerpo desnudo de mi padre fue encontrado en un sótano de la prisión de Saint-Gilles.

En cuanto a mi cuñado Charles Raty, un simple gestor contable, fue torturado cientos de veces. Una mañana, el capellán de la prisión de Saint-Gilles lo encontró tendido en su celda en medio de un enorme charco de sangre. Los vecinos de su celda le habían oído gritar pidiendo ayuda. Ninguno de los guardias, por supuesto, respondió a su última llamada. Mi mujer, que no era belga sino ciudadana francesa y ni siquiera militaba en el movimiento rexista, sería condenada a diez años de trabajos forzados. ¡Mi hijo pequeño y mis cuatro hijas ni siquiera sabrían durante catorce años si su padre seguía vivo! En las pocas fotos de familia que la policía había dejado a regañadientes para estos niños, se había recortado cuidadosamente un rectángulo: ¡el que ocupaba mi cabeza! Mis hermanas, todas madres de familia numerosa, permanecerían encarceladas durante años. ¡Mis sobrinos se dispersarían en todas direcciones, ¡excepto el más joven (de dieciséis años!) que también sería encarcelado!

En cuanto a nuestras posesiones, nuestra hermosa propiedad en el Drève de Lorena, antiguo pabellón de caza de Carlos V, nuestros admirables muebles antiguos reunidos con exquisito gusto por mi esposa, mis incunables, mis espadas de Napoleón, mis primitivos flamencos, mis tapices, la galería de las glorias de la Gran Borgoña, mis diez mil mapas geográficos coloreados a mano de los siglos XVI y XVII, impecables en sus encuadernaciones auténticas, todo fue impertinentemente robado.

Nunca apareció nada. ¿Adónde desaparecieron esos tesoros artísticos? Completaron el robo multándome aleatoriamente con cien millones de francos belgas.

Finalmente, mi casa natal de Bouillon fue demolida piedra a piedra, ¡y en el lugar purificado se construyó un palacio de justicia! ¿Una historia disparatada? No, es una historia real, que los turistas pueden comprobar cada día de verano desde las orillas del Semois, que bordea la antigua propiedad de mis padres.

En el pasado, los líderes derrotados eran tratados con cortesía. Haber perdido la batalla es en sí mismo un sufrimiento muy cruel: ¡haber visto desvanecerse todos los sueños, no ser más que el vagabundo de la esperanza perdida! El vencedor de Breda (25 de mayo de 1635), inmortalizado en el admirable cuadro de Velázquez en el Prado de Madrid, extendió los brazos consternado hacia su adversario, que le entregó su espada ya inútil. La mirada del español estaba llena de afecto y compasión. Nuestros vencedores de 1945 no eran más que brutos inhumanos: encarcelaban a granel, asesinaban; cuando no podían apoderarse del hijo, mataban a la madre...

"¡Terrible! Affreux!", repetiría horrorizado nuestro querido Hergé.

"La rendición de Breda" ('Las Lanzas'), de Velázquez.

En el fondo, prefiero mil veces los grandes placeres de que disfrutaron nuestros verdugos, a todo el dolor que sufrimos en la angustia del exilio. Un gran ideal daba sentido a nuestras vidas. Al menos vivimos noblemente.

Los otros, nuestros perseguidores, ya están casi todos muertos. ¿Cuáles habrán sido sus últimos pensamientos? ¿Vergüenza? ¿Últimos estallidos de odio? Al final, lo siento por ellos. Se perdieron la vida.

La misma furia se había abatido sobre nuestros soldados en los últimos días de la guerra. Aquellos muchachos habían sacrificado cuatro o cinco de sus mejores años para ayudar a resucitar a su país. ¿Se habían equivocado en su entrega? Pero aunque se hubieran equivocado, su sacrificio había sido puro, desinteresado, su ideal había sido absoluto. Este sacrificio fue despreciado. Miles de estos jóvenes héroes fueron encerrados durante años en míseras prisiones, o enviados a extraer carbón a mil metros bajo tierra en Limbourg, donde sus pulmones quedaron envenenados para siempre. Pasaron diez años de su juventud en el frente y luego en la cárcel.

En los primeros días de su regreso, los anglonorteamericanos los habían tratado como ganado y varios de ellos habían sido asesinados. Uno de nuestros soldados, llamado Paquet, fue asesinado con una barra de hierro. Otro, Gustave X, fue encerrado en la estación de Charleroi en una perrera donde le obligaban a ladrar sin cesar. A otros les sacaron los ojos con ganchos de cinturón.

¿A quién humillaban? Nuestros jóvenes, en cambio, se sentían como miembros de la realeza al lado de los matones que los perseguían.

Sin embargo, en aquella época hubo un soldado belga, un hombre de honor, un antiguo veterano de la Croix de Feu de ambas guerras, el capitán Van Den Borg, que se atrevió a hablar y a escribir su protesta:

"Una categoría de personas a las que se llama incivilizadas o traidoras son las que fueron al frente a luchar contra el comunismo: yo digo que no son ni incivilizadas ni traidoras. Para estos jóvenes, ir a luchar contra el comunismo era un ideal, y por favor, créanme que hacía falta valor para luchar a 30 o 40 grados bajo cero. Sí, sus ideales tenían que ser muy fuertes.

Al igual que este soldado de élite, un civil belga, conocido en todo el mundo, también tuvo el valor de alzarse públicamente contra estos atropellos.

¿Quién es?

¡Hergé! ¡Hergé el universal! ¡Mi querido y viejo amigo Hergé!

En una entrevista concedida al periódico flamenco "Humo" el 11 de enero de 1973, se atrevió a decir alto y claro, machacando cada palabra: "Degrelle era un hombre respetable, fue él mismo al Frente Oriental, no sólo envió allí a unos pobres diablos. Y militarmente hablando, se comportó allí COMO UN HÉROE" ('Humo', 11 de enero de 1973).

*En su cruzada antibolchevique en el Frente Oriental,
los valones tomaron e impusieron su fe católica.*

El propio rey Leopoldo III sólo pudo escapar a la persecución de los hienas de la "Resistencia" abdicando.

La realidad de la guerra: muertos y heridos...

Un miembro de la Cámara de Diputados belga, el socialista Gailly de Charleroi, llegó a amenazar de muerte al rey Leopoldo durante un mitin multitudinario que pronunció en Huy. No debemos temer repetir, para vergüenza de la época, las llamadas al odio salvaje que este dirigente del partido de Monsieur Spaak hizo al pueblo belga: "Popol de Saxe Coburg verá rodar su coronada cabeza bajo los golpes". Acompañó su discurso con estos detalles caníbales: "Como ocurrió en 1789 y 1848, los reaccionarios serán castigados en el cadalso, y Leopoldo III y su progenie nunca olvidarán que durante una revolución popular, las cabezas coronadas dejan sus coronas en las escaleras del cadalso". Si el rey Leopoldo no hubiera cedido y abdicado, ¡los Gaillys y otros bichos raros socialistas habrían estado dispuestos a revolcar la cabeza del monarca en serrín democrático|

Así reaccionaron en 1944 y 1945 los seudoliberadores belgas, que en realidad no habían liberado nada. Fueron los estadounidenses, los británicos e incluso algunos

Léon Degrelle presenta sus respetos ante los restos del sargento John Haegemans, caído en los combates cerca del koljoz de Chériakov: "Sembrar sangre es cosechar gloria", escribió unos días antes el antiguo preboste de las juventudes rexistas.

polacos quienes "liberaron" el territorio belga.

Entre las cien mil víctimas acorraladas por los llamados salvadores nacionales el 3 de septiembre de 1944, cuya fe patriótica había ultrajado sus cuatro años de espanto, se encontraba Georges Remi, Hergé, ¡el inmortal padre de Tintín!

Desfile en Bruselas de voluntarios de la Brigada de Asalto SS Valonia: entre enero y junio de 1944, nadie se alistó para luchar por la victoria. Y, sin embargo, fueron muchos los que quisieron evitar la catástrofe final...

SÉPTIMA PARTE

LAS MAREAS DEL ODIO

Capítulo XXVIII

Hergé "prohibido dibujar"

Aunque había escapado más o menos físicamente a la ignominia más vil de la historia belga, Hergé, como hemos visto, quedó profundamente afectado moralmente por los horrores de 1944 y 1945.

La larga procesión de rostros congelados de sus amigos, masacrados en los patios de las cárceles, le perseguiría hasta que se unió a ellos, en 1983, en una muerte que, también para él, devorado por el cáncer, difícilmente sería misericordiosa.

Mientras tanto, en 1945, a Hergé ya ni siquiera se le permitía dibujar. ¡La venganza de los zopencos!

Por decreto estadounidense, confirmado posteriormente por los tribunales militares de Bruselas, se prohibió al mayor historietista belga publicar un solo dibujo a partir de septiembre de 1944, ¡y no sabíamos por cuánto tiempo!

Lo mismo digo de Paul Jamin, el maravilloso Jam, el Alidor de hoy. Igual que los escritores de todo tipo que, entre 1940 y 1944, tuvieron la desgracia de querer seguir una carrera intelectual. El 7 de septiembre de 1944, se prohibió a Hergé utilizar las flechas de su carcaj. Fue condenado a no dar a conocer ni un solo boceto.

Para un artista, no crear es casi perecer.

Lo más extraordinario era que esta orden ni siquiera había sido emitida por policías belgas: ¡había sido decretada oficialmente por el Alto Mando Militar Aliado! Entre 1944 y 1946, ¡un kepis de un vulgar paleto americano había valido más que cien obras maestras de un artista europeo!

Así, en 1944, un omnipotente Eisenhower decidió relegar al olvido las creaciones de la mente, ¡aunque intelectualmente fuera un imbécil, dedicándose únicamente a la apasionante lectura de mediocres novelas policíacas! Fue él, y fueron sus secuaces de Bruselas, quienes se arrogaron el derecho de romper los lápices de los artistas en Bélgica y de hacer añicos los portalápices.

Der Gehirntrust Roosevelts

"El objetivo de nuestra comisión cultural, señores, es salvar los valores esenciales de la civilización europea" (dibujo de Jam, publicado en el "Brüsseler Zeitung" el 25 de agosto de 1943).

En resumen, ¡una victoria de la cultura!

¡El artículo 123 bis del Parlamento belga prohíbe la publicación, venta o distribución de cualquier obra de un intelectual que haya sido castigado por los tribunales de venganza de la Resistencia-Liberación! Medio siglo después de la Segunda Guerra Mundial, ¡mis libros siguen sin poder venderse en las librerías belgas!

La intolerancia rabiosa de una "democracia" insegura que sólo puede sobrevivir poniendo una camisa de fuerza a sus oponentes.

La prohibición yanqui de todos los dibujos de Hergé era indefinida. ¿Cuándo terminaría este experimento de "intolerancia absoluta"?

¿Renacerá alguna vez Tintín?...

Pescarlo no sería tarea fácil. Hergé atravesaba, como él mismo decía, "un periodo muy delicado". Su mujer, Germaine, la novia encantada de 1930, fue su apoyo tierno y constante durante este periodo de reclusión. Pero profesionalmente, todo estaba en punto muerto.

Raymond Leblanc

¿Tolerarían las autoridades políticas que Tintín volviera a la vida|

No saldría de estos "¡Verboten!" americano-belgas hasta que, en septiembre de 1946, le ofrecieron a Hergé compartir su Tintín con "combatientes de la Resistencia".

Estos "resistentes" estaban a reventar. Buscaban el mejor acuerdo. Y el mejor trato era conseguir que se levantaran las prohibiciones sobre Hergé. Como puede imaginarse, los héroes de 1946 no eran los supervivientes del Frente Oriental. ¡Estaban masticando pan mohoso en las minas! Los únicos que tenían derechos eran los que habían "resistido". En 1946, los privilegios del Estado eran su monopolio. Su apoyo iba a resultar crucial.

¿Quiénes eran estos "resistentes" que querían ver confirmada la resurrección de Hergé, como fuente potencial de enormes beneficios?...

El primero, que iba a actuar como si toda la resistencia de Bélgica estuviera en sus botas, se llamaba Leblanc. Le apodaban le blanc-bec. Otro se llamaba Sinave. Rimaba con colinabo y remolacha. El tercero era -por supuesto- un Ugeux, de la estirpe heroica de los futuros barones o condes de Londres y otros lugares|

Juntos se embarcaron en el negocio editorial tras la "Liberación". Según Leblanc, la industria editorial estaba en pleno auge y el público, privado de lectura durante la guerra, acudía en masa

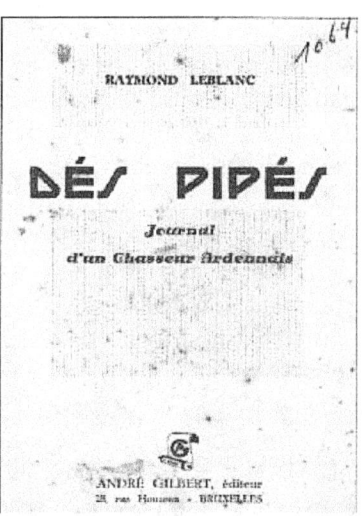

Raymond Leblanc no sólo fue editor, sino también autor, sobre todo de este libro en el que se plantea la cuestión de la responsabilidad de la derrota de los 40: "¿Y si los dados hubieran estado cargados?

a cualquier cosa. La Maison Leblanc les había servido de todo: una colección "Cœur" al servicio de los corazones lavados de rosa, completada con sueños en el cine ("Ciné-Collection").

Pero Leblanc aspiraba a una hazaña completamente distinta, capaz de recaudar millones en poco tiempo: hacerse con Hergé y su Tintín, cuyas historietas habían comprado trescientos mil belgas cada semana durante toda la guerra y que se habían visto privados de este plato prohibido desde septiembre de 1944

Después de que sus actividades de resistencia hicieran olvidar las preguntas impertinentes de "Dice pipés", no fue difícil para el antiguo teniente de los Chasseurs de las Ardenas, Raymond Leblanc, obtener una "autorización de aparición" de los nuevos amos de la edición...

A primera vista, el proyecto era inviable: por decreto, Hergé tenía "prohibido dibujar". En segundo lugar, era "incivil", lo que significa, en la jerga belga, que no se le podía permitir ejercer ninguna actividad económica, ¡ni siquiera obtener el derecho básico a trabajar! O tener una tarjeta "cívica", ¡o morirse de hambre! Tales eran los cánones de los magnánimos Libertadores.

¿Evitar estas prohibiciones? Por supuesto, en Bélgica floreció rápidamente un comercio, a menudo muy desagradable, de "blanqueo" de las cien mil víctimas de la sarna de septiembre de 1944. ¡Por algo será en el país de los "smokkeleirs"! Pero, ¿cómo limpiar a nuestro Hergé con jabón de Marsella?... Aunque le readmitieran en el circuito, si quería reimprimir sus Tintins necesitaría un "cupón de papel". Pero no era cuestión de dar cien gramos de papel de periódico a un no resistente. A menos que contara con el apoyo de algunas de las mejores personas del negocio...

¿Las hazañas bélicas de los futuros directivos? A decir verdad, en los círculos de la Resistencia no éramos muy exigentes al respecto. A menudo, flotábamos en medio de una nebulosa. En un país donde, en cuatro años, el ejército belga-londinense de la Brigada Piron sólo había sufrido un muerto por cada cien mil belgas, ¡no se podían pedir demasiados quilates en estaño!

Todo el mundo sabía desde hacía tiempo que por cada diez resistentes pomposamente glorificados y ataviados con relucientes condecoraciones, había al menos nueve resistentes falsificados. Ya no era cosa de risa.

Nuestros tres lascars, especialistas en literatura para chicas jóvenes, eran -como decían, con el corazón agitado por la emoción- "héroes de los años oscuros". Desde su regreso a la vida civil en septiembre de 1944 (¿habían salido alguna vez?), utilizaban llaves en lugar de ametralladoras para abrir puertas. En particular, las puertas de las tiendas de papel....

Leblanc, uno de los ''protagonistas'' del plan de resurrección de Hergé declararía sin rodeos, y no sin jactancia: ''Mis socios y yo, antiguo miembro de la Resistencia, teníamos en el bolsillo una autorización muy oficial para aparecer y disponíamos de una atribución en papel. Esto no sólo hacía viable el proyecto, sino que también proporcionaba a Hergé una especie de exención fiscal.

El mismo Leblanc, en agosto de 1991, seguía insistiendo con fuerza: "Hergé no habría podido participar, de ninguna manera, en ninguna actividad periodística o editorial si no hubiera obtenido el famoso certificado de civismo". ¡Estaba limpio! ¡Como un camembert en una comisaría pre-Mercado Común!

¿Presumiendo? De ninguna manera. Los tres mosqueteros de la Resistencia no habían dudado ni un instante de que esta autorización se concedería tan rápidamente como un billete de autobús: "¡Nuestra actividad como resistentes será garantía suficiente para conseguir a Georges Remi un certificado de buena ciudadanía que lo borrará todo!

El ingenuo Hergé nunca hubiera creído que fuera posible "borrarlo todo" tan fácil y tan rápidamente. Y, sin embargo, la esponja quedó limpia en cinco segundos. El asombrado escritor Ajame lo cuenta en tres líneas en su Hergé: "Las habilidades interpersonales de Leblanc eran tales que en mayo de 1946 el fiscal del Rey, Raymond Charles, hizo pública la "rehabilitación" de Georges Remi, conocido como Hergé. El purgatorio no duró ni dos años.

El 26 de septiembre de 1946 se abriría de nuevo la mina de oro sin cultivar, y ese mismo año saldría a la venta un semanario "Tintín". El filón no tardaría en revelar a los "asociados" nuevas pepitas de oro, munificentes, que, con el tiempo, repartidas entre múltiples empresas, representarían incontables millones.

Sin duda, Tintín recibiría su parte de los tesoros, pero psicológicamente nunca volvería a ser el mismo Tintín.

Para Hergé, el "purgatorio" no duró ni dos años. De hecho, duraría hasta su muerte, porque los blanqueadores de la empresa Leblanc et Consorts le llevarían una vida opresiva. Mucho antes de sucumbir a un cáncer de sangre en 1983, las relaciones entre él y los "resistentes" que se habían instalado allí se habían agriado tanto que Hergé sólo enviaba sus dibujos a la revista Tintín por correo...

Capítulo XXIX

El sindicato Hergé

Durante un tiempo, Hergé creyó que su prestigio, y el inmenso éxito del pequeño héroe nacido de su lápiz, le asegurarían una autoridad indiscutible en el impresionante edificio de Tintín.

Poco a poco, se vería reducido a crear sus propias tiras cómicas.

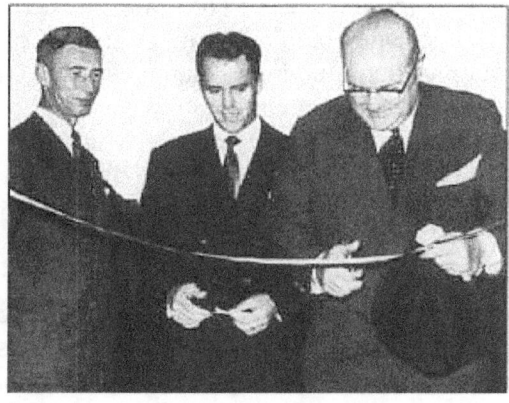

En efecto, Éditions du Lombard resultó ser el "jugoso negocio" que Leblanc había previsto: pronto se levantó cerca de la Gare du Midi de Bruselas un nuevo edificio (que aquí se muestra como maqueta) dominado por la efigie de Tintín y Milú.
Ilustrando el nuevo "certificado de ciudadanía" de Hergé, fue inaugurado por... ¡Paul-Henri Spaak!

E incluso ahí, las colaboraciones, cada vez más invasivas y diversas, intentaban hurtar. Algunas eran leales, como la de Jacques Van Melkebeke, del que se decía que era un antiguo rexista. Otras eran más exigentes, como la del talentoso dibujante Edgar P. Jacobs, que pretendió, durante un tiempo, compartir con Hergé la propiedad de un álbum que había diseñado. Sobre todo, estaban los subcontratistas a los que Hergé encomendaba la fastidiosa tarea de "reescribir" obras en las que los censores, a menudo imperativos, habían olfateado vagos olores de "racismo" o "antisemitismo".

Por fin, Hergé ya no era un hombre, ¡era una unión!

En el "Atelier Hergé", pomposo nombre con el que empezó en 1933, Hergé estaba solo. Luego pasó a trabajar para los "Studios Hergé" y otras empresas relacionadas, sobre todo "Hergé Publicité", donde se chupó muchos dedos. Se publicaron decenas de miles de cupones y sellos publicitarios. Se imprimieron tarjetas de Año Nuevo al estilo de Tintín, junto con una selección de artículos de papelería de varios precios, y se lanzaron figuritas de Tintín, chapas de Tintín, colchones de Tintín, baberos de Tintín, camisas de Tintín, cojines de Tintín ¡e incluso tirantes de Tintín!

El periódico "Tintín", que fue el primero en publicar las tiras cómicas de Hergé, alcanzó tiradas astronómicas (300.000 ejemplares). También los álbumes de Casterman. No sólo íbamos a la Luna, sino que sacábamos cientos de millones de su corteza. Los "héroes de los años oscuros" se habían instalado como príncipes en un edificio en cuya cúspide retozaba un enorme Tintín luminoso, flanqueado por Milú que brillaba en el cielo como un meteoro peludo.

Habían llegado a creer que Tintín ya no era Hergé, sino su conglomerado de industriosos editores. Hergé nunca se dejó engañar. Él mismo declaraba sin jactarse: "Tintín (y todos los demás) soy yo, igual que Flaubert decía: "¡Madame Bovary soy yo! ¡Son mis ojos, mis pulmones, mis entrañas! Creo que soy el único que puede darle vida en el sentido de dotarla de alma. Es una obra personal, como la de un pintor o un novelista. No es una industria" (Numa Sadoul, "Tintin et moi. Entretiens avec Hergé").

Nunca antes el genio de Hergé había sido tan deslumbrante. Nadie en el mundo podía igualar la riqueza de su imaginación y la perfección de sus creaciones.

Para los cientos de millones de lectores que lo disfrutaron, en cuarenta y cinco idiomas, eso fue lo principal. Pero para Hergé, el paraíso prometido era, al estilo de Milton, el paraíso perdido. Un resorte se había roto en su conciencia. En 1944 y 1945, había visto de cerca a los hombres, hombres malvados, hombres perversos, hombres de "intolerancia absoluta", hombres que habían dado a sus víctimas doscientos mil años de condena, hombres que habían matado o, más exactamente, asesinado a sus compañeros más queridos. Había visto a quienes se abalanzaban con avidez sobre sus restos.

Nunca engañado por su éxito, a Hergé le gustaba considerarse prisionero de sus personajes (pero no de sus colaboradores).

Su mundo imaginario seguiría siendo puro, siempre seguiría siendo puro, pero escandalizado por los odiadores que merodean y persiguen, por los lobos con colmillos de sangre que asustan y degüellan...

Quick y Flupke, con sus bufandas al cuello, ya no estarían solos, como antes de 1939, vigilando con ojo pícaro en busca de una travesura inesperada que gastar. Todo el mundo encantador y familiar de las aventuras de Tintín -los maharajás, los tibetanos, el profesor Tournesol, los Duponts y Duponds, los Castafiore, Séraphin Lampion, el capitán Haddock, la tribu de los Moulinsart, los desconcertados policías con sus sombreros gemelos de melón, los estafadores del tesoro- tendría que pasar en adelante por los pomposos estudios de los especialistas. Los coloristas aplicados embellecerían sus rayas y añadirían colores brillantes a sus botones.

¡Incluso podrás construir un cohete con brújula en los talleres de Tintinesque! Destino: ¡la Luna! ¡Más de diez años antes del primer paso en la Luna, Hergé había previsto y descrito la fabulosa expedición! En 1991, en Welkenraedt, ante cien mil espectadores, el cohete de Tintín subiría efectivamente al cielo, a 420 kilómetros por hora, sin atropellar a nadie ni matar a nadie...

Por encima de todo, se le diría a Hergé qué temas debía omitir o cambiar por completo. Así, los terroristas judíos (el grupo Stern) del Oro Negro, que habían perpetrado un gran número de atentados antibritánicos en la Palestina anterior a 1947, serían "desetnificados". Para no ofender la modestia de los semitas británicos, ¡se transformarían audazmente en árabes de colores!

Hergé también tuvo que reescribir el texto de la súplica de un emir: "Gran y querido amigo, te confío a mi hijo Abdallah por su perfeccionamiento de la lengua francesa".

Obviamente, cualquier árabe con el que hablara Tintín sólo podía hablar el más puro francés académico. De lo contrario, Hergé estaba seguro de que le hablarían una vez más de "racismo".

Una vez más, Hergé tuvo que cumplir.

¿Se le acusó de alguna imprudencia "colaboracionista"? ¿Había ido Tintín, al que se le prohibió dibujar, a tocar la trompeta en el Congreso de Nuremberg? ¿Había ido a Italia a admirar las pequeñas dagas de Ballilas? Sinceramente, habría estado en su derecho, como todo el mundo. Churchill sí fue a Roma a hacer picadillo a Mussolini. Lloyd George había tomado ceremoniosamente el té en Berlín con Hitler, Léon Blum había recibido al doctor Hjalmar Schacht en París. Y el primer ministro belga Van Zeeland había sido invitado a Bruselas por el enviado del Führer, el Sr. de Ribbentrop, ¡que más tarde fue ahorcado en Nuremberg! Antes de 1940, Hergé nunca había puesto un pie fuera de las oficinas de "Le Vingtième Siècle". Ni uno solo de sus dibujos había insinuado una reyerta política al estilo de Hitler. Su Tíbet no estaba en Renania.

Es cierto que Hergé y yo éramos amigos fraternales desde hacía mucho tiempo. Desde México, todo el mundo debe admitirlo hoy, yo le había dado la idea de sus historietas, de sus famosos cómics. Él había vestido al joven Tintín con mis pantalones de golf y le había puesto mi pompadour en la cabeza. Se había convertido para siempre, en parte gracias a mí, en el héroe de la juventud. Es cierto. A Hergé también le gustaba pensar en mí como una especie de Don Quijote, que salpicaba sus aventuras políticas con toda una serie de nuevos giros. Para él, Segers, Philips, Spaak y Pierlot eran como mi Allan y mi Rastapopoulos. Pero mi Snowy le dio en los nudillos al mundo de los políticos corruptos.

Hergé era muy moderado. A veces se asustaba al verme blandir mis escobas de hierro como si fueran garrotes. Pero desde que éramos jóvenes, a su manera, como a la mía, nos impulsaba la misma necesidad de servir.

Uno de sus biógrafos, Benoît Peeters, hizo la siguiente observación poco entusiasta: "El ambiente rexista y el código de honor masculino de Hergé se combinaban en una concepción de la existencia que se calificó de derechista.

¿Lo has leído? ¡Era "rexisant"! ¿Cuál fue el crimen? ¡En los viejos tiempos, al menos un millón de belgas lo eran!

Para hacer pagar a Hergé este crimen abominable, su obra fue americanizada bajo el paraguas de la "Resistencia", pero no antes de que Tintín hubiera sido secuestrado durante dos años, se le hubiera prohibido dibujar, Milú hubiera sido amordazado como si tuviera la rabia y su hermoso hueso blanco hubiera sido consignado al depósito de bienes robados.

Capítulo XXX

"Bien dicho, Missié"

¿Era Hergé, como se ha afirmado, un "racista"?

Ahora, después de cincuenta años de delirante lavado de cerebro, un racista es, a los ojos del público en general, ¡un mestizo aullador que hunde sus colmillos en los temblorosos muslos de las personas de color!

Para Hergé, para mí, para todos nosotros los europeos, ¿qué era el racismo sino el deseo, la voluntad que teníamos de hacer fuerte, física y moralmente, a nuestra raza

Oficiales musulmanes de la División "Kama" de las SS.

Hergé y yo nacimos en el escultismo, un escultismo que desarrollaba armoniosamente la fuerza física, la disciplinaba, estimulaba la energía y forjaba el carácter.

Sí, queríamos una raza fuerte en Bélgica, Francia, Alemania y todo nuestro viejo continente, familias florecientes, una vida moral que guiara la vida de la gente. Nuestro racismo era la salud. La salud de nuestro pueblo. No el rechazo fanático de los pueblos no europeos. Al contrario, ¡queríamos que otros pueblos lograran una revolución racial similar a la nuestra!

Lo comprobaríamos sobre todo durante la guerra en el Frente Oriental, cuando recibimos como camaradas a sesenta mil jóvenes musulmanes, que formarían tres nuevas divisiones de las Waffen SS.

¿Eso es racismo?

20.000 musulmanes bosnios se alistaron en las Waffen SS (División "Handschar")
para participar en la yihad contra el sionismo.

Nos pareció perfecto que el Gran Muftí de Jerusalén -pasé tres días de gran amistad con él en Salzburgo- se dispusiera a lograr, después de la guerra, la unidad de los pueblos árabes, en salud, variedad y riqueza, como en tiempos de Saladino.

Lo mismo ocurre con los japoneses, que, por muy asiáticos que fueran, estaban vinculados al Eje Roma-Berlín-Tokio.

Ese era nuestro racismo, un racismo sano, abierto, un racismo sin odio. En absoluto un racismo que persiguiera a otros racismos. Sino que, al contrario, los estimulaba con su ejemplo, dándoles ganas de hacer lo mismo en su propio espacio vital.

Este racismo era el de miles de jóvenes europeos, conscientes de la unidad secular de sus pueblos y de la necesidad de preservar la pureza de su sangre. No provocaba a nadie. Ni siquiera hizo ladrar a Milú.

Los chistes sobre los atributos nasales del Sr. Blumenstein o las perplejidades bursátiles de Isaac y Salomon en "L'Etoile Mystérieuse" no eran más ofensivos que las clásicas y siempre divertidas colecciones

Haj Amin El-Husseini, Gran Muftí de Jerusalén, es recibido en la Cancillería del Reich por Adolf Hitler.

de viejos chistes judíos, belgas o marselleses. En lugar de ahogarse de indignación por ser caricaturizados amablemente, los judíos deberían haber sido los primeros en sonreír ante los dibujos de Hergé. Sin arrancarse los cabellos.

Esta caza de racismo o antisemitismo imaginarios por parte de Hergé y del resto de nosotros alcanzaría dimensiones que, a la postre, resultarían delirantes. Las mismas acusaciones y sospechas se repetirían a lo largo de medio siglo, bajo las firmas más diversas.

Los analfabetos siempre los mantienen.

El Gran Muftí de Jerusalén pasa revista a un destacamento de la División "Kama" de las SS.

En agosto de 1991, con motivo de la gigantesca exposición dedicada a Hergé en Bélgica, un noble llamado Comte de Beauffort, o Geoffroy para abreviar, escribió estas líneas patrióticas y casi cómicas: "No he olvidado la indignación de mi abuelo cuando apareció en un periódico (no recuerdo cuál) una historieta de Hergé en la que, creo recordar, Tintín, con Milú en el regazo, volvía a Bruselas en el sidecar de una moto conducida por un soldado boche. " La mentira no podía ser más completa ni más retorcida: es evidente que Tintín nunca regresó a Bruselas en un sidecar conducido por un alemán. En el dibujo de "Soir Jeunesse" que anuncia su regreso el 7 de octubre de 1941, Tintín no va en moto, y mucho menos en una moto "Kraut"; avanza valientemente, a pie como un buen scout, con los brazos cantando la marcha, la mochila colgada al

Algunos pretenden recordar que Tintín y Milú regresaron en un "sidecar alemán" para reanudar sus aventuras en "Le Soir": esta portada demuestra la imbécil maldad de esta pretensión. Al contrario, es otro guiño de Hergé a Léon Degrelle: de vuelta de la región de Toulouse donde estuvo encerrado en los campos de concentración franceses desde el comienzo de la guerra, el jefe de REX podía, como Tintín, reanudar sus "aventuras"...

hombro, justo delante de un mojón que indica Toulouse por un lado y Bruselas por el otro. En cuanto a Milú, agotado por tan larga caminata, trotaba penosamente detrás de su jefe, con las patas cansadas, la lengua fuera y la cola desmayada. Y eso fue todo lo que Beauffort y su estirado abuelo habían visto.

El "Boche" y su moto no eran más que un mojón. Afortunadamente, se ha conservado el dibujo real, el único tal como apareció en "Le Soir". Todo el mundo pudo verlo en la exposición "Tout Hergé" en Welkenraedt. Pero no se pudo hacer nada. ¡La imaginación retrospectiva del detective Beauffort verá, hasta el fin del mundo, al maldito "chleuh" llevándose a Hergé en su cesta!

El trabajo de Hergé como "kollaborateur" en "Le Soir" implicaba la entrega de una "tira" diaria de tres o cuatro dibujos, a veces simples empalmes, como éste del 5 de julio de 1944 que ofrece un resumen de los episodios anteriores ("7 Boules de Cristal") tras una interrupción por enfermedad (prueba de que se trataba efectivamente de un trabajo "diario").

Beauffort ni siquiera sabe en qué periódico pudo haber visto ese fantasmal sidecar ("¡No recuerdo en cuál!"), pero se muestra inflexible. Lo vio. Con sus propios ojos. Pero no lo vio.

¡Da igual! Aquí se está fraguando una mentira, fomentando el odio y retorciendo el cerebro de miles de retrasados mentales.

No sería suficiente. El hombre era tenaz. Lo volvería a hacer: "Creo recordar, aunque no estoy seguro, que Tintín instó a nuestros compatriotas a colaborar con nuestros invasores.

Una vez más, es una calumnia total, envuelta en reservas hipócritas. Por supuesto, no se acuerda, porque tales exhortaciones nunca fueron pronunciadas, ni por Tintín, ni por Hergé, ¡en ningún momento! ¡Ni una sílaba, ni un punto y coma!

Para colmo, después de estas impresionantes evocaciones de un dibujo que nunca existió y de unas observaciones que nunca se hicieron, Beauffort, ni guapo ni fuerte, se toma la libertad de expresar su indignación, en tono irritado, por el hecho de que este dibujo, producto únicamente de su imaginación, no se mostrara en la exposición de Welkenraedt: "No he encontrado ningún rastro de esta obra del padre de Tintín. No creo que merezca la pena comentar las razones de este silencio, ¡pero permítanme sacar las conclusiones necesarias!

¡Se nota la arrogancia casi divertida de este hobgoblin con la lanza agrietada! Se equivoca de cabo a rabo pero, con la nariz desafiando a los molinos de viento, se declara indignado por no encontrar "ningún rastro de esta obra", ¡totalmente inexistente! ¡Hasta que no le lleven a las bóvedas de sus progenitores, repetirá imperturbable su letanía!

Hemos visto cientos de Beauffort, tan estúpidos, tan testarudos, como cucarachas, jalonando con su estupidez la historia de Hergé desde 1944 hasta nuestros días.

¿Qué hacía realmente Hergé en "Le Soir"?

Dibujaba. Era lo único que hacía. Él mismo lo explicaba con sencillez: "Trabajaba, y punto, como un minero, un conductor de tranvía o un panadero.

Durante cuatro años, no había escrito ni una sola línea en el periódico sobre el curso de las hostilidades.

En realidad, durante los cuatro años de guerra, Hergé, gracias a sus extraordinarias tiras cómicas, llenas de frescura y repletas de imprevistos, había servido muy bien a su país, alegrándolo cien veces con sus dibujos hilarantes y enternecedores, sin tratar de causar problemas a nadie. Era tan evidente que, tras haber sido encarcelado por semejante estupidez el 4 de septiembre de 1944, ¡fue puesto en libertad al día siguiente!

El mismo mes en que el Conde de las Desgracias se quemaba la nariz esnifando el fuego de la moto boche, el alcalde de una pequeña ciudad llamada Sombreffe, un tal Léon Keimeul, con la misma petulancia y ceguera, escribía en "Le Soir" del 5 de agosto de 1991: "Me sorprende la publicidad que se da a Hergé y a Tintín. Si no me falla la memoria, Hergé fue condenado después de la guerra por colaborar con el enemigo. Así son los tiempos. Hay que olvidarlo. ¿Cuándo empezaremos a vender en la RTBF casetes con los discursos de Degrelle?

Siempre es la misma historia de siempre, que desconcierta a los ingenuos: "¡Si mi memoria no me falla! ¡Pero si no tienen buena memoria! Durante cincuenta años se les ha alimentado con tonterías tan prodigiosas que su memoria se ha enturbiado. Los periódicos los embrutecen, son presa de los grupos de presión, la televisión les devuelve cada día las mismas tonterías: ¡racismo! ¡antisemitismo! fascismo ¡Traición! ¡Reclaman! Parecen indignados. Se dicen a sí mismos que si se amontonan, ¡funcionará!

¿Y ahora qué?

Después, sí, las calumnias aguantan veinte años, treinta años. Después, la Historia las barre como coles podridas y las arroja al cubo de la basura.

Capítulo XXXI

¿De derechas? ¿De izquierdas?

Ninguno de nosotros había pedido nunca a Hergé que se colgara una Croix de Bourgogne en el ojal, ni que atara una escobita rexista al cuello de Milú

Demostró genialidad al inventar sus cómics: ¡eso es lo que nos interesaba por encima de todo! Hergé siempre se había comportado como un amigo libre. ¿Qué derecho teníamos a impedírselo? Un artista, aunque su arte sea el eje esencial de sus preocupaciones, ¿no podía tener, por casualidad, como todo el mundo, sus pequeñas ideas sobre cómo hacer girar el planeta?...

Comparadas con sus obras, o sus obras maestras, que desearían crear para la eternidad, las posiciones políticas que adoptan todos los artistas no son más que incidentes en sus vidas. Por encima de todo, para ellos, ¡lo que cuenta es la transfiguración de la Belleza! Goya, el gran Goya, el genio de la pintura más poderoso de los dos últimos siglos, había sido, políticamente, un "afrancesado", es decir, en España, un partidario del ocupante. Había colaborado con los franceses. Sin embargo, los franceses, bajo Napoleón, no habían sido amables con las poblaciones civiles cuando dominaron Europa. Los ocupantes galos de la época tenían unas cuantas docenas de Oradour-sur-Glane en su lista negra, ¡y eran muy particulares!

También mataron a muchos prisioneros. Esta era una vieja costumbre de Bonaparte, que hizo fusilar en Saint-Jean d'Acre en tres días a tres mil árabes que se habían rendido, después de que el futuro mariscal Berthier firmara un acuerdo de rendición.

Las berlinas que transportaban a España a los notables franceses y a sus acompañantes femeninas tropezaban a menudo con los pies descalzos de los "resistentes" españoles que se agarraban a las ramas de las acacias a lo largo de las viejas carreteras llenas de baches de Castilla.

Sin embargo, Goya sí había recibido el trato del usurpador José 1 , encaramado por su hermano Napoleón en el antiguo trono de los Borbones hispanos.

Después de 1812, cuando la aventura empezó a torcerse, el pintor, como tantos otros, se apresuró a hacerse el "resistente", embadurnando a última hora algunas escenas de bravura antifrancesa para limpiar su nombre (como el "Dos de Mayo" y los "Fusillamentos").

¿Quién recuerda aún estos incidentes colaboracionistas? ¿Fueron las obras maestras de Goya explosiones de genio? Esa es la única pregunta.

El "Dos de Mayo" de Goya, o cómo redimir tu civismo...

La única pregunta que los peces gordos de 1944 deberían haberse hecho, en tono menor, sobre Hergé, a quien de todos modos los más cascarrabias sólo habrían podido acusar de insignificancia.

Lo que le ocurrió a Goya en el siglo XIX le ha ocurrido a Picasso en el siglo XX.

A petición de Aragon, que quería honrar al dictador soviético recientemente fallecido en la portada de sus "Lettres françaises" (12 de marzo de 1953), Picasso dibujó este retrato de Stalin a partir de una foto de juventud. Su falta de "realismo socialista" no agradó a la dirección del Partido Comunista Francés, que publicó una declaración de desaprobación. Picasso nunca expresó su arrepentimiento por este dibujo: "Llevé flores al funeral. No me gustó mi ramo. Siempre es así en las familias...".

Picasso había sido comunista. Incluso había pintado un retrato de Stalin, el Stalin que había matado a millones de personas. Un mal retrato, de hecho, con dos bigotes que parecían dos patas de gato muerto. Unos años después de la muerte de Picasso, ¿qué importaba que hubiera seguido políticamente a un monstruo que ahora es vilipendiado y cuyas estatuas gigantes han sido derribadas en todas partes? Que Picasso se entretuviera un instante en el pelaje desgreñado de Stalin se olvida. El genio permanece y lo llena todo.

El tiempo borra lo efímero.

Lo mismo puede decirse hoy del compositor franco-ruso-judío Gainsbourg, fallecido en París en marzo de 1991. A lo largo de su vida, había fumado más de dos millones de cigarrillos, y por su gaznate había corrido un Niágara de whisky. Este alcohólico se tragó la botella, el contenido y la etiqueta al mismo tiempo. Cometió escándalos espantosos como un provocador, siempre al acecho. Incluso caricaturizó "La Marsellesa". No había exceso ni forma de cinismo a la que no se entregara.

Nada más morir, ¡su talento fue elogiado elocuentemente por el Presidente de la República Francesa! Desde el primer minuto, los excesos fueron tachados. Sólo quedó el talento.

Entonces, ¿nuestro Hergé?... ¿El Hergé que fue enviado a prisión el 3 de septiembre de 1944? ¿El Hergé que, durante dos años, tuvo que relimitar narices judías y esperar a que los "combatientes de la resistencia" le hicieran el honor de venir a rescatarlo?

¡Pero Goya hizo diez mil veces más! ¡Y también el Picasso de Stalin! ¡Por no hablar de Gainsbourg, nacido Ginzburg, y su profanada "La Marsellesa"!

¿Existen, por casualidad, artistas "rexistas", automáticamente condenados a la Gehenna?... ¿Y artistas de izquierdas, que pueden salirse con la suya y son limpiados inmediatamente con detergente?

Hergé, sometido durante dos años a este despotismo analfabeto, sería acusado de xenofobia, de estulticia histérica... Prohibido de dibujar durante más de setecientos días, tuvo que languidecer, escudriñando sus viejos álbumes para eliminar cualquier rastro de humor comprometedor que impidiera su reedición. Incluso el término "Missié", utilizado a veces en sus álbumes, fue tachado de "racista". ¡Hergé tuvo que pasar estos dibujos por una goma de borrar purificadora!

Pourquoi Pas?

Le Caudillo et le "Chef"
vont-ils finir de rire ?

Pourquoi Pas" del 7 de septiembre de 1945 dice de buena fuente que "Degrelle (será) pronto entregado por Franco a los angloamericanos, que nos lo entregarán inmediatamente (...) así que Franco siente que la marea está cambiando, que los 'grandes' se impacientan, que ha llegado el momento de soltar lastre. Y el lastre que decide soltar en primer lugar es el propio Degrelle, sin más.

¡En la nueva versión de "Coke en Stock", el "Toi bien parler, Missié" se convertiría en "Oui, cap'taine, bien compris! ¡El "Nous, pas esclaves, Missié" debería cambiarse por "Non, M'sieur, pas esclaves! También habría que suprimir la exclamación "antracita" gritada a un negro por el pintoresco capitán Haddock.

Y así, como los censores y los editores -los británicos en particular- se tomaron sus caprichos, hubo que adaptar ciertos dibujos sacrílegos. er¡Es como si Goya hubiera tenido que transformar el retrato francés de José I en un pastor de vacas, o como si Picasso, tras el descrédito de Stalin, hubiera tenido que convertir el boceto que había dibujado del georgiano en una Mona Lisa sin bigote!

Hergé, de buena o mala gana, tuvo que plegarse a estas exigencias demenciales si quería sobrevivir. Del mismo modo que hubo que rehacer "L'Ile Noire", también se revisaron las pruebas finales de "Les Sept Boules de Cristal".

¡Y así renació Tintín! Con muletas, sin duda. Pero las muletas poco importan al genio. Pronto, a pesar de todo, los álbumes de Hergé recorrerían el mundo.

"Hergé, el Molière del cómic", ¡como admitiría más tarde 'Le Figaro-Magazine'! Una afirmación que, por cierto, me parece excesiva. Para mí, a pesar de todo mi afecto por Hergé, el "cómic" sigue siendo un medio relativamente modesto de expresar artísticamente una emoción, un movimiento, una historia. Prefiero el esplendor armonioso, desenfadado, casi mágico de un Molière a las tiras desordenadas que representan personajes y acontecimientos en apresuradas superposiciones.

El cómic conserva un carácter infantil que, a lo largo de los años, por su desenfado, su ritmo atosigante, sus contingencias constantemente renovadas, ha mordido millones de cerebros que podrían haber llegado más lejos, más alto, en su desarrollo intelectual.

Como gusta mucho al gran público, ha sido copiada y caricaturizada (ésa es la verdadera palabra) por miles de imitadores mediocres, torpes y a veces incluso vulgares.

Pero finalmente -y éste es su gran mérito- el padre de Tintín aportó un nuevo ritmo de expresión a un mundo caótico y desorientado. En este terreno, fue un gran creador, aunque esta nueva herramienta nunca valdrá la pluma de un Ronsard, un Racine, un Baudelaire, un Molière, o un suntuoso Chateaubriand, envolviendo su época en un manto dorado.

Molière, no lo olvidemos, también tuvo sus contratiempos en el pasado. Como era comediante, es decir, miembro de una profesión bastante infame, fuera de la respetabilidad mundana de su siglo, fue enterrado a escondidas, a lo largo de una carretera, de noche, ¡como un perro! Pero su última morada fue la inmortalidad. Lo mismo le ocurriría a Hergé.

Un mandat d'amener est lancé par les autorités espagnoles contre Léon Degrelle

Mais l'ancien chef de Rex n'était pas à son domicile ...

Pero, de repente, uno piensa en el pasado. El mismo verano en que el Tintín prohibido por el lápiz limpiaba su nombre lo mejor que podía, casi al mismo tiempo -el 21 de agosto de 1946- su amigo de España había tenido que enfrentarse de nuevo a la jauría aullante de sus perseguidores. Ese amigo era yo. Ya se lo pueden imaginar.

Aquel día, el Gobierno español, asediado por veinte solicitudes de extradición cada vez más amenazadoras, había cedido por fin a una orden de expulsión de mis viejos huesos, calados hasta los huesos, quince meses antes, en San Sebastián, de los restos de mi avión destrozado. Según el decreto, el paria que yo era disponía de ocho días para desaparecer más allá de las fronteras.

Habían pasado ocho días. ¿Qué había pasado? ¿Habían atrapado al amigo de Hergé?...

CAPÍTULO XXXII

EL PÁJARO HA VOLADO

Ha llegado el momento, creo, de registrar aquí algunas confidencias, porque la aventura que sigue va a ser muy tintinesca.

En enero de 1939, fui invitado personal de Franco, en un momento en el que dirigía -desde 1936- un levantamiento nacional contra una izquierda predominantemente comunista

Para asombro de todos, reaparecí en España el 8 de mayo de 1945, cayendo del cielo en San Sebastián y, bastante involuntariamente, dándome el primer chapuzón en el mar de la temporada a la luz del amanecer.

Esta vez, como puedes imaginar, Franco no me dio la bienvenida a la orilla. Para él, yo no había caído en el mar, sino en su sopa. A esas horas, estaba amenazado por una invasión aliada que podía caer sobre él en cualquier momento.

De visita en España en 1939, Léon Degrelle se entrevistó con el general Franco y escribió numerosos y sustanciosos artículos políticos para periodistas españoles (aquí "Arriba España", 18 de

Pocos días antes, Pierre Laval, Primer Ministro francés, había aterrizado en Barcelona, con De Gaulle pisándole los talones. De Gaulle llamaba a gritos a su rival, agitando furiosamente sus largos brazos como dos semáforos.

El Caudillo había cometido el crimen de haber vencido a Stalin en los campos de batalla españoles en 1939. Desde 1941, Stalin se había

Laval en conversación con Hitler en el Cuartel General de Prusia Oriental en diciembre de 1942 (dorso: von Ribbenrop)

convertido en el aliado más querido de los norteamericanos. En el Tratado de Potsdam iban a regalarle toda Europa del Este. En otras palabras, a los ojos de los Aliados, Franco era la bête noire, el reproche viviente, ¡el maldito!

Laval y yo, que llegamos con prisas, ¡sólo pudimos complicar su caso hasta un grado espantoso!

Laval, sin embargo, era un caso especial.

Al final de la ocupación alemana de Francia, el 22 de julio de 1944, almorcé con Pierre Laval en casa de Otto Abetz, embajador del Reich en París. El tercer invitado era M. de Lequerica, embajador de Franco ante el mariscal Pétain en Vichy.

En la mesa de la cena, oí al diplomático español decir cariñosamente a Laval: "Señor Presidente del Gobierno, si un día sufre usted un revés" (¡ya tamborileaban como granizos en la ventana!), "¡dígase a sí mismo que España será siempre para usted una segunda patria!

Laval no carecía, a los ojos de los españoles, de méritos particulares. Presidente de la Comisión de Asuntos Exteriores del Senado francés, fue él quien había persuadido a Francia para que reconociera diplomáticamente el régimen de Franco, ante el cual el gobierno de la República había enviado, a sugerencia suya, al más glorioso de sus militares, el viejo mariscal Pétain, como nuevo embajador.

En julio de 1944, Laval había creído las promesas, iba a decir la invitación, del embajador Lequerica, convertido desde entonces en ministro de Asuntos Exteriores de su país. Laval había venido a Barcelona con su esposa a finales de abril de 1945, una vez que Mussolini había sido colgado por los pies de un surtidor de gasolina en Milán.

Pagó cara su ingenuidad cuando oyó al ministro Lequerica declarar, muy a gusto, a la prensa extranjera: "¡Monsieur Laval es hoy un hombre que busca la rama de un árbol para ahorcarse! ¡Aquello estaba muy lejos del almuerzo en casa de Abetz! Lequerica ordenó la expulsión de su

Pierre Laval sólo tuvo derecho a una parodia de juicio, en el que pronto se negaría a participar: su proceso y su ejecución fueron verdaderos asesinatos...

confiado amigo. Laval, metido en un avión pintado de negro, fue entregado, a través de los americanos, a un triunfante De Gaulle.

Tras un breve juicio de farsa e insulto, el vencedor hizo fusilar al vencido, casi paralizado, inclinado sobre una silla, poco después de que éste hubiera intentado, como estoico, envenenarse, un nuevo Sócrates.

En un libro publicado por Fayard, el conocido abogado parisino Me Naud relataba cómo el fiscal Mornet hizo fusilar a Laval, que ya estaba casi muerto, a pesar de todo:

> "Maitre, su cliente no está legalmente muerto, su corazón ha empezado a latir de nuevo. Así que tengo que ejecutar la sentencia de muerte.
> No voy a contestar.
> Podríamos atar a Laval a una camilla y apoyarlo contra el poste 'así' (Hace un gesto con la mano para mostrar la realidad de su propuesta en el espacio).
> Una buena hermana sujeta las piernas de Laval, una tras otra, y tira de sus pantalones, luego de sus calcetines. El prefecto de policía está allí, observando la escena.
> - Ah", dijo la hermana, "si el buen Dios nos ve en este momento, no debe estar orgulloso de nosotras. (...)
> Laval cayó sobre su costado derecho, habiendo cedido primero su pierna paralizada, con la mejilla en el suelo y el brazo derecho doblado bajo el cuerpo, como caen los personajes asesinados en las películas. Un sargento se acercó corriendo, armado con una

pistola de alto calibre, y le dio un espantoso golpe de gracia en la frente que le desfiguró".

Lequerica había imaginado hacer un doblete entregándome a los aliados en el mismo convoy macabro

¡La ambulancia enviada al hospital de San Sebastián para transportar mi destrozado cadáver hasta el avión de Laval a Barcelona tuvo que salir -como

Laval acaba de ser fusilado ante los magistrados y el personal de Fresnes: su cuerpo resbala del poste mientras un sargento se prepara para darle el tiro de gracia.

expliqué- con las manos vacías, sin su segunda carga: "- ¡Totalmente intransportable! declararon los médicos!

Pero en Bruselas, París y Nueva York, los demás insistieron furiosamente, repitiendo cien veces sus advertencias a España.

Alberto Artajo, el nuevo Ministro de Asuntos Exteriores español, que había sucedido a Lequerica, se encontró terriblemente perplejo. A esto se añade el hecho de que, por una coincidencia totalmente imprevista, había estudiado en la famosa universidad jesuita española de Deusto. La familia Degrelle -como había explicado claramente el obispo de Namur, monseñor Heylen- ¡son jesuitas de padres a hijos! Yo tenía seis tíos y tíos abuelos miembros de la Compañía de Jesús.

El segundo punto bueno es que el rector de la Universidad de Deusto era tío de la enfermera jefe del hospital militar de Mola donde me alojé en San Sebastián, una joven española de magnífico valor. Se llamaba Marichu de Aguirre. Decidida, tomó el tren desde Bilbao y fue a ver a su tío el Rector. Éste, a su vez, tomó el tren a Madrid y fue a parar al solemne despacho de su antiguo pupilo, el Ministro: "Alberto, si entregas a Léon Degrelle -que será completamente incapaz de defenderse, como bien sabes- estarás colaborando en un asesinato, ¡estarás cometiendo un pecado mortal!". Alberto era un hombre muy santo. El pecado mortal se cernía sobre él como un espectro que le roía la conciencia. El caso se alargó unos meses más.

Luisa, duquesa de Valence, fue también la primera biógrafa de Léon Degrelle ("Degrelle m'a dit").

En septiembre, ¡otra ofensiva femenina! La fanfarrona duquesa de Valencia, a la que yo había conocido de joven en casa de su padre, en el palacio de Ávila, en 1939, había aparecido en medio del Consejo de Ministros anunciando que si me entregaban, ¡volvería y les dispararía a todos con un revólver!

Por algo somos castellanos. Cumpliría ocho meses de prisión, pero por segunda vez, el golpe había sido asestado.

Mientras tanto, en el hospital de San Sebastián, me custodiaban día y noche cuarenta soldados españoles, que cambiaban cada veinticuatro horas, por orden de los Aliados. ¡Más de diez mil soldados entraron y salieron delante de mi habitación durante quince meses!

De hecho, ¡toda la guarnición de San Sebastián desfilaba por mi escalera! Uno de estos valerosos guerreros era Jaime de Mora y Aragón, hermano de Fabiola, que sería reina de los belgas. Nos hicimos grandes amigos, e incluso asistió a la boda de una de mis hijas en Madrid, con gran pompa y ceremonia.

¡Para aderezar diplomáticamente la ceremonia, el segundo padrino de la boda sería otro famoso cuñado, el ex ministro de Asuntos Exteriores de España, Ramón Serrano-Suner, ¡el famoso cunadísimo (cuñado, en superlativo!) del Generalísimo Franco!

Pero por el momento, yo seguía en mi hospital, ¡bajo la guardia de mis diez mil hoplitas!

¡ NO PASARAN !

Don Jaime de Mora y Aragón, un hidalgo desengañado por los éxitos donjuanescos de Don Léon... (Alidor)

Estos intrépidos soldados daban, además, muy pocos problemas. Los dos oficiales de guardia, que se cambiaban cada noche, venían en un estado impecable, llevando un pequeño fardo bajo el brazo izquierdo. Era su pijama. Saludaban y se marchaban rápidamente a ponérselos, para reaparecer la noche siguiente y saludar de nuevo.

En cuanto a los cuarenta soldados de la tanda diaria, estaban todos profundamente dormidos, apiñados en la escalera. Una noche, fui a recoger los cuarenta fusiles de los troupiers, que sólo los recuperaron, bastante avergonzados, a la mañana siguiente, ¡a los pies de mi cama! Otra noche, medio recuperado, me fui tranquilamente, como habría hecho un Tintín salvaje, a cenar a la ciudad, invitado a un restaurante del Monte Igualdo. No volví hasta las tres de la mañana. Nadie se había dado cuenta de nada.

Por su parte, las valientes monjas del hospital, para que yo pudiera escapar en caso de peligro inminente, habían hecho un gran agujero en el tabique de mi habitación con un cuchillo, camuflado detrás de un mapa geográfico, ¡a través del cual podría escapar a toda prisa!

Incluso me habían preparado un refugio de emergencia detrás de la sacrosanta valla de su residencia.

¡Pero no intentaba huir! Eso habría significado admitir que tenía algo que reprocharme.

Franco, a petición mía por escrito, habría aceptado entregarme a mis enemigos, si eso significaba someterme a juicio. Pero lo que ellos querían no era proporcionarme verdaderos jueces, ¡sino meterme doce balas en el pellejo! Así que todas las negociaciones fueron en vano.

Finalmente, al cabo de quince meses, Franco, hábil gallego, había encontrado el truco: "De acuerdo, expulsaremos a Degrelle oficialmente, pero no lo expulsaremos de verdad".

Y así fue|

El 21 de agosto de 1946, en medio de un gran clamor de campanas del hospital de San Sebastián (¡una puesta para el Gobernador Civil, otra para el Gobernador Militar!), los dos Gobernadores de la Provincia vinieron gravemente a leerme el "decreto de expulsión" en la cama ¡al amanecer! Tenía una semana para salir del territorio español. "¡Por favor, firme que está de acuerdo!

Léon Degrelle posa complaciente, y con su Cruz de Caballero de la Cruz de Hierro con Hojas de Roble, junto a uno de sus guardias, en una terraza del hospital de San Sebastián.

Pero yo no estaba de acuerdo en absoluto. No es que no quisiera someterme a un proceso judicial en Bélgica. Lo había ofrecido por escrito, en una declaración pública hecha en mi lecho de herido a un periodista de United Press. Repetí esta oferta en una carta dirigida a la ONU.

Pero yo estaba pidiendo un juicio real.

¡Así que me negué a dar a los dos Gobernadores la aprobación que pedían! Los dos agentes se quedaron de piedra. Les saqué de su apuro diciéndoles: "Voy a anotar en su orden de expulsión: "¡He tomado nota! ¡Eso no me comprometía a nada! Era perfectamente posible que hubiera "tomado nota" y no estuviera de acuerdo en absoluto con el fondo. Pero los dos altos funcionarios iban a tener una firma en su documento, y eso les bastaba. Les di el autógrafo que me pedían. Desaparecieron con otro doble tañido de campanas. "Estar de acuerdo" habría sido, de hecho, admitir que me iban a expulsar por mi propia voluntad: ¡pero yo sabía perfectamente, por las confidencias que había recibido la víspera, que no me iban a expulsar, sino que me había escapado!

Las campanas que anunciaban a la gente la partida de las dos grandes hortalizas seguían sonando con un estruendo poderoso, y con la flexibilidad de un Tintín me zambullí en mi ropa y bajé dando tumbos tres tramos de escaleras hasta el patio del hospital, donde sabía que me esperaría un discreto coche. Me subí. Un cuarto de hora más tarde, me recibieron el alcalde de Madrid, el conde de Mayalde, y su dinámicísima esposa, la bella duquesa Casilda de Pastrana. Pronto estábamos en la carretera principal. Tenía nuevos documentos de identidad a nombre de Juan Sanchis, ciudadano polaco, preparados en una discreta comitiva por el ministro del Interior Pérez y el propio Franco.

Franco sabía que en la última semana de la guerra había confiado a uno de mis soldados todo lo que poseía: dos millones de francos, ganados con mis periódicos. En Berlín había recogido también varios miles de carnés de identidad de trabajadores extranjeros -más de tres mil camaradas escaparían así de las distintas policías después del 8 de mayo de 1945.

En cuanto a mí, había guardado mi subfusil, seis cargadores en el cinturón y otros seis en las botas, así como mi mochila con dos pares de pantalones, algunos pañuelos y una barra de pan.

En 1946, el periodista belga Robert Francotte conoció a Léon Degrelle en España, le hizo su primera entrevista y le acompañó a visitar el Hospital de la Mola de San Sebastián. (aquí con uno de sus vigilantes).

Aparte de eso, no llevaba ni un céntimo. No tenía ni para un bocadillo cuando aterricé en San Sebastián. Cuando me caí del avión, la policía española lo comprobó todo. ¡Eso fue todo!

Si hubiera querido escabullirme después, habría sido en mangas de camisa. Incluso los pantalones de las SS eran bastante llamativos. Así que, para poder salir cuando llegara el momento, tuve que hacérmelos teñir. Para ello, durante semanas vendí mis tres cigarrillos semanales de herido a otros internos hasta reunir diez pesetas, el precio del tinte de peor calidad. El cómico resultado fue que la primera noche que llegué a Madrid y me desnudé, me encontré pintado como un bantú, ¡desde la parte superior de los muslos hasta la inferior de las pantorrillas!

Para el periodista Francotte, Léon Degrelle posa el 8 de mayo de 1946 en la habitación que había ocupado en el hospital de San Sebastián un año antes.

Por supuesto, durante los cuatro años de guerra, nunca llevé maletas llenas de joyas, como algunos bromistas -incluso un profesor universitario llamado Balace, que era más mentiroso que Abdallah- inventaron después de 1945. En mis últimos combates cuerpo a cuerpo, ¡pueden verme llevando esas maletas a la distancia de un brazo! ¡Qué grotesco!

Yo tampoco he tenido nunca una cuenta en un banco suizo. También aquí se vertieron cintas de las tonterías más ridículas. El 8 de mayo de 1945 no tenía ni un céntimo a mi nombre en ningún sitio, ni en Bélgica, ni en Suiza, ¡ni en el bolsillo! ¡Y tampoco Hitler cuando se estaba muriendo! ¡Ni Mussolini! Vivíamos para nuestra fe. Era nuestra única fortuna, ¡nuestra maravillosa fortuna!

En la noche del 20 al 21 de agosto de 1945, Franco, enterado de ello, llegó a deslizar en mi nueva "documentación" un pequeño fajo de 25.000 pesetas (¡una gran suma en aquella época!) para ayudarme a sobrevivir en la serie de refugios secretos donde tendría que esconderme, no sin correr grandes riesgos.

Todo eso estaba muy bien. Pero aún quedaba un decreto oficial de expulsión. Desde la mañana del 21 de agosto de 1946, los Aliados estaban al acecho, escudriñando las fronteras, en particular los Pirineos. Pero la primera mañana, yo ya estaba en la carretera principal de Madrid, en una dirección completamente distinta, ¡charlando y comiendo algo en el cómodo coche de Mayalde!

¿Alguien iba a ser deportado después de todo? ¿Qué tipo de sucedáneo de Degrelle se iba a inventar y lanzar por una frontera u otra? ¿Y cómo? ¿Por dónde? ¿Sin que nadie descubriera el subterfugio?

Franco, como todos los gallegos, era un hombre astuto. Su plan estaba bien pensado. Un Hergé, utilizando a Tintín y Milú para confundir a su adversario, ¡no podría haberlo hecho mejor! Dos detectives de la Sûreté española habían llevado a uno de sus compañeros -ahora yo mismo- a la estación de San Sebastián. Los tres subieron a un tren perezoso que les llevó a Salamanca. Luego siguieron el tren hasta Ciudad Rodrigo. En cada parada, los dos inspectores enviaban a Madrid un telegrama oficial: "Degrelle no protesta" - "Degrelle parece estar de acuerdo" - "Degrelle tiene razón" - "Degrelle se ha comido un bocadillo" - "Degrelle parece satisfecho".

Luego, finalmente: "Llegamos a la frontera portuguesa. A la entrada de un bosque, desembarcamos a Degrelle. Vimos a un teniente coronel portugués esperando a unos cien metros. Se acercó a Degrelle y se lo llevó.

Y añadieron con gravedad: "Misión cumplida".

¿Por qué esta puesta en escena?...

Es muy sencillo. Es fácil imaginar que los Aliados, al ver que el famoso Degrelle, expulsado el 21 de agosto de 1946, no aparecía por ninguna parte, tarde o temprano iban a hacer preguntas. Sí, el 23 de agosto varios periódicos publicaron relatos increíbles sobre mi detención en Toulouse y mi traslado a Amberes en un avión militar belga. Pero la historia se esfumó rápidamente. Otras versiones, igual de absurdas, resultaron insustanciales. Al cabo de quince días, el embajador americano en Madrid -¡ni yo ni ninguno de mis soldados habíamos tenido nunca nada que ver con los yanquis! Nosotros habíamos librado solos nuestros cuatro años de guerra contra los soviéticos- acudió solemnemente al castillo rural (un "paso") de Meiras, en Galicia, donde Franco pasaba sus vacaciones familiares. El americano había venido a exigir, alto y claro, que el Caudillo le dijera exactamente qué frontera había cruzado Degrelle ¡y en qué punto!

¡La noble indignación de Franco!

Aunque Franco eligió su nuevo bando político cuando recibió a Eisenhower, nunca traicionó su amistad por el hombre que se había convertido en un "proscrito"...

Revelar el punto de salida de un soldado perseguido era indecente, ¡impensable! ¡Sería sencillamente un atentado contra el honor de un español!

Entonces Franco suavizó el tono: "Excelencia, de hombre a hombre, sin ninguna amenaza diplomática, ¿quiere saber qué pasa con el dossier Degrelle? Bien, en este momento estoy sopesando el expediente Degrelle. ¿Puede verlo? Está ahí, en mi escritorio. Si quiere hojearlo un momento...".

Se había referido sutilmente a un "expediente Degrelle", un "expediente" sin más... Casi confuso, el diplomático yanqui leyó el fajo de telegramas enviados por la policía desde la estación de San Sebastián hasta la frontera portuguesa. El americano siguió adelante, comprobando cada telegrama, limpiándose las gafas y esponjándose. Estaba claro. Degrelle estaba siendo seguido por Portugal.

Al día siguiente, a pesar del carácter "confidencial" de la "revelación", se desató el infierno en Washington. El gobierno americano dio la orden de abordar los barcos españoles en alta mar - ¡dieciséis meses después del final de la guerra! Y aunque España siempre había sido neutral, los barcos españoles que navegaban entre Portugal y Sudamérica iban a ser abordados en alta mar. El *Monte Ayala* fue abordado y devuelto al puerto de Lisboa, donde fue registrado de arriba abajo durante dos días. Incluso registraron las chimeneas del transatlántico, esperando encontrarme agazapado en el fondo de un conducto, todo negro de humo, ¡como un deshollinador! Pero nada. Ningún Degrelle por ninguna parte, ni siquiera manchado de hollín.

"La Carlina", la suntuosa propiedad andaluza construida en Constantina por Léon Degrelle, que se convirtió en promotor inmobiliario (construyendo, irónicamente, bases americanas en España).

Pasarían años sin dejar rastro.

Los americanos... ¡que no lo habían robado! Como puedes ver, salí de allí tan rápido como lo habría hecho Tintín.

Yo me quedaría en España.

El pequeño fantasma Tintín me había guiado amablemente. Me agradeció mis pantalones de golf del pasado, ¡con un guiño cómplice! Como escribió recientemente Olivier Mathieu en su "De Léon Degrelle à Tintin": "Por la gracia de un milagro, la aventura de Léon Degrelle ha continuado, y ha conservado sus posibilidades de volver a empezar mañana". Sí, Tintín era, es y será siempre Léon Degrelle.

Pero, como en los veintitrés álbumes de Hergé, le seguirían otras aventuras igualmente sobrecogedoras.

Al parecer estaban empezando a husmear en mi pista.

Ya aparecían raperos en el horizonte.

Capítulo XXXIII

Cinco secuestros al estilo Tintín

Al principio, no había muchos visitantes en mis diversos refugios del exilio. Sin embargo, ¿a quién había visto aparecer una buena mañana, acompañada por Jam y su amable esposa Lucette, en la antigua entrada renacentista de la finca andaluza de Constantina donde me alojaba en aquel momento? ¿Quién era? La querida y bella Germaine, la antigua secretaria de los pompones rojos de "Le Vingtième Siècle", que me traía un cordial saludo y los últimos álbumes de su marido, Hergé.

¡Vaya reencuentro!

Durante quince días, mientras sorbíamos alegremente el vino dorado de mis viñas, revivimos los años salvajes de nuestra juventud.

Jam / Alidor visita regularmente a su amigo Léon Degrelle en Constantina, lo que le permite ver a muchos de sus amigos de las batallas de su juventud, incluida Germaine, la esposa de Hergé.

En Sevilla, donde me deslizaba entre los peligros con el donaire de Milú, le compramos a Germaine un deslumbrante vestido de gitana, rojo vivo con grandes lunares blancos, ¡como multiplicaciones lunares! Solía aparecer de vez en cuando por la bella capital andaluza, vistiendo el camuflaje más indetectable. En particular, ¡pasaba allí todas las Semanas Santas bajo el largo hábito de penitente! Una noche, me encontré a un metro del Ministro de Justicia belga, ¡viendo las procesiones desde una silla! Dada la santidad del lugar, me costó mucho contenerme para no estrellar mi pesada cruz de madera contra su vieja bobina hinchada.

CONDAMNÉE A RESTITUER A ALGER
LE TRÉSOR DE GUERRE DU F.L.N.

La Banque commerciale arabe de Genève est menacée de faillite

La Banque commerciale arabe de Genève a l'intention de faire appel de la décision du tribunal de première instance de cette ville la condamnant à verser au gouvernement algérien quelque 39 millions de francs suisses, représentant la quasi-totalité du « trésor de guerre » du Front de libération nationale algérien (voir « le Monde » du 3 février).

Cet appel constituera sans doute le dernier acte d'une longue procédure, engagée en 1967 par les autorités d'Alger, après que l'ancien trésorier du F.L.N., Mohamed Khider, qui avait déposé le « trésor » à la B.C.A., eut été assassiné à Madrid dans des circonstances jamais élucidées.

(De notre correspondante.)

Genève. — Le moins que l'on puisse dire est que la Banque commerciale arabe, après avoir perdu le procès que lui avait intenté le gouvernement du président Boumedienne, est en posture difficile : avec un capital déclaré de 1 520 000 F suisses, comment pourra-t-elle payer 39 246 851 F grevés d'intérêts à 5 % depuis le 10 juillet 1967, plus les débours et frais, fixés à 350 000 F ?

Rappelons que la Banque commerciale arabe a pour directeur M. Zahir Mardam, de nationalité syrienne, qui a été incarcéré à la prison Saint-Antoine, à Genève, pour avoir refusé de donner les noms de ses clients à compte chiffré, fortement soupçonnés de receler l'argent du F.L.N., et pour administrateur délégué M. François Genoud, qui ne dissimule pas ce que furent ses opinions pendant la dernière guerre mondiale et qui détient les droits d'auteur sur les œuvres de Hitler, de Gœbbels et de Bormann.

Au cas où l'arrêt de la cour d'appel serait défavorable à la B.C.A., il resterait à celle-ci la possibilité de se pourvoir devant le Tribunal fédéral dans un délai d'un an. Si la banque perd encore ce procès, elle sera déclarée en faillite, à moins d'un arrangement *in extremis* avec Alger. Notons que la Banque commerciale arabe a toujours nié avoir fait disparaître le « trésor » du F.L.N.

On se montre inquiet en Suisse des répercussions possibles de la décision du tribunal de première instance de Genève qui, si elle fait jurisprudence, obligera à l'avenir, aussi bien les banques, quelle que soit leur réputation sur la place, que les détenteurs de capitaux et leurs conseillers financiers, à se prémunir en temps voulu contre les vicissitudes de l'histoire, surtout si des fonds sont originaires de pays où les changements de régime sont fréquents. — I. V.

Retrato de François Genoux por "Le Monde", que obviamente no entiende nada de nacionalsocialismo...

Sin embargo, a pesar de todos mis trucos y de mis numerosos cambios de refugio, mi rastro había sido encontrado varias veces.

Siete veces estaría a punto de ser secuestrado, al más puro estilo Tintín.

Los festejos serán inaugurados por el Mossad, la banda de espionaje israelí.

Su primer secuestro había sido preparado con sumo cuidado y con el apoyo financiero -doscientos mil dólares- de judíos estadounidenses.

La noche en que la expedición debía partir de Suiza, el director general adjunto del Mossad reunió a sus seis agentes en un restaurante del lago de Lucerna para darles sus últimas instrucciones.

Por una increíble coincidencia, un viejo y querido amigo suizo, François Genoud, había venido esa noche a cenar a la misma mesa contigua a aquella en la que se daban un festín los futuros violadores. Captó mi nombre al vuelo. Se dio cuenta rápidamente, se subió a un avión y tuvo el tiempo justo para aterrizar en Madrid, en casa de Carlos Arias, futuro Presidente del Gobierno español y, en aquel momento, Director General de la Sûreté. En cinco minutos, todas las comisarías pirenaicas estaban en alerta. Cuando, dos días más tarde, el largo Lincoln de los supuestos secuestradores se acercó majestuosamente al puesto fronterizo de Le Perthus, la Sûreté española les dejó pasar y cruzar doscientos metros, ¡luego los acorraló y se abalanzó sobre ellos!

El asalto fue digno del mejor Hergé: los seis conspiradores iban armados hasta los dientes y llevaban cinco millones de pesetas destinados a pagar a sus cómplices locales (comunistas sevillanos).

Los detalles del secuestro habían sido meticulosamente elaborados. El maletero del Lincoln se había convertido en una especie de gran conejera donde me tumbarían, cloroformado. En la costa mediterránea, un barco me esperaba para llevarme a Tel Aviv. En cuanto a la casa, revestida de nobles columnas romanas, encaramada en lo alto de una colina con viñedos dorados donde vivía absolutamente solo, la noche anterior al secuestro había quedado aislada de toda posibilidad de pedir ayuda: los perros de las propiedades vecinas habían sido todos envenenados, la línea telefónica cortada. Si no hubiera sido por la prodigiosa suerte del restaurante de Lausana, ¡me habrían matado!

Nótese esto: nunca había tenido una disputa de ningún tipo con un judío en ninguna parte. ¡La expedición de estos hebreos no era más que su pasatiempo exhibicionista! ¡Hacer que la gente hablara de ellos! ¡De cualquier manera que pudieran! Como resultado, Aldouby, jefe de la armada, y sus cómplices fueron condenados a ocho, diez y doce años de prisión, que cumplieron en silencio en la cárcel de Burgos. Además, también fue apresado el capitán del barco que, estacionado frente a las costas catalanas, debía llevarme, dormido como un tronco, hasta el puerto israelí de Tel Aviv, habiendo venido a Barcelona para enterarse de lo que ocurría, preocupado por no tener noticias.

Y así acabaron todos gloriosamente en el clavo.

Una banda del Irgun, una organización terrorista judía, secuestra a Tintín ('En el país del oro negro').

Una segunda expedición judía procedente de Amberes tuvo otros incidentes aún más inesperados.

Una mañana, una mujer judía se presentó en casa de mi hermana Suzanne, que se había casado en Flandes y no estaba implicada en ningún disturbio político, pero que también había sido encarcelada dos veces, en 1944 y 1945. Ella y sus seis hijos luchaban por sobrevivir. Y entonces una mujer judía llamó a su puerta: "Señora, he podido encontrar su dirección. Su hermano me salvó la vida durante la guerra. Quiero darle las gracias. He venido a avisarle de que lo van a secuestrar en España. Deben aterrizar en Bilbao. A decir verdad, no recordaba haber salvado nunca a una judía. Siempre que, durante la guerra, pude liberar a alguien de algún tipo de pantano, lo hice. Durante mi permiso en Cherkassy, salvé del puesto al padre Léon Leloir, que se había convertido en capellán de un movimiento embrionario de la Resistencia en las Ardenas. Le habían pillado in fraganti cruzando el puente sobre el Mosa en Dinant.

Para cualquier verdadero resistente -*rari nantes in gurgite vasto!*- que se encontrara en apuros, yo intervenía. Los idealistas, sean amigos o enemigos, me interesan automáticamente. Odio a los débiles y a los cobardes. Pero un hombre, amigo o enemigo, que arriesga el pellejo por aquello en lo que cree, es para mí como un camarada. Salvé a un médico judío, profesor de la Universidad de Bruselas, que había asaltado un tren cerca de Lovaina para rescatar a unos deportados. En cuanto a la mujer judía de Amberes, había olvidado incluso su identidad. Su información me llegó a tiempo. En el barco de Bilbao, la policía española esperaba a los secuestradores. No llegarían lejos. Esto demuestra que, a veces, las buenas acciones tienen su recompensa.

Luego me golpearon en las espinillas otras dos expediciones, ambas "belgas".

La primera, en San Sebastián, había sido ordenada -por escrito- el 2 de enero de 1946 por el Primer Ministro Van Acker. Ya había llegado a España, traída desde Burdeos en dos coches de policía franceses. La dirigía un célebre militar belga, el coronel Lovinfosse, entonces comandante. La orden de misión del gobierno francés al jefe de los Renseignements Généraux era clara: "Preste toda la ayuda que esté en su mano al comandante Lovinfosse para el paso de la frontera de Léon Degrelle. Acompañará al coche del comandante Lovinfosse, en el que viajará el prisionero, con uno de sus propios coches. Tu misión terminará en la frontera franco-belga.

De repente, Lovinfosse fue bloqueado en el último momento, por orden personal del furioso ministro Spaak, que no había sido informado del plan hasta que fue demasiado tarde. Lovinfosse tuvo que llevarse de vuelta a Bruselas -¡como recuerdo! - el pasamontañas en el que pretendía hundirme la cabeza en el cruce fijado para el secuestro, en el pueblo de

Coronel Georges de Lovinfosse, el combatiente de la Resistencia más condecorado de Bélgica. Tras redactar el expediente de Degrelle (abajo, la orden de misión firmada por el primer ministro van Acker), expresó públicamente su admiración por el valor de su antiguo adversario.

Lecumberri, en la carretera de San Sebastián a Pamplona. Seis años más tarde, en "La Libre Belgique|, relató largamente esta aventura bastante lamentable - para él - .

Se iba a intentar una nueva operación "belga", esta vez dirigida contra uno de mis refugios andaluces, previamente localizado por el Mossad en Constantina. Esta vez, iba a intervenir un magistrado.

¡Sí, un magistrado! Era de Namur. Se llamaba Mélot, como los skimmers de mi infancia. Era un tipo bastante desaliñado, pálido, con un ojo torcido sobre un pómulo arrugado. Al parecer, durante la guerra había sido "combatiente de la Resistencia", ¡lo que le valió un ascenso a juez tras la Liberación! Organizó mi secuestro con grandes gastos, atrajo a una docena de secuaces y consiguió un avión que, gracias a cómplices españoles, pudo aterrizar y camuflar en el aeródromo militar de Sevilla. Corría el año 1958.

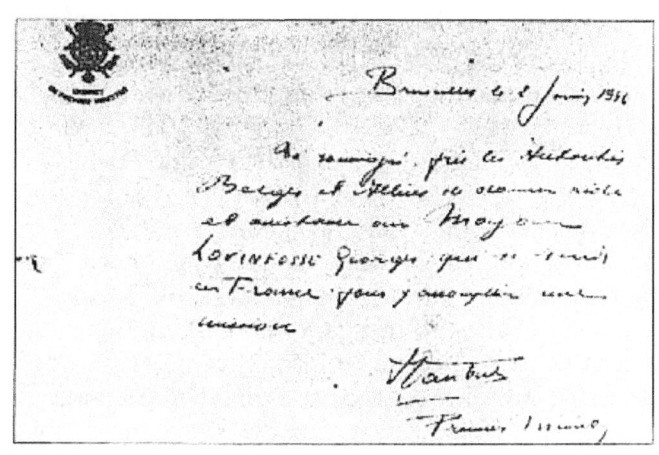

Nuestro valiente guerrero fue a Constantina y se presentó como miembro superfiel del equipo de jardinería de la finca La Carlina, de la que yo estaba temporalmente ausente. Si pueden creerlo, ¡estaba casi de peregrinación! Estudió a fondo todas las entradas, visitó todas las habitaciones, fotografió todas las puertas y elaboró un riguroso plan de ataque. Antes de lanzar el ataque, fue, como buen magistrado del Régimen, a informar al conde d'Ursel, en la embajada de Bélgica en Madrid, de la inminencia de la operación.

Retrato de Léon Degrelle dedicado a Georges de Lovinfosse: "A mi querido y glorioso amigo y adversario, el coronel Georges de Lovinfosse, que tan magníficamente ha honrado a nuestro país. Con el saludo amistoso de un combatiente 'de enfrente', que también luchó apasionadamente por su patria; con el saludo afectuoso de Léon Degrelle, 15 de junio de 1976.

En cualquier momento volvería a mi casa: ¡iba a ser arrancado como un racimo de uvas de mi ladera!

¡Tintín se había instalado de nuevo en mi plumaje! Me salvó, por segunda vez, el propio padre Spaak. En julio de 1940, había deseado mucho colaborar con el antiguo presidente del Partido Socialista Belga, Henri de Man, su amigo personal, que se había convertido repentinamente al nacionalsocialismo. Y también conmigo, en quien ya veía la cabeza, en equipo con De Man, del futuro gobierno. Nos había dado a conocer sus sentimientos, a través de su esposa, desde el mismo Vichy, y por escrito. Si Mélot me recogía y me llevaba a Bruselas, la gota que colmaba el vaso de esta oferta, cuidadosamente silenciada por mí hasta entonces, ¡iba a estallarle en la cara! Mélot ni siquiera tuvo tiempo de arreglarse el ojo en Sevilla: una citación del Ministerio de Justicia ya estaba llegando de Bruselas, ¡diciéndole que volviera a Bélgica inmediatamente!

Nueve años más tarde, él también, como Lovinfosse, relató su malestar en un canard de Namur titulado "Confluent" (nº 81). El Ministro de Justicia le prometió, le juró que yo sería devuelto legalmente al país, que él -y sobre todo él, magistrado en ejercicio- ¡no tenía por qué sustituir a su Gobierno adelantándose ilegalmente a una extradición segura!

Obviamente, ¡esto nunca se discutió seriamente! ¡Las supuestas afirmaciones "oficiales" de Spaak nunca fueron más que bla bla bla! En primer lugar, el Gobierno belga no tenía nada que decir contra mí: los

Juez Mélot: ¡su único mérito será no haber secuestrado a Léon Degrelle!

"crímenes de guerra" que se me habían atribuido después de la guerra habían resultado ser, uno tras otro, mentiras. Repetirlos le habría convertido en el hazmerreír. Y, sobre todo, Spaak no tenía ningún deseo de que le bajaran los pantalones en pleno juicio, delante de toda una Bélgica regocijada

En Francia, el General De Gaulle conocía tan bien el punto débil del Ministro de Asuntos Exteriores belga que también él tenía preparado mi secuestro.

Spaak, de hecho, era su adversario declarado. Su concepción de Europa -internacional, medio marxista, medio capitalista- chocaba frontalmente con la sana concepción gaullista de una "Europa de las patrias". Los dos hombres se odiaban.

De Gaulle, olímpico, para tener, con cortesía, la piel de su adversario Spaak, imaginó hacerme secuestrar (era un especialista en la materia: ¡recuerden su secuestro, en Alemania, del coronel Argoud!) Se ofrecería inmediatamente y muy amablemente a entregarme al Gobierno de Bruselas:

> "Le traigo a Degrelle. Pero ambos somos gente civilizada, y no dudo de que los derechos del acusado serán debidamente respetados por sus tribunales."

¡Es obvio que Spaak nunca podría admitirlo! Permitirme abrir la boca habría sido asegurar su perdición. De Gaulle estaba seguro del éxito de su trampa: ¡o Spaak caía fulminado por mis revelaciones, o se suicidaba negándose a aceptar mi entrega!

Así fue como los raperos galos tomaron su turno -¡la quinta expedición! - en España, esta vez a Madrid, donde yo vivía entonces como refugiado en un tercer piso de la calle de los Jesuitas (¡siempre los Jesuitas de mi familia!). Estaba a punto de partir hacia Cataluña, donde mi viejo amigo Jean-Louis Tixier-Vignancourt, adversario personal del General de Gaulle y candidato contra él en las elecciones a la Presidencia de la República, me había invitado a su villa cerca de Bagur.

Jean-Louis Tixier-Vignancourt, con Jean-Marie Le Pen,
otro admirador de Léon Degrelle, a quien visitaba regularmente.

Debía volar a Barcelona el lunes por la mañana. Fue entonces cuando Tintín-Hergé vino, una vez más, a molestar a Tintín-Degrelle, que estaba a punto de caer en una trampa. El sábado me había invadido la ansiedad. Sentía que la muerte me acechaba. Todo mi ser estaba en alerta. El presagio me oprimía tanto que me dirigí a la compañía aérea Iberia para pedirles que adelantaran un día mi viaje. No fue posible; no quedaban plazas en la lista de vuelos, salvo en primera clase. Era casi imposible para mí. Yo era pobre. Acepté el billete de todos modos. A las ocho de la mañana, Tintín-Degrelle despegó. Veinte minutos más tarde, en Madrid, tres hombres fuertes con cara de matones subieron (no había ascensor) a mi pequeño piso de Jesuitas. Llamaron al timbre. Llamaron. No hubo respuesta. Concluyeron que dormía el pesado sueño de los condenados a muerte. Para matar el tiempo, bajaron al bar de enfrente a tomar un café. Hablaron de mi caso. Justo al lado almorzaban dos policías españoles a los que habían encargado especialmente que velaran por mi seguridad en el barrio. Un minuto después, los tres muchachos estaban esposados. De Gaulle había fracasado. Spaak se había salvado. Al mismo tiempo, liberado de toda opresión, ¡abrazaba al querido Jean-Louis en el aeropuerto de Barcelona!

Tintín, una vez más, ¡había ganado la partida!

Todos los demás intentos de secuestrarme (¡pues fueron siete en total!) fracasaron in extremis de la misma manera providencial. Olas de protección me envuelven, esté donde esté, vaya donde vaya.

Nuestro imaginario Tintín de 1929 se había reencarnado, de verdad y para siempre, ¡en mi carcasa!

OCTAVA PARTE

HERGÉ INMORTAL

CAPÍTULO XXXIV

VIEJAS VENGANZAS

Mientras tanto, en Bruselas, la modesta oficina del Hergé de los primeros tiempos se había transformado, como hemos explicado, en un enorme complejo ultramoderno, tan maquinizado y americanizado como las fábricas de Coca-Cola o las oficinas del Washington Post.

Sin embargo, los comienzos de este renacimiento tintinesco, que en pocos años extendería la gloria de Hergé a las antípodas, no serían fáciles.

El antifascismo estaba vigilante. Bélgica es, además, el único país del mundo en el que, cincuenta años después de la Segunda Guerra Mundial, todavía no se ha concedido ni una sola amnistía política a las víctimas de la Liberación belga de 1944 (véase mi carta abierta al rey Balduino "Sire, Vous et moi"). Las prohibiciones de escribir, el exilio interminable y la pérdida de la nacionalidad siguen floreciendo en los manzanos agrios de este Estado terriblemente vengativo.

Por atreverse a reproducir, en Bélgica, mi "Carta al Papa" sobre Auschwitz, que se publicó libremente en cientos de miles de ejemplares en todo el mundo y en muchos idiomas, uno de nuestros soldados más jóvenes en el Frente Oriental (¡tenía dieciséis años el día en que se alistó!) fue, hasta hace unos años, ¡condenado a cinco años de prisión!

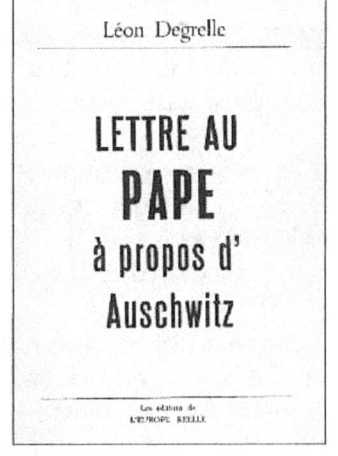

Incluso cuando Jean-Michel Chartier puso a la venta el libro "Degrelle persiste et signe" (¡un libro sobre mí, no escrito por mí!), los libreros belgas fueron convocados por la policía y el distribuidor, presa del pánico, no tuvo más remedio que retirar el libro de la circulación.

Grâce à tout l'apparat de la grandiose cérémonie religieuse qui va, en votre présence, se déployer parmi les faux décors du plateau d'Auschwitz, on va, au moyen d'un gigantesque battage de télévision et de presse, tout tenter pour vous convertir en avaliste indiscret de ces chèques de la haine. Votre nom vaut son poids d'or, pour tous ces gangsters. On va nous sortir, dans le monde entier, comme si le premier Holocauste ne suffisait pas, un Holocauste numéro 2, qui n'aura pas coûté un milliard de dollars celui-là, puisque Votre Sainteté aura fourni absolument gratuitement, à d'indécents metteurs en scène, la plus fastueuse des figurations !

L'Holocauste numéro 1, quels qu'aient été parmi les gogos sa diffusion et son impact, n'était qu'un gigantesque tapage hollywodien, d'une rare vulgarité, destiné avant tout à vider des centaines de millions de goussets de spectateurs non avertis. Mais les dégâts ne pouvaient être que passagers : on devrait rapidement noter que les extravagances étaient bouffonnes, ne résisteraient pas à l'examen consciencieux d'un historien. Par contre, votre Holocauste, à Vous, Très Saint Père, tourné en grande pompe à Auschwitz même, par un Pape en chair et en os, revêtu de toute la majesté pontificale, et oint de véracité, en face d'un autel inviolable, surtout à l'heure du Sacrifice, cet Holocauste N° 2 risque fort d'apparaître, aux yeux d'une chrétienté bernée par des manipulateurs sacrilèges, comme une confirmation cosi divine de toutes les élucubrations montées par des refoulés haineux et par des usuriers.

Déjà votre évocation, devant les tombes polonaises de Monte Cassino, d'une guerre dont — à en croire à ce qu'a dit aussitôt la presse — vous paraissez n'avoir retenu que certains aspects fragmentaires et partisans, a inquiété beaucoup de fidèles. Votre comparution ostentatoire à Auschwitz ne peut qu'inquiéter davantage encore, Très Saint Père, car il n'est pas douteux qu'on va vous « posséder », comme on dit dans le peuple. Ça crève les yeux. Des flibustiers de la presse et de l'écran sont fermement décidés à vous faire plonger, mître en avant, avec votre soutane blanche toute neuve, dans ce piège béant d'Auschwitz, alors que cette cérémonie religieuse ne peut représenter à vos yeux, certainement à l'heure de la concélébration, qu'un appel à la réconciliation des hommes, succédant enfin à la haine des hommes.

Homo homini lupus, disent les sectaires. Homo homini frater, dit tout chrétien qui n'est pas un hypocrite. Nous sommes tous des frères, le déporté souffrant derrière ses barbelés, le soldat hagard crispé sur sa mitraillette. Nous tous qui avons survécu à 1945, vous le persécuté devenu pape, moi le guerrier devenu persécuté et des millions d'êtres humains qui avons vécu d'une façon comme de l'autre l'immense tragédie de la Deuxième Guerre Mondiale, avec notre idéal, nos élans, nos faiblesses et nos fautes, nous devons pardonner, nous devons aimer. La vie n'a pas d'autre sens. Dieu n'a pas d'autre sens.

Alors, au fond, qu'importe le reste ! Le jour où vous célébrerez votre messe à Auschwitz, malgré les imprudences spirituelles que peuvent comporter des prises de positions d'un Pape dans des débats historiques non clos, et malgré les fanatiques de la haine qui, sans tarder, vont exploiter la spectacularité de votre geste, je joindrai, du fond de mon exil lointain, ma ferveur à la vôtre.

Je suis, Très Saint Père, filialement vôtre,

(Léon DEGRELLE).

Conclusión de la "Carta al Papa sobre Auschwitz" de Léon Degrelle. Este mordaz texto se ha traducido a diez idiomas y ha cosechado un éxito fenomenal.

El jueves 14 de marzo de 1991, Le Soir publica a tres columnas la diatriba de un profesor de la Universidad de Bruselas que exige que se endurezca aún más la ley represiva de posguerra que prohíbe las conferencias de supuestos facciosos, dirigidos por revisionistas, "en nombre del orden público": "No estaría en contra de endurecer la legislación sobre este tema", declara a Le Soir este "resistente retrasado".

El humanista que firma estas líneas con un fanatismo digno de la Torá enseña en la Universidad de Bruselas. Enseña, ¿adivina qué? ¡"Filosofía moral"! ¡No es inventado! ¡Su nombre evangélico es Haarscher! Como ven, Shamir y los de su calaña no sólo están en Jerusalén.

En este ambiente increíblemente fanático, incluso Hergé seguiría siendo objeto de extraordinarios ataques mucho tiempo después de la creación de la revista "Tintín". No sólo de carceleros cachondos, ¡sino también de funcionarios supuestamente muy distinguidos!

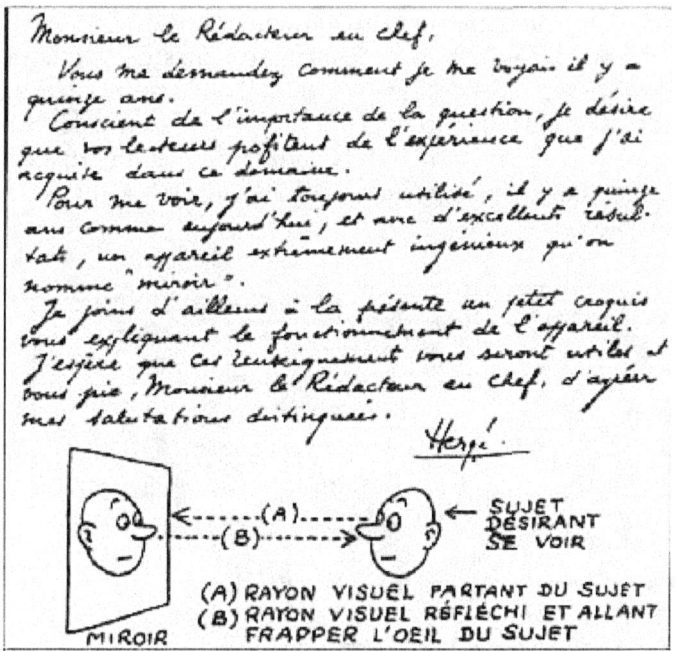

En 1961, le preguntaron a Hergé: "¿Cómo se veía usted hace 15 años? Ante el doloroso recuerdo de la represión, el dibujante evitó responder con modestia y humor...

En el periódico "Front", meca de la "Resistencia" belga, se publicó un llamamiento al linchamiento de Hergé, ¡escrito en persona por otro profesor universitario! Concretamente, de la Universidad de Lieja. Es poco creíble, ¡pero es así! Reproducido en París en un libro publicado por Gallimard, he aquí el llamamiento urdido por este universitario belga:

"Lo que nos parecía penoso y dudoso era que el famoso chucho, inseparable de Tintín y que había metido el hocico en los cubos de basura alemanes, pudiera seguir alegrando a los nietos en casa.

No es cuestión de impedir que Hergé, como suele decirse, se gane el pan. Ahí está el diseño publicitario: "Lleva los calcetines fijadores X, que se estiran en todas direcciones", o "Haz colocar la veleta 'Jevire' en tu casa.

Hergé también puede inventar máscaras de cuaresma.

Pero el renacimiento de Quick y Flupke, los sabrosos granujas de Les Marolles, eso se llama decencia y no decencia.

¡Si alguna vez me encuentro con ese perro Snowy, le voy a meter la pata por el culo!

¿Las palabras de un carretero borracho?

No, es un texto auténtico escrito por un profesor de una de las principales universidades belgas varios años después de la guerra. Fue reeditado en 1985 en "L'Astrolabe" (n°80). ¡Hergé, el gran Hergé, el creador de cómics más famoso del mundo, fue condenado por este profesor histérico a dedicar su vida a lanzar marcas de fijadores de calcetines y máscaras de media Cuaresma! En cuanto a Milú, ¡el zapato del profesor estaba en el otro pie!

Cuando Tintín se emborracha, no es porque haya bebido...
y es un divertido trampolín para la historia.

Para echar sal en las heridas de quienes le acusaban de antisemitismo por sus narices "a lo Blumenstein", Hergé nos recordó, en "Vuelo 714 a Sydney", lo que es el humor caricaturesco.

Bélgica tiene todo el derecho a sentirse orgullosa del alto nivel intelectual de sus maestros del pensamiento. A los ojos de estos analfabetos, reintroducir a Tintín entre los jóvenes equivalía a malcriarlos. Pusieron el grito en el cielo.

El escritor Pol Vandromme, en su "Monde de Tintin", ha reproducido con humor una de estas delirantes advertencias, virtuosamente destinada a la "protección moral" de las jóvenes generaciones belgas amenazadas por Georges Remi :

> "No se puede decir que a Hergé le gustara la bebida. Le gustaba más el alcohol.
> Como advierte su biógrafo en Tintín: "Nunca rechaces un buen whisky con la condición expresa de que se te haya olvidado añadirle agua". Está en francés, justo en medio de este periódico destinado a educar a los niños. La joven generación está en buenas manos, ¡no se puede negar!

¡Pero si Hergé ni siquiera bebía! Su insultador lo confundía con el capitán Haddock. ¿Y Tintín habría tomado un aperitivo a la hora de comer o a cualquier otra hora?... ¡Pero no! Su borrachera era intolerable: ¡manchaba la juventud!

La gran serpiente de cascabel que se abalanzaba sobre Hergé era, y ha seguido siendo, ¡antisemitismo!

En los cerca de veinte mil dibujos de Hergé que se pueden encontrar en sus álbumes y en las ilustraciones de sus libros, rara vez se encuentra una nariz más bien ganchuda. En total: los Blumenstein de "L'Etoile Mystérieuse", dos judíos del mismo álbum, que desaparecieron en las ediciones de posguerra, y los de "Deux juifs et leur pari" de Robert de

Vroylande, que, para colmo, ¡fallecieron en un campo de concentración alemán!

Un investigador dedicado podría encontrar, tras muchos meses de despiojamiento, una o dos narices arqueadas más en los veinte mil dibujos: ¡eso es todo! En resumen, ¡nada!

¿Cuál es el problema? ¿Es delito burlarse de las sardinas ballenas capturadas en el puerto de Marsella?

Sin embargo... estos dos o tres apéndices judíos -¡entre el hormiguero de dibujos de Hergé!.. - volverán a salir, desplegados, retorcidos, floreciendo como coliflores, ¡hasta el fin de los siglos!

En "El cangrejo de las pinzas de oro", el verdugo que golpea al capitán Haddock
ya no puede ser negro por razones antirracistas...

Cincuenta y un años después del inocente esbozo de la nariz del banquero Blumenstein (¡el "lamentable Blumenstein", según la mojigata "Figaro Magazine"!), todavía podemos ver a un periodista llamado Erhel continuar, en el diario francés "Libération", un minucioso interrogatorio a los dos autores del libro "Hergé, Portrait autobiographique" - Pierre Sterckx y Thierry Smolderen - y repetir la eterna pregunta: ¿es Tintín antisemita?

La propia entrevistadora dio triunfalmente la respuesta: "¡Lo era! Según ella, sus biógrafos se habían cuidado de no mencionarlo en sus respectivos libros:

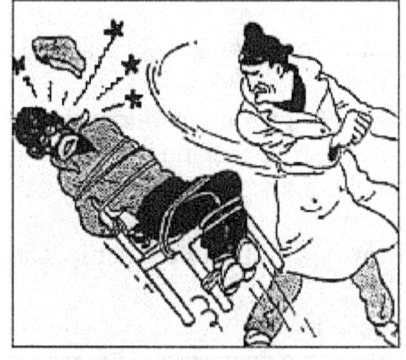

... ¡igual que Allan ya no puede noquear a uno de sus cómplices negros!

Por modestia -se disculpó Pierre Sterckx, aparentemente algo confuso-, aún estaba de luto. Y por miedo a ser censurado por su viuda, ¡Fanny Remi

Es difícil entender por qué, "por pudor", no podíamos hablar de un antisemitismo visiblemente fantasmal, ¡incluso cuando estábamos "de luto"! ¿Qué tenía que ver el luto? ¡Y cómo podía una viuda participar, retrospectivamente, en una demencial indignación por una u otra mejora de un apéndice nasal, aunque fuera judío, cuando en el momento de cometerse este crimen de lesa majestad (¡1942!) la difunta viuda estaba, como mucho, tomando su primera lección de ciclismo!

Esta nariz de Blumenstein, caricaturizada sin malicia por Hergé fue, sin embargo, como veremos, ¡promovida a la inmortalidad! Se convertiría en una especie de mascota del antisemitismo de Tintín.

Como escribió Daskal Michaël en 'Hergé, le rexisme et Tintin', "el antisemitismo latente reflejaba el espíritu de la época". Existía mucho antes de Hergé, divertía, no rompía nada. Y Hergé, con la punta de su lápiz, apenas lo había utilizado en tres o cuatro dibujos. Cuando se creó

Tintín, el mito antijudío no tenía la menor importancia. Ni Hergé ni yo teníamos idea de este problema en 1930.

En la Bélgica de entonces, los judíos eran casi inexistentes: apenas unos miles, incrustados durante generaciones en un viejo sustrato nacional donde ni siquiera eran visibles. Uno de mis mejores amigos del colegio se llamaba Jean Lévy. La palabra Lévy no me llamó más la atención que si se hubiera llamado Tartempion.

No fue hasta 1937 y 1938, cuando cien mil judíos polacos y alemanes cayeron sobre nosotros en Bélgica, que tomamos conciencia del peligro bélico que podía representar esta afluencia masiva de emigrantes hoscos y visceralmente belicistas. Pero incluso entonces, las reacciones no fueron especialmente agresivas. Nunca se registró ningún caso de violencia física, por benigna que fuera. El antisemitismo nunca nació -ni en Francia ni en ninguna otra parte del mundo- más que de la ancestral propensión de los judíos a abusar de sus dones, algunos de ellos reales, para dominar. De Gaulle lo describió perfectamente.

Hergé, por su parte, se había limitado a nimiedades: algunas narices ganchudas, ¡entre tantas otras! La idea era sencillamente no romper con la vieja tradición de reírse de ciertas debilidades humanas, ya se tratara de la actitud estirada de los ingleses, o del tono ganador de los italianos, o de las jarras de cerveza de los alemanes, o del florido laissez-faire de los belgas de toda la vida.

Este antisemitismo era inofensivo. Hay millones de antisemitas así en todos los países. ¡Casi tantos como cómicos! ¡No los suficientes para causar un solo caso de apoplejía!

La furia del profesor chiflado de la Universidad de Lieja, que amenazó a Milú con "meterle la pata por el culo" por "meter el hocico en los cubos de basura alemanes", y que ya no permitía a Hergé hacer otra cosa que dibujar anuncios ensalzando las virtudes de los arreglacalcetines, ¡es igual de demencial! Igual que las llamadas al silencio "por pudor" de los biógrafos de luto que temían ser "censurados por la viuda" si abordaban el tema del antisemitismo de Tintín.

Sí, como todos los perros, Milú rebusca en los cubos de basura, ¡pero no en vano!
Gracias a esta "mala costumbre", Tintín vivirá una de sus aventuras más emocionantes:
"El cangrejo de las pinzas de oro".

Atacaron a Hergé, el inventor de unas cuantas narices graciosas, porque la forma más obtusa de filosemitismo se ha puesto a la orden del día desde la Segunda Guerra Mundial, una guerra que muchos judíos deseaban en gran medida y que les costó una serie de reveses en los que, en cualquier caso, Hergé no tuvo nada que ver.

Ahora, más que nunca, en Bélgica, en Francia o en cualquier otro lugar, el menor rasguño en una nariz torcida y el menor cuestionamiento de las cifras astronómicas (¡seis millones! ¡diez millones! ¡diecisiete millones! ¡israelíes gaseados -o no gaseados- durante las hostilidades!) significan que serás enviado, como el chivo expiatorio de Israel, a secar tus huesos en el desierto.

Es el arma más fácil. Es fácil para los periodistas simbólicos que estudian poco y no comprueban nada. Fácil para los zopencos, los impotentes y los eternos fracasados a los que irrita el talento.

Pero Hergé tenía talento.

De ahí las imbéciles "patadas en el culo" vengativas de los profesores enloquecidos, los llamamientos a aumentar la represión y las repetidas imprecaciones dirigidas a un Hergé que no acarició con suficiente compunción los bonetes de los dictadores mediáticos actuales.

El 7 de agosto de 1991, el secretario general de "Le Soir", que aún no había digerido el triunfo mundial del antiguo caricaturista de su revista, escribía estas líneas verdaderamente reveladoras: "Hergé sigue siendo una peste desde hace mucho tiempo, ¡y tanto más a causa de su éxito!

En resumen, ¡los perdedores se quejaban! ¡Estaban hartos de tanto éxito! ¡Magnífica admisión!

CAPÍTULO XXXV

EL REXISTA SIMENON

Al mismo tiempo, otro belga era acosado en Francia con una venganza y una imbecilidad tan deslumbrantes como las de Hergé en Bélgica: Georges Simenon, el novelista más leído del siglo

Georges Simenon nació en el antiguo barrio de Outremeuse, en Lieja, al igual que nuestro Hergé nació en Bruselas, patria del Manneken Pis. Tenían más o menos la misma edad, cuatro años más o menos. Hergé vendería 180 millones de álbumes de Tintín en todo el mundo, traducidos a 45 idiomas; Simenon, con su inmortal Comisario Maigret y sus más de 400 novelas, vendería cientos de millones de ejemplares, traducidos a todos los idiomas y recreados en más de 60 películas internacionales.

Georges Simenon, un donjuán, estaba más preocupado por sus conquistas femeninas que por la revolución política y social del rexismo (aquí con su amante, Josephine Baker, en 1920). nunca se le perdonará su simpatía por REX.

El rexismo afectaría a ambos, en sus trabajos o en sus familias. Hergé arrastraría sin cesar tras de sí la ruidosa cacerola de nuestra amistad. En cuanto a los Simenon, Christian, el hermano pequeño de Georges, se uniría a mis filas. Se convertiría en una de las estrellas de mi Estado Mayor, mientras que su cuñado Baumens tomaría el relevo de Rex al frente del Círculo de Lieja, cuna de los Simenon mayor y menor.

Después de la guerra, nunca diría una palabra sobre esta doble lealtad, como tampoco lo haría sobre Hergé, cuando ambos se enfrentaron a los peores golpes de los purgadores-usurpadores.

Marie-Jo Simenon

Georges Simenon era -como decía el propio Gide- un escritor genial, con un estilo sencillo y despierto, que reconstruía sus miles de personajes con palabras claras, naturales, esenciales, tal como eran. Fue el novelista popular más poderoso de la literatura francesa actual. Sus creaciones se desarrollaban al margen de cualquier orientación política o, para el caso, de cualquier ideal humano. Era un hombre de instinto, un instinto que devoraba su existencia y era casi de naturaleza psiquiátrica. A diferencia de Hergé, era, y no lo ocultaba, un obseso del olfato femenino. Alardeaba abiertamente de las diez mil mujeres que se zampaba a razón de dos minutos por pareja. Las prostitutas eran sus salidas favoritas (¡ocho mil!) Las perseguía vorazmente, arrebatándolas por un breve instante.

Una de sus compañeras más famosas, Boule, escribió: "Éramos como animales. No pensábamos.

Estos disturbios proporcionaron a Georges Simenon muchos placeres, pero también algunos dolorosos reveses matrimoniales y familiares. Su hija Marie-Jo fue la víctima más angustiosa. Físicamente loca por su padre, le escribió un apasionado último grito: "Recuerda mi amor, aunque estuviera loco. Para eso vivía y por eso me muero ahora". Luego llegó la última llamada:

Escucha, papá, dime: "Te quiero".
- Te quiero, mi pequeña.
- No lo digas. Sólo di "Te quiero".
- Sí, Marie-Jo, te quiero.
- ¡No! Sólo dime estas dos palabras...
- Te quiero".

Colgó. Luego se disparó en la cabeza.

Tenía veinte años.

Además de la loca caza de la caza femenina, Simenon dedicaría toda su vida sin descanso a otra caza, la caza del dinero. Se convertiría en el escritor más rico del mundo, el más decidido a crear cientos de obras con este fin, a lo Balzac, que negociaría poco a poco, con la rapacidad de un usurero.

Fue en plena carrera por los millones, arrebatados a toda prisa y gastados de inmediato, cuando la Segunda Guerra Mundial se le vino encima en 1939.

Mientras que su hermano menor Christian, casado y con familia, iba a arriesgarlo todo para convertirse en activista político en el Rexismo, Georges Simenon, a pesar de llegar a la edad perfecta (36 años) para presentarse a la frontera belga o francesa, nunca había sentido la menor atracción bélica.

No creo que sea mi deber", escribió a Gide, "anticipar el heroísmo.

Por el contrario, en cuanto se produjeron las primeras convulsiones en 1939, huyó a esconderse lejos, al oeste de Francia, en Nieul, en lo más profundo de la Vendée. El 10 de mayo de 1940, se deja nombrar, muy vagamente, comisario para los refugiados belgas en La Rochelle. Sólo tendría un incidente, el día en que ciento veinticinco "cortadores de diamantes" de Amberes descendieron sobre su centro de acogida.

No había ni una cuarta parte de belgas entre ellos", dice Simenon, "sino casi exclusivamente israelitas apátridas".

Simenon añade:

"El asunto se resolvió rápidamente: ¡recibí de inmediato la orden del ministro Mandel (nombre real: Jeroboam Rothschild) de reservar la ciudad (La Rochelle) para los refugiados belgas "diamantes"!

No fueron 125 judíos "diamantes" los que se precipitaron en el Centro de Simenon, ¡sino 1.200!

Al mismo tiempo, no lo olvidemos, los servicios de Mandel-Rothschild estaban matando a bayonetazos a veintiuna personas (hombres, mujeres y un sacerdote) delante del quiosco de música de

Abbeville. No eran "comerciantes de diamantes", sino civiles belgas inocentes y corrientes, ¡etiquetados por sus asesinos como "paracaidistas"!

El refugio de Simenon durante la guerra, en la Vendée: suficiente para despertar algunos celos...

Una vez que la oleada alemana se hubo extendido durante cuatro años, de Narvik a los Pirineos Orientales, Simenon se refugió en tres residencias sucesivas de la Vendée, acosando a sus editores para que le hicieran pedidos telegráficos. Para ganar dinero, escribió decenas de novelas a toda prisa, del mismo modo que Hergé entregaba series de historietas a "Le Soir" de Bruselas para ganarse el pan. ¿Iban a dejar ambos pilas de manuscritos y miles de dibujos totalmente apolíticos pudriéndose en cajones apolillados?

El mismo problema -cómo ganarse la vida- acuciaba a todos los escritores del continente. El hitlerismo, decía el ministro belga Spaak, iba a dominar Europa durante mil años. Entonces, ¿durante diez siglos nadie podría escribir? ¿Moriría todo el mundo de hambre ante pilas de manuscritos o dibujos? ¿En qué podía ayudar o perjudicar a Hitler que Simenon o Hergé publicaran entretenidos dibujos o emocionantes novelas que no tenían absolutamente nada que ver con la guerra y menos aún con la política?

Hitler, lleno de preocupaciones militares, jamás echaría un vistazo a tres líneas de Simenon o a un dibujo de Hergé. En cambio, durante aquellos años amargos, los Maigrets y los Tintins entretendrían y animarían a un público exhausto que ansiaba relajarse un poco a pesar de la miseria de la época...

Eso es lo que hacía Simenon. Diez editoriales le acosaban para que ofreciera divertimentos populares. Lo mismo ocurre con sus películas, que permiten una breve evasión de la población civil, invadida por los alemanes y aplastada -lo olvidamos demasiado pronto- en sesenta y ocho mil personas sólo en Francia por las bombas aliadas.

Reconozcámoslo: durante la Ocupación, el cine, con sus Arletty, Danielle Darrieux, Henri Decoin y un centenar de otras estrellas eminentemente francesas, era el más brillante que Francia había visto nunca, libre como estaba de la avalancha de películas americanas ingenuas o llamativas.

El jefe de Continental, la empresa que creaba y distribuía estas películas al público europeo, era, siendo la guerra lo que era, un alemán llamado Grenen, ¡que hacía de fiel nazi, como todos sus compatriotas a los que entonces se les confiaba algún tipo de mandato! Grenen era tan respetuoso con su Führer que, cuando llegaba al trabajo, ¡plantaba su sombrero en el busto de Hitler que había a la entrada de sus oficinas de París!

Las novelas de Simenon y sus transposiciones cinematográficas fueron un gran éxito, al igual que los cómics de Hergé en Bélgica. No perjudicaron a nadie, pero hicieron enfermar de envidia a un centenar de autores incompetentes que habían fracasado al presentar sus nabos en el Continental, donde el sombrero del Sr. Grenen coronaba descaradamente el busto del entonces ganador. Simenon se convirtió rápidamente en una fuente de amargura entre los fracasados, al igual que los envidiosos de Bruselas que observaban al apacible Hergé.

Por curioso que parezca, los enemigos de Simenon intentaban desmonetizarlo haciendo creer a los alemanes que era... ¡judío! Por

Georges Simenon, en la foto con Jean Tissier, solía recibir en su propiedad de Vendée a los actores franceses de sus películas.

supuesto que lo era. Según ellos, Simenon se llamaba Simon (¡del hebreo Shim'on!), ¡como Shim'on Veil! Según estos candidatos fracasados, era "belga de pura cepa". Incluso su verdadero nombre era Simmiger.

A petición de los alemanes, preocupados al principio, la Sûreté Nationale Française y el Commissariat aux Affaires Juives investigaron. Descubrieron a dos Simons camuflados, ¡pero eran André Suarès y André Spire!

Esta búsqueda inicial no fue suficiente. Una nota oficial instaba a seguir investigando. Un comisario principal de la Sûreté, inflado de prepotencia, llegó a Vendée, a casa de un desconcertado Simenon, aturdido, con la pipa torcida.

Assouline ha reproducido el diálogo:

"Eres judío, ¿verdad?
- Somos cristianos de padres a hijos y durante varias generaciones hemos tenido la palabra cristiano entre nuestros nombres de pila.
- Simenon viene de Simon.
- ¡Ah!
- Y Simón es un nombre judío.
- Te digo...
- No me sirven sus afirmaciones. Necesito pruebas.
- Puedo demostrarte que no he sido circuncidado.
- ¿Es usted un estraperlista?
- Nunca he vendido nada más que derechos de autor.
- Eres judío. Nunca me equivoco. Puedo oler a un judío a diez pasos. Te doy un mes para que me des los certificados de nacimiento de tus padres, tus abuelos y tus bisabuelos. Dije un mes. Y no trates de huir. Te estamos vigilando.

Los amigos de Simenon y el embajador del Reich, Otto Abetz, francófilo devoto, tuvieron que acosar a todos los dignatarios de Vichy y de París para quitarse a Simenon de encima. Sobre todo, Georges Simenon tuvo que conseguir que su madre y su hermano menor Christian, que era miembro de mi Estado Mayor, fueran a Bélgica para obtener los documentos esenciales que demostraban que el Georges Simenon "vigilado" había nacido de padre "católico, belga, ario" y de madre "aria, alemana de nacimiento". Así pues, ¡por fin cayó el telón de la comedia Simenon-Simon-Simmiger! ¡Uf!

¿Iba Simenon a respirar? ¡Pero no! Esta vez, la ofensiva comenzaría de nuevo en dirección contraria, ¡con destino a Londres! Simenon, se dijo a los argousins del general de Gaulle, ¡era un "colaborador"!

Pero si alguien nunca se comprometió, fue él, el cobarde nato.

Lo único que Georges Simenon quería era publicar y vender sus libros y lanzar sus películas. No le importaba la identidad ni la nacionalidad de los productores, ya fueran judíos (Lucachevitch y Rabinovitch antes de 1939) o alemanes, como los Grenen que

Refugiado en Vendée durante toda la Ocupación, Georges Simenon se mantuvo prudentemente "al margen"...

llevaban el sombrero sacrílego de Hitler, o estadounidenses, una vez terminadas las hostilidades. Lo único que le importaba era el contrato y el gran cheque que lo acompañaba. Lo mismo ocurría con sus novelas, publicadas en todos los idiomas. Lo mismo para la gran prensa que, antes, durante y después de la guerra, publicaba sus seriales de Maigret para atraer masivamente a los lectores. Pero durante toda la Ocupación, Simenon nunca pronunció, en ninguna parte, cuatro líneas que pudieran tener la menor connotación política

¿Inconsciencia o coraje político? Sin embargo, Georges Simenon expresó públicamente su simpatía por el movimiento rexista dedicando su fotografía a "Le Pays Réel" (El País Real) en 1939.

Por supuesto, la guerra le avergonzó. Le apartó de sus editores extranjeros. Le aturdió con sus restricciones. Como casi todo el mundo en aquella época, le habría gustado que este gigantesco tira y afloja que Churchill se esforzaba tanto en prolongar terminara sin más daños. Espero", escribió a su madre en marzo de 1941, "que los ingleses no puedan aguantar mucho más". Un deseo imprudente, ¡pero platónico! En realidad, Simenon sólo tenía una idea: huir, escapar de los riesgos de la ocupación, colarse en la zona libre, refugiarse en Porquerolles, en la Costa Azul, donde antaño había pasado muchos días felices pescando. Sólo la segunda invasión alemana, que llegó hasta el Mediterráneo en noviembre de 1942, pondría fin a este plan: "- Ya no tenía sentido que me marchara", suspiró, "porque era de la Ocupación de lo que huía y lo que encontraría al otro lado.

Así pues, Georges Simenon permanecerá en Vendée hasta la Liberación de 1944, situándose no por encima de la contienda, sino, como señala astutamente su biógrafo Assouline, a su lado.

Evidentemente, no era un colaboracionista. Entre los envidiosos se lanzó otra campaña: la del cotilleo. Los campesinos locales desconfiaban de este extranjero rico, mujeriego, juerguista, bebedor insaciable que, sobre todo, escudriñaba y desgranaba cada detalle o rareza graciosa de la gente menuda de estas aldeas cerradas. Pronto se le atribuyeron extrañas costumbres. Se llegó a murmurar que en Saint-Mesmin las chicas se paseaban desnudas por su casa, e incluso salían a la calle.

Si su galopada hubiera tenido lugar, no habría chocado demasiado con la escandalosa historia sexual de las distintas Repúblicas francesas.

Uno de los predecesores del Sr. Mitterrand había muerto repentinamente de un ataque en una discreta habitación del Palacio del Elíseo mientras mantenía el más intenso combate cuerpo a cuerpo con una invitada clandestina. La mano del ilustre fallecido se había aferrado durante algún tiempo al cabello de la aturdida acompañante femenina.

Recordamos el malentendido cuando se llamó apresuradamente al capellán. El sacerdote, inquieto: "¿Le conoce aún el Presidente? El alguacil se quedó helado: "No, se fue por la escalera de atrás"... No sin dejar su faja y su sujetador en el suelo mientras huía...

El régimen republicano siempre fue muy aficionado a estos escarceos coreografiados. Al igual que Simenon, el ministro Barthou frecuentaba los burdeles. Bajo De Gaulle, Le Troquer, un sátiro entrado en años, se especializó en las jovencitas.

Hitler, imaginamos, no tuvo nada que ver con estas brillantes fiestas republicanas.

¿La "colaboración" de Simenon en este batiburrillo?

Escribía, bebía, fornicaba, se embolsaba millones, eso era todo. Además, en 1941 y 1942, la "Resistencia" era prácticamente inexistente en la región de Vendée; sólo se susurraba que un vago empleado era "miembro de la Resistencia". En la clandestinidad, se había convertido en capitán, como tantos otros llegarían a ser comandantes, coroneles e incluso generales después de agosto de 1944... Simenon intentó mantener el equilibrio en este revoltijo de fanfarronadas e intimidaciones. Dio dinero, abundante e indiscriminadamente, a todos los comités, de todos los colores del arco iris, que vinieron a atizarle. Incluso pagó una pensión mensual de cinco mil francos (una gran suma en aquella época) a un joven preso.

Así que había que encontrar algo más para mancharlo en Londres. ¿Qué? Estaba "traficando en el mercado negro", susurraban. ¿Qué era? Cero. Tenía demasiado pánico como para arriesgarse a operaciones irregulares. Sólo una vez aceptó cambiar un ejemplar de su libro "Les Fiançailles de Monsieur Hire" por un neumático nuevo para su bicicleta.

Sin embargo: "Georges Simenon, tenemos su expediente", había anunciado una noche la BBC. Simenon empezó a temblar de nuevo. A principios de 1944, algunos miembros de la Resistencia

Después de la guerra, prácticamente todos los artistas franceses de talento tuvieron que sufrir los celos de los mediocres: Arletty podía lucir moratones de verdad en lugar de maquillaje de película...

empezaban a aparecer por aquí y por allá. Para ganárselos, el valiente Georges les envió un barril de vino y un cerdo. Más tarde, incluso se jactó de haber regalado su Citroën a la Resistencia. ¡Mentira piadosa! Los futuros héroes locales se lo habían robado sin pensárselo dos veces

"Su coche fue requisado sin pedirle permiso. Simenon fue registrado como todo el mundo, simplemente".

En resumen, durante toda la guerra, Simenon, aparte del pinard y las chuletas de cerdo que regalaba a los que, al parecer, resistían, no se decantó ni por un lado ni por otro.

La Francia que yo conozco", explicaría más tarde, "era la Francia de 1922 a 1939.

Pero la Francia de los envidiosos también existió entre 1940 y 1944. Simenon iba a aprenderlo por las malas, apenas los últimos estallidos de los fuegos artificiales borraron las pizarras de los tejados de París, con la llegada olímpica de un De Gaulle kilométrico y vengativo.

Del mismo modo, Tino Rossi, que había prestado su apoyo a una gala en favor de la Colaboración, ¡fue encarcelado en Fresnes!

Al igual que Hergé en Bélgica, Simenon se convertiría casi de inmediato en objeto de aberrantes denuncias en Francia.

¿Por su hermano Christian, dirigente rexista en Bruselas?

Pero nadie en la Vendée, ni en París, tenía la menor idea de que había otro Simenon sobre la tierra que no fuera el padre de Maigret. Al igual que Sacha Guitry, detenido en pijama, o la bella Arletty, encerrada en un calabozo digno de un parricida, ¡casi todo lo que había brillado en Francia en aquellos años en el mundo de las letras, el teatro y el cine había sido detenido!

Para un millar de furibundos zopencos, se trataba de hurtar apresuradamente los puestos vacantes y arrebatar las imprentas de la prensa caída para instalar allí periódicos chapuceros a bajo coste.

Para ello, como hemos visto, decenas de miles de derechistas franceses fueron apaleados, torturados y asesinados por todo el país, y medio siglo después, en muchos casos, ¡aún no sabemos dónde fueron arrojados sus restos!

¿Y dónde encaja Simenon en todo esto?

En aquel momento (septiembre de 1944), estaba enfermo. Sufría de pleuresía. Estaba resplandeciente de fiebre y, por supuesto, sin pipa en la boca.

Los rumores llegaban hasta su cama, incontrolables, inverificables, lo suficiente como para sugerir que en todas partes de Francia se encarcelaba o asesinaba a la gente con cualquier pretexto pseudopatriótico.

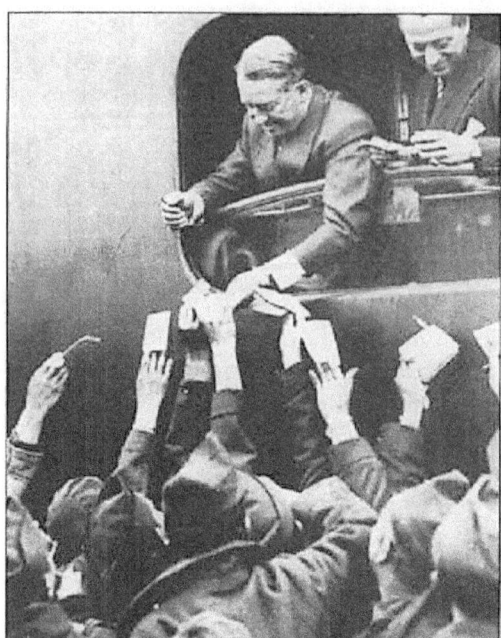

En 1939, Maurice Chevalier recorrió los campos de prisioneros franceses en Alemania, cantando siempre ante un público entusiasta. Por este grave acto de "colaboración", fue "condenado a muerte" por la radio estadounidense.

¿También íbamos a atacar a los dolientes de Vendée, que también fueron calificados de "colaboracionistas"?

Simenon -dice Assouline atónito- es un pesado desde que la BBC lo condenó a muerte. Pero, ¿quién ha dicho eso? ¿Con qué argumentos? ¿Y cuándo exactamente? ¡Tenemos que esperar unos días para saber que el hombre designado por las ondas para el pelotón de fusilamiento se llama en realidad Simenon! Decididamente... El archivo no sólo está vacío, ¡no se encuentra por ninguna parte!

¡No importa! ¡Una orden de arresto será telegrafiada desde París para Georges Simenon!

Los inspectores llegaron a su litera. Afortunadamente, su estado de salud le hacía intransportable. Pero Simenon ya no tenía un pelo seco. Tanto es así que, arremolinado en la nada y queriendo, a pesar de todo, complacer a los comunistas, entonces todopoderosos amos del país, ¡se suscribió a "L'Humanité"! Intentó limpiar su nombre hojeando ostentosamente esta hoja de odio, como haría Maurice Chevalier en París cuando, durante la guerra, pagó ingenuamente un viaje a Alemania con el boater sobre las orejas para intentar distraer a los prisioneros con sus canciones.

La Sûreté Française no se anduvo con rodeos. A todos los efectos, confiscaron los documentos de identidad de Simenon y bloquearon todas sus cuentas bancarias. "¡Simenon es una basura! La acusación se limitó a esta olorosa declaración. Fue suficiente para que el F.F.I. fuera enviado desde París para detener a Simenon, el "estiércol", temblando en su cama.

La suerte quiso que la acusación se detuviera temporalmente gracias a un brillante testimonio. Vimos cómo, en Bélgica, Hergé pudo salir de su celda. Aquí, la intervención fue tan insólita que sólo conocemos - cincuenta años más tarde - las iniciales H. de K. del pseudorresistente que, al amparo de la embajada belga, limpió el nombre de Simenon (no sin llevarse después tres grandes millones de su cuenta bancaria). Todo lo que sabremos de este resistente es lo que Pierre Assouline, en su "Simenon" (p. 370), nos ha revelado:

> "Este aventurero de incuestionables dotes interpersonales parecía estar en su mejor momento con la gente de la embajada belga, ya que afirma ser uno de sus encargados de misión. Presentándose como antiguo comandante de un grupo de resistentes francobelgas, hizo mucho, quizá demasiado. Incluso llegó a avalar la actitud de Simenon durante la guerra, a pesar de que le conocía desde hacía poco tiempo. En su entusiasmo, no dudó en decir a Marcel Pagnol, Presidente de la Société des Auteurs, que había tenido ocasión de recurrir "en numerosas ocasiones a la buena voluntad de Simenon para misiones particularmente peligrosas para él". Mejor aún: "Cada vez, sin vacilar y sin ser consciente de los riesgos que ello implicaba, Simenon respondió completamente a mis llamamientos".

¡Un héroe!

Pero todo esto era falso y falso. ¿"Misiones especialmente peligrosas"? ¡Ninguna! Ni una sola. ¿"Riesgos asumidos sin vacilar"? ¡Otro cero! ¡Sólo palabrería! ¡Sólo bla, bla, bla! Mentiras que te cuidarías mucho de vender después.

En 1944 y 1945, en Bélgica y Francia, se producirían cientos de estafas similares, envueltas en las banderas de una Resistencia que hablaba alto y lo tomaba todo para sí. La "garantía moral" de un estafador bastaba para volver a poner instantáneamente sobre la pista a Simenon, un hombre consumido por el miedo pero que nunca se había puesto del lado de nadie ni de nada, preocupado exclusivamente por la venta de sus libros y películas, aumentando cada día el dorado tesoro de sus millones.

Una vez que el misterioso H. de K desapareció temporalmente (¡junto con los tres ladrillos!), la caza del hombre continuó. El odio era tenaz. Simenon, que siempre tuvo un olfato infalible, olfateaba otros supuestos complots patrióticos, alimentados incansablemente por las habladurías.

También en este caso fue Assouline, investigador que llevaba la cuenta de todos los cajones administrativos, quien arrojó luz sobre las costumbres de la época: "Una investigación del S.R.P.J. (Service Régional de Police Judiciaire) de Poitiers acaba de ser depositada sobre la mesa de un juez de instrucción. Se trata de un informe muy reciente del inspector Jean Péchereau al comisario jefe de la 22ª Brigada de Policía Judicial de Poitiers. Aunque confirma el sobreseimiento de la causa de Simenon, lo presenta bajo una luz extremadamente desfavorable. Según el informe, la actitud de Simenon durante la ocupación alemana fue claramente contraria a los intereses franceses. El inspector recorrió de nuevo las Charentes y la Vendée, convencido de que descubriría una gran liebre. ¿Qué encontró en Nieul y La Rochelle, en Fontenay y Saint-Mesmin? Nada, porque no hay nada que encontrar salvo cotilleos y rumores rancios, siempre los mismos. Pero llegó a la conclusión de que l'Intéressé tenía una detestable reputación de "germanófilo y oportunista".

Simenon estaba harto de tanto chantaje. Estaba asqueado de esta Francia de perdedores, locos y "comunistas" soviéticos repintados de repente con la tricolor, ¡y decidiendo sobre la vida y la muerte de los franceses!

"El clima de denuncia en 1944-1945 es realmente demasiado repugnante", exclamó Simenon. En Bélgica, donde cientos de personas fueron fusiladas, el pobre Hergé estaba igual de indignado.

Simenon ya no podía más. Quería escapar, huir. Sobre todo porque temía "la posibilidad de que los comunistas tomaran el poder en Francia", algo perfectamente concebible en 1944-1945, cuando Stalin se había tragado a cien millones de europeos del Este y estaba decidido a engullir al resto.

Si quería obtener un visado de salida, Simenon aún tenía que asegurarse, ante las más importantes autoridades de Asuntos Exteriores, de que no colaboraba con los malditos nazis. Gracias al patrocinio del estafador H. de K. de la embajada belga en , el padre de Maigret, con su pipa temblando, obtuvo por fin el sello liberador. El 24 de agosto de 1945, exhalando un enorme suspiro, se escabulló a Canadá.

Joséphine Baker, que nunca tarda en actuar, se puso el uniforme del FFI en el momento justo...

¡Ya era hora! Seis días más tarde, la Police Judiciaire de París, aferrada aún a los chismes de los policías de Poitiers, acudió a la Police des Étrangers para exigir la expulsión de Simenon

El hombre a quien Gide había proclamado "el más grande novelista en lengua francesa del siglo XX" se libró, por milímetros, gracias a la prestidigitación de un combatiente de la Resistencia, de una expulsión que habría cubierto de sangre y de infamia al gobierno francés y a sus purificadores.

¿Se acabó de verdad?

¡No puede ser!

El 14 de julio de 1949, cinco años después de la "Liberación", el Comité d'Épuration des Écrivains, donde retozaban los peores zopencos intelectuales de Francia, ¡volvió a la carga! Al igual que en Bélgica habían roto los lápices de Hergé hasta que algunos fanfarrones de la Resistencia se adjudicaron el trabajo de pescar a Tintín, los purgadores franceses todavía se las arreglarían para azotar a Simenon con un decreto de prohibición. ¡Sesenta meses después del chisme de 1944!

Simenon estaba "sujeto a todas las prohibiciones temporales establecidas en el artículo 3 de la orden de 30 de mayo de 1945 durante un periodo de dos años a partir de la fecha de la misma".

Georges Simenon en 1920, época de sus artículos antisemitas.

Para decirlo claramente", explica Assouline en la página 400 de su "Simenon", "esto significaba que no se le permitía publicar novelas ni artículos, dar conferencias, participar en programas de radio, vender sus derechos cinematográficos ni obtener beneficio alguno de su actividad literaria durante los veinticuatro meses siguientes. Y se lo notificaron cinco años después de la liberación de París.

¡En la tierra que una vez fue hogar del espíritu y la libertad!

¡Así que la inmensa obra de un pseudo-collabo Simenon iba a ser apuñalada por imbéciles durante años!

Hubo que instruir a uno de los principales abogados de París, Me Garçon, movilizar a los editores Gallimard y Sven Nielsen, y recurrir a decenas de personalidades públicas para sofocar el escándalo que habría supuesto la confiscación de decenas de miles de libros de Simenon en las librerías, la incautación de sus películas en los cines y la prohibición en toda Francia de las obras de teatro basadas en sus novelas.

Consternados por el recurso del Sr. Garçon, los purgadores desistieron. Pero nunca se informó de esta farsa de condena. Simenon siguió estando oficialmente prohibido. Así fueron tratados - Hergé en Bruselas, Simenon en París - los dos autores belgas francófonos más conocidos de su siglo.

Menos mal que los purgadores no tenían entonces en su carnívora bolsa de trucos más que las miserables mentiras que recogían en pub tras pub contra el "estiércol de Simenon" al final de la Segunda Guerra Mundial.

Afortunadamente, ¡todavía ignoraban que Simenon había sido un "antisemita" desde los 17 años!

Entre junio y octubre de 1921 (hace más de setenta años), como joven redactor de la "Gazette de Liège" (¡cincuenta y cuatro francos de sueldo mensual al principio!), había escrito un total de diecisiete artículos sobre el tema del "peligro judío", inspirados en los famosos "Protocolos de los Sabios de Sión". Simenon, ya adulto, casi había perdido todo recuerdo de ellos: dos o tres artículos, tal vez, diría más tarde, rascándose la cabeza. En cualquier caso, ¡el crimen se había cometido|

Al mismo tiempo, yo, el gran magnate del automóvil Henry Ford, acababa de lanzar su famoso libro "*El judío internacional*", que se

„Tout se tient, tout se précise. Les Juifs dans leur rage de destruction et aussi dans leur soif du gain, ont enfanté le bolchevisme. Ainsi la pieuvre juive étend ses tentacules dans toutes les classes de la société."

Georges Simenon „Le Péril juif", *La Gazette de Liège*, 1921.

Después de escribir "Le Juif International", Henri Ford, llevado a la bancarrota por los bancos judíos, envió una carta pública de disculpa al financiero judío Louis Marschall, mientras su familia escapaba de un ataque criminal. Como "recompensa", el arrepentido industrial estadounidense obtuvo permiso para abrir una gran fábrica de automóviles en la URSS... El periódico francés Le Crapouillot ilustró este hecho con una viñeta titulada "Le Retour de l'Enfant Prodigue" ("El regreso del hijo pródigo").

convirtió en un bestseller en pocas semanas.

El hermano de Georges, Christian Simenon, fue un valiente soldado de las Waffen SS en el Frente Oriental, junto a Léon Degrelle.

El antisemitismo se vio alimentado por el notorio afán de los judíos no sólo de acaparar dinero, sino sobre todo de apoderarse de los resortes del poder en todas partes... A este respecto, poco ha cambiado en 1994, aparte del hecho de que ahora son sagrados. Cualquiera que, en esta época, tuviera la desfachatez de descubrir un piojo en el occipucio de un israelita sería inmediatamente despojado de sus pantalones, despojado de su piel y arrojado a la basura a grandes golpes de zapato. Las mafias de la prensa y la televisión, entrenadas para despedazarse durante cincuenta años, despedazarían al profanador. Políticos y jueces polivalentes completarían la operación de descabello.

Resulta incluso extraño. Porque si los judíos de 1940-1945 sufrieron -cosa que no se puede negar-, ¿cómo es que su caso ya ni siquiera se puede estudiar históricamente?

¿Provocaron de alguna manera esta guerra? ¡Gran problema! ¿Por qué está prohibido aludir a las causas reales de este conflicto, así como a las innumerables provocaciones y ataques que dieron lugar a represalias durante la guerra?

En cuanto al destino real de los judíos, ¿por qué tantas prohibiciones legislativas y condenas, draconianas en caso de que queden dudas? Al final, el caso se vuelve contra los propios judíos. Si no se les permite hablar, es porque tienen algo que ocultar. Semejante intolerancia es una llamada de atención para todos.

En cuanto al pobre Simenon, si sus escritos de juventud hubieran llegado a oídos de la Resistencia en 1944, ¡seguro que lo habrían asado como a un pollo robado!

Se habría puesto moreno por segunda vez si se hubiera sabido entonces de la existencia de su hermano rexista. Porque Christian Simenon, su hermano menor, era cien por cien rexista. No un modesto militante, sino un importante miembro del Estado Mayor de Rex.

El caso de estos dos hermanos era asombroso: su madre adoraba a Christian y no soportaba a Georges. Sin embargo, el mayor y el menor eran hermanos. Antes de la guerra, Georges llegó a pasar cinco días con su hermano en Matadi, en lo más profundo del entonces Congo Belga.

Christian estaba de permiso en Bélgica cuando estalló la Segunda Guerra Mundial, lo que impidió su regreso. Se unió a las filas del rexismo, pasó a formar parte de mi personal y permaneció así hasta el final de las hostilidades

La relación entre los dos hermanos siempre fue puramente emocional. Se escribían a menudo. En junio de 1943, Georges incluso recibió a su hermano Christian en su casa de Vendée, en Saint-Mesmin. Christian había llegado directamente de nuestras oficinas de Bruselas, con un Ausweis que, por supuesto, no había sido suministrado

Georges y Christian Simenon : dos hermanos que se amaban.

por el Sr. Churchill ni por el antiguo Primer Ministro belga, el Sr. Pierlot. Sin embargo, políticamente, Georges Simenon estaba fuera de juego, ajeno a cualquier actividad degrelliana. Leí las novelas del Simenon mayor. El más joven me apoyaba. Cada uno siguió su propio camino.

Pero en la primavera de 1945, nuestro cristiano en fuga cayó sobre las espaldas de Georges Simenon, ¡que ya estaba muy mal! Milagrosamente, había escapado de sus perseguidores belgas (treinta y dos de sus camaradas serían fusilados en el acto) y se encontraba en un banco de la plaza de los Vosgos de París, bajo el piso de su hermano Georges, que estaba él mismo al límite de sus fuerzas e intentaba, por todos los medios posibles, como hemos visto, escapar a Canadá.

Como todos sabemos, Simenon el mayor no había nacido valiente. ¿Qué había que hacer con este hermano menor que había aparecido tan inesperadamente? Sin duda, el hermano mayor habría podido encontrar la manera de que su hermano menor llegara a España, donde yo había desembarcado el 8 de mayo de 1945, procedente del frente noruego, y donde ya habían ido a parar muchos de nuestros camaradas en fuga. Habría sido recibido fraternalmente. Podría haberse salvado perfectamente. Pero la identidad de Christian, que se había refugiado en Madrid o en otro lugar, podría haber sido descubierta un día y el nombre de Simenon lanzado de nuevo a la palestra pública, complicando aún más el caso personal del mayor...

¿Qué hacer entonces con este hijo menor fatal? Georges Simenon pensó que era demasiado arriesgado ayudar a su hermano a salir al extranjero. Prefirió quitarse de en medio el nombre de este segundo Simenon, aún desconocido para todos, haciéndole vestir secretamente un uniforme de la Legión Extranjera.

En 1945, esta última reclutó con avidez carne de cañón allí donde la encontraba, en particular entre nuestros soldados del Este que huían o, peor aún, en los lazaretos alemanes donde se hospitalizaba a nuestros heridos. Se les ofrecía un trato: o te entregaban a los purgadores de tu país, es decir, te encerraban durante muchos años o incluso te fusilaban, o te alistabas en la Legión Extranjera con un nombre falso que ocultara inmediatamente tu identidad. Muchos sucumbieron a la tentación.

Así fue como Christian, apremiado por Georges, se encontró metamorfoseado en Christian Renaud al cabo de unas horas y subió rápidamente a un barco con destino a Indochina. Georges le había abrazado cariñosamente en el momento de la despedida, pero en realidad, vencido por el miedo, se deshizo de él. ¡Simenon n°2 estaba fuera de la carretera! Ya no se podía interrogar a Georges y decirle que era el hermano de un colaboracionista. A partir de entonces, ya no se llamaría Simenon, sino Renaud.

Georges tomó aire.

Poco después, él también se embarcó rumbo a América.

Como tantos de nuestros camaradas deportados, bajo amenaza, a los confines del mundo, nuestro nuevo Christian Renaud sólo podía calmar su dolor diciéndose a sí mismo que en Tonkín continuaba, como habíamos hecho en el Frente Oriental, la lucha contra el comunismo, idéntico en Hanoi al que habíamos enfrentado en el Donetz, el Cáucaso y Cherkassy. Fue probablemente su último consuelo, porque en noviembre de 1947, una llamada telefónica llegó de repente, como un rayo, a la casa americana de Simenon en Tuckson: ¡Christian ha muerto!

Su madre, al enterarse de la noticia, arremetía con vehemencia contra su hijo mayor: "Por tu culpa ha muerto Christian. ¡Por qué ha muerto él y no tú! Fuiste tú quien lo mató.

Georges sólo pudo balbucear: "Christian ha muerto... Tonkin..."

Y añadiría, abrumado: "Y fui yo quien le envió allí...".

Pasarían varios meses (el 14 de enero de 1948) antes de que un telegrama firmado por el general Salan anunciara, manteniendo en secreto la identidad de los muertos, que un cabo principal llamado Christian Renaud, del 3er R.E.I., había sido herido en una emboscada y había fallecido pocas horas después en la enfermería de su unidad.

Y así, por segunda vez, el pobre y desdichado hermano desapareció, muriendo solo, lejos, dejando a Simenon el mayor en la estacada...

Durante mucho tiempo, el gran público ignoró esta tragedia. Cuando salió a la luz -¡en 1992! -, Georges Simenon, que también había muerto, volvió a estar en el candelero.

Políticamente, era injusto.

A Georges Simenon, retorcido por el miedo, nunca se le habría podido reprochar que, en 1945, enviara muy involuntariamente a la muerte a su hermano menor para que la existencia de un Simenon nº 2, importante "colaborador", no agravara su caso personal. Si hubo un fallo, fue moral. La política no tuvo nada que ver con esta tragedia. Pero los Épurateurs, después de cincuenta años de esparcir su negro veneno, no podían dejar pasar esta última oportunidad de vengarse una vez más del hombre cuyo poder creativo había eclipsado durante tanto tiempo su mediocridad.

Revelar que el hermano de Simenon había sido rexista fue el colmo del escándalo. ¿Cómo es posible que el hermano de un colaboracionista haya sido nombrado miembro de la Académie Royale de Belgique? El 16 de septiembre de 1991, el periódico más importante de Bélgica publicó un artículo a cinco columnas atizando a Georges Simenon, titulado "Un magnifique salaud" ("Un magnífico bastardo"). Bastardo, su escritor más famoso...

Un semanario bruselense llegó incluso a hacer esta sugerencia de muy buen gusto: "En el Hotel Simenon de Lieja, donde cada habitación recuerda una de las novelas del maestro, ¿habrá que añadir habitaciones 'Kommandatur' (sic) o 'Kollaboration' |sic)?

LIEGE

Hotel SIMENON ***

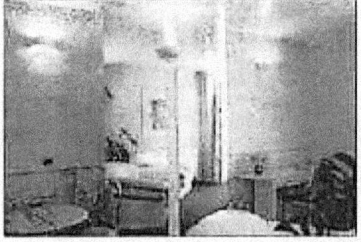

Hotel SIMENON lies in Outre-Meuse (literally "over the Meuse") the part of town that has always been its rebellious mind and true love of old traditions.
Tchantchès is their local hero, a puppet on a string which is all but that.

An anniversary to celebrate, your wedding-night; you want to do business in perfect surroundings ? You will certainly be left with fond memories of Liège.

A hotel like no other : 4 rooms and 7 suites, all fully decorated following the style of different Simenon novels ; hardback editions for a paperbackprice.

A breakfast to remember, or a hot sandwich you'll never forget : Les Jardins de l'Hôtel SIMENON was created just for that. If you're looking for a local however, try one of the homemade ice-creams, 14 of which have been named after Maigret, whose pipe and hat will remind you of this experience forever after.

Incluso muerto, Simenon se encontró innoblemente ultrajado por los fanáticos de su propio país, al igual que Hergé, el inmortal Hergé, cuyo nombre sigue inscrito como traidor en el Museo de Bruselas de una "Resistencia" incansablemente al acecho...

"¡Fue horrible! Fue horrible!", repitió cien veces Hergé, horrorizado por las abominaciones de la Liberación. Georges Simenon, de haber presenciado la macabra explotación del cadáver de su hermano rexista caído en Tonkín, habría podido decir lo mismo...

En 1993, en Lieja, a pesar de la furia de los imbéciles, hubo que inaugurar una exposición "Todo Simenon", del mismo modo que dos años antes una exposición "Todo Hergé" había atraído a Welkenraedt a doscientos treinta mil tintinófilos. Durante esta tardía operación Simenon, tres hijos hasta entonces desconocidos de Georges Simenon aparecieron en el reportaje televisivo, hijos corrientes, de la variedad del nabo apresurado, ¡pero la vida y la muerte de Christian Simenon, el valeroso hermano rexista caído en Tonkín, se mantuvo minuciosamente en silencio!

Sólo así, con medio siglo de retraso, los revanchistas pudieron por fin tragarse la píldora de Georges Simenon.

Aun así, este "Tout Simenon" fue un fracaso, con sólo cincuenta mil visitantes a finales del verano de 1993, cuando habrían hecho falta ciento sesenta mil sólo para cubrir los gastos...

No importaba. ¡El universo entero había respondido con un brazo de gloria a los ultrajes de los impotentes y los quejicas! Se haga lo que se haga, Georges Remi (Hergé) y Georges Simenon seguirán siendo para siempre los dos artistas más leídos y vistos de la literatura francesa del siglo XX.

Capítulo XXXVI

Los últimos escupitajos

El odio político siempre ha sido una característica de los belgas. Junto con un cierto complejo de inferioridad. En cuanto uno de sus compatriotas levanta la cresta por encima de la hierba del prado, ¡se oye un chirrido general debajo de sus espolones!

Si no eres "pequeño belga", ¡no eres belga!

Para un pueblo impregnado de formalismo y fundamentalmente conservador, una aventura como el rexismo fue quizá el acontecimiento político más sorprendente del siglo en Bélgica. Nunca antes se habían reunido multitudes tan grandes en torno a un programa sencillo. En su día, Hergé señaló asombrado: "¡He visto multitudes fanáticas! Audiencias de pago reunidas por decenas de miles -doscientas mil personas en Bruselas para las Seis Jornadas en el Palacio de los Deportes- en torno a un muchacho muy joven que despertaba una pasión vibrante en el público, ¡fluidos eléctricos desconocidos que quemaban a los oyentes, uniéndolos de repente en un todo gigantesco!

Entre 1941 y 1945, este fenómeno, que implica no sólo análisis sino introspección, llevó a miles de idealistas convencidos a la muerte en el Frente

- J'ai déjà 27 signatures d'Hergé dedans, mais je voudrais que tu m'en donnes une deuxième.

Cuando Léon Degrelle estaba escribiendo este libro de recuerdos sobre Hergé, se le ocurrió mostrar el primer borrador a Stéphane Steeman, el indiscutible especialista en Tintín. La suerte quiso que la revista semanal "Pan" se enterara de este encuentro y publicara (el 15 de octubre de 1991) un artículo relativamente humorístico al respecto: Steeman, que organizaba "una exposición muy lucrativa en Welkenraedt sobre un colaborador (no es un juego de palabras) de los periódicos de Degrelle", estaba "visiblemente pendiente de cada una de sus palabras para asimilar, como las Sagradas Palabras, las duras palabras del Jefe". Fue el comienzo de una formidable campaña de odio contra Degrelle, pero también contra el humorista belga...

Oriental, por lealtad a su fe. El rexismo fue un acontecimiento único. Por eso, a pesar de las furiosas campañas emprendidas contra él desde 1945, el mito sigue vivo, por eso se han escrito decenas de libros sobre él en Bélgica y en el extranjero, y por eso ha reaparecido constantemente en cientos de artículos durante los últimos cincuenta años.

En Bélgica, REX generó inmediatamente polémica, con fans y anti-fans por igual. El apocalíptico choque de la prensa en otoño de 1991, por una simple visita que me hizo en el exilio el gran especialista en Hergé, el humorista Stéphane Steeman, lo demostró una vez más.

Poco se hablaba de un Hergé rexista después de 1945. ¡En mi refugio, no iba a comprometer a un viejo hermano como Georges, que ya tenía mucho trabajo eliminando de sus álbumes algunas narices torcidas que la "Resistencia" había desenterrado con lupa!

Como hemos visto, sólo pudo salir en 1946 con la ayuda de un pesado bastón de la Resistencia. Si daba más detalles, ¡corría el riesgo de hacerle caer!

¡Fue el éxito mundial de Tintín lo que puso a los envidiosos tras la pista del tintinismo! Y quién sabe, ¡el ganador del cómic podría verse comprometido y exprimido!

Como el estribillo del antisemitismo se cansaba, nos quedaba el espectro de Degrelle (¡el "criminal de guerra"!) al que uniríamos al pobre Hergé. Y así, esperábamos, ¡se convertiría en mi colega en la monstruosidad!

Yo era -y quién lo negaría hoy- un gran amigo de Georges Remi. Eso fue hace sesenta y cinco años (1929). Casi todos los testigos de nuestra amistad han desaparecido, incluido Hergé. Entonces éramos jóvenes felices, antiguos scouts idealistas. ¿Qué delito había en ello? Todo el mundo tuvo compañeros en su juventud. Todo el mundo saborea esos recuerdos encantados como pralinés con trufas. Florecimos, retozando como jóvenes en casa del abate Wallez.

La simple visita a Léon Degrelle del cómico y coleccionista tintinesco Stéphane Steeman desencadenó una de las campañas de prensa más formidables que ha vivido Bélgica desde el final de la guerra: además de que Stéphane Steeman tuviera que dilucidar las justificaciones de sus actos, lo que se negó oficialmente fue el derecho de los vencidos a seguir hablando... ¡en nombre de los "derechos humanos"!

En todo ello se encontraba el periódico del despreciable nazismo.

Le XXème Siècle" lleva muerto 54 años, ¡y el abate Wallez más de cuarenta! Eso no detuvo a los necróforos. Corrieron a desenterrar al abate. No tardaron en incurrir en las contradicciones más absurdas. El principal acusador, Ajame ('Hergé', Gallimard), marcó la pauta.

Presentado por "Le Nouvel Observateur", el buen abate Wallez, sacerdote nacionalista por derecho propio, se transforma en el libro de Ajame en un fascista espantoso, ¡el corruptor político de nuestros jóvenes adolescentes!

"Wallez es histeria de extrema derecha, sable y alfiler contra hoz y martillo. El abate come comida bolchevique, lee a Maurras y admira a Benito Mussolini, cuya foto autografiada adorna su despacho de director. No es un "fascista", es un fascista. Y no es

Hergé y su mentor, el abate Norbet Wallez (foto tomada a finales de los años veinte)

casualidad que el corresponsal del XXème Siècle en México sea Léon Degrelle, que pronto desfilará a la cabeza del movimiento rexista. (Pierre Ajame, "Hergé", p. 35-36)

Así pues, el bueno de Hergé y su colega Degrelle no eran en absoluto dos jóvenes exploradores bien educados en su modesto rincón. ¡Estaban retozando "al borde de la histeria" al servicio del "sable y el goupillon contra la hoz y el martillo"! Por supuesto, ¡estar "contra la hoz y el martillo" significaba que el abate Wallez y sus dos jóvenes cómplices quedaban definitivamente en la picota!

Ajame fue categórico: "¡El Abate come comunismo! ¡Come! En una época en la que el comunismo exprimía a enormes manadas de personas en sus gulags, en la que millones de campesinos rusos habían perecido en el campo, en la que Stalin se disponía a fusilar a treinta y dos mil oficiales a la vez, ¡comer comunismo era antropófago!

Un caso muy grave: ¡el abate "lee a Maurras"! ¡Y pensar que en Francia, De Gaulle también leía a Maurras!

¡Así que estar en contra de Stalin era una especie de "crimen contra la humanidad"! Hergé "se lo tragó". Sin duda, ¡nosotros también intentábamos, en 1941, en el Frente Oriental, poner fin a los millones de crímenes cometidos por este tirano particularmente sanguinario! Pero para "Le Nouvel Observateur" y para el Sr. Pierre Ajame, ¡tocar a Stalin ya era una abominación imperdonable en 1930! Y lo sigue siendo cincuenta años después.

añadió Ajame con gravedad:

"Degrelle eligió su campo, un campo que, a través de tortuosos caminos y plazas donde florecían esvásticas, se convirtió en el campo donde se concentró Hitler. Por cierto, este apuesto joven (le apodaban el "apuesto Léon") era una de las estrellas del "XXème Siècle", y Norbert Wallez tenía naturalmente la más alta estima por este periodista de talento pero ya fanáticamente amenazador."

En aquella época (1930), aparte de mis artículos sociales de inspiración cristiana para "Vingtième Siècle", sólo me ocupaba de Action Catholique, en el mismo Lovaina. También por aquel entonces, Hergé se limitaba a dibujar las ilustraciones de mi "Histoire de la Guerre Scolaire". En aquellos años, ninguno de los dos teníamos más lazos que los de una vigorosa amistad basada en sólidos principios morales.

Pero incluso entonces, según los Ajames, ¡éramos secuaces de Hitler (entonces casi desconocido fuera de Alemania)! ¡Porque "comer bolchevismo" sólo podía describirse como hitlerismo!

Hergé, que en 1929 ni siquiera sabía hacia dónde giraba una cruz gamada, dibujaba entonces su profético y divertido "Tintín en el país de los soviéticos". De los dos, ¡fue sin duda el primero en emprender el camino del sadismo internacional con este álbum!

Ajame no podía negar en su libro que Hergé, al ilustrar mi pequeña obra, había descubierto una nueva fórmula artística: "El resultado es un maravilloso trampantojo: sistematizando y acentuando los contrastes entre el blanco y el negro, Hergé da la ilusión del grabado. Hergé juega aquí un juego sin precedentes".

¿Qué tenía que ver con todo esto el nazismo que Ajame ya nos estaba metiendo en el buche?

Tales estafas en la manipulación de fechas y hechos no son casos aislados. Ocurre en toda la prensa de izquierdas, donde se repite constantemente la misma acusación de fascista a Hergé. Los más conciliadores creen que 'Tintín en el país de los soviets' fue "un error de juventud". ¡Una explicación demasiado simplista!

En lo que respecta a los soviéticos, Hergé fue un gran precursor. Gracias a él, Tintín fue el primero -al menos en el campo del cómic- en sensibilizar a los jóvenes no sólo sobre los crímenes, sino también sobre el monumental fracaso del bolchevismo, ¡que hoy resulta evidente para todo el mundo!

¡Pero en la izquierda, ¡esta "comida" sacrílega (de Hergé de 1929!) iba a permanecer para siempre en los estómagos de las hordas antifascistas!

El periodista Erhel, de 'Libération', repitió ávidamente la tesis de Ajame: "Este abate Wallez mantiene una correspondencia permanente con su amigo Mussolini, y presta sus prensas a Léon Degrelle. Todo el entorno es fascista e indecisamente antisemita" ('Libération', 29 de enero de 1991).

¿Ha visto alguna vez la susodicha una sola línea de la "correspondencia continua" que se dice que el abad recibió de "su amigo Mussolini"? Yo, que estuve allí, ¡nunca vi ni una sola de esas cartas! El abad habría estado orgulloso de enseñármelas. Extraño de todos modos. En todo caso, Churchill había mantenido correspondencia regular con Mussolini. En cuanto a "todo el entorno indecisamente antisemita", ¡ni

Hergé ni yo sabíamos en aquella época lo que era un prepucio judío, si se podía extirpar o no!

El famoso dibujante flamenco Stan Sluydts, que al menos vive y respira esta profesión, reconoció sin duda que el abate Wallez había desempeñado un papel importante en el establecimiento de nuestra amistad, hacia 1930: "El padre Wallez está en el origen de las similitudes entre Tintín y Degrelle".

En el centro de todo estaba la amistad. Esta amistad crecería más tarde. Sería levantada por la gran tormenta política que desataría unos años más tarde. Hergé sería un amigo fiel, pero siempre seguiría siendo ante todo un artista.

Tintín-Degrelle, según Stan Sluydts (alias Gommer), para la revista "Forces Nouvelles" en 1991.

Léon Degrelle, por Stan Sluydts.

Stan Sluydts escribe: "Que Hergé hubiera caído bajo la influencia ideológica de Degrelle en aquella época es bastante lógico, dada la inmensa popularidad de que gozaba el jefe de REX, sobre todo entre los jóvenes (en las elecciones de 1936, partiendo de la nada, obtuvo 33 escaños, 21 como diputado y 12 como senador), pero también porque era miembro (junto con la primera esposa de Hergé y Jamin-Alidor) del mismo equipo del "Vingtième Siècle" que el padre Wallez. El hogar de Tintín y REX". ('Forces Nouvelles' enero de 1991).

Terroir, esa es la palabra. Una gran hermandad. Con mi consejo, Hergé creó a Tintín. Más tarde daría un prodigioso desarrollo a la proyección mundial de este pequeño compañero.

Por mi parte, estaba a punto de embarcarme en una trayectoria política que pronto adquiriría un florecimiento distinto. Hergé seguiría el ascenso de mi cohete, pero como discípulo desde fuera, a su manera artística, para quien lo esencial era su Tintín.

Permanecería fiel en las buenas y en las malas. Se enfrentaría a la persecución.

Tendría -cosa rara en estos tiempos de cobardes pavoneándose- el valor excepcional de demostrarme pública y altamente su fervor atreviéndose a proclamar, en 1973: "¡Degrelle fue un héroe!

Hablar sin parar, en Bélgica o en Francia, de las locuras del antisemitismo de Hergé o mío es una tontería.

Hergé era Hergé. Degrelle era Degrelle. En términos generales, compartían una fe común, pero cada uno siguió su propio camino personal: uno se convirtió en el dibujante de cómics más importante del mundo, el otro en un meteoro político que surgía como un cometa inesperado

Ambos fueron iluminados por el amor a su patria. Lo demás son tonterías o calumnias. Los belgas deberían haberse sentido orgullosos de ambos -no abundan los hombres extraordinarios- en lugar de revolcarlos en la melaza de sus odiosos desvaríos durante medio siglo.

El capitán Robert Francotte, autor de "L'heure de l'Espagne", presenta la primera entrevista con Léon Degrelle después de la guerra.

Sin embargo, algunos belgas ya no están tan fanáticamente ciegos. "Ya estamos hartos de esta sombría mascarada que está partiendo mi país en dos", exclamó uno de los pocos auténticos resistentes belgas, Jean Wolf.

El senador Ancot añadió: "Aquellos de ustedes que, como yo, formaron parte de los comités consultivos saben la cantidad de tonterías que había en muchos de los expedientes.

En cuanto al coronel Lovinfosse, el hombre que había recibido instrucciones del Primer Ministro belga Van Acker para ir a secuestrarme a San Sebastián en enero de 1946, declaró al periódico "La Libre Belgique": "No volvería a hacerlo.

El clavo en el ataúd lo puso un famoso londinense, el capitán Francotte, uno de los pocos miembros de la Resistencia belga que se unió al bando aliado y antiguo colaborador del diario socialista belga Le

Peuple. Fue entrevistado para la televisión francesa (canal FR3) por Jean-Michel Charlier.

Para sorpresa de muchos de sus histéricos compañeros, este célebre combatiente de la resistencia belga hizo ante el micrófono unas declaraciones que se hacían eco de la descripción que el propio Hergé hacía de él como héroe.

"Degrelle era un personaje extraordinario al que es muy difícil comprender sin aceptar ciertas cualidades suyas, sin, por ejemplo, rendirle el homenaje de un luchador a un luchador, que defendía sus opiniones con las armas en la mano y que nunca cedió políticamente ante el enemigo.

En cuanto al hombre en sí, estamos ante un personaje absolutamente fascinante que podría haber puesto a su país y a toda Europa al servicio de unas cualidades absolutamente asombrosas que ya no se encuentran en las personas que nos gobiernan actualmente.

Creo que si el Sr. Degrelle hubiera tenido los medios para tratar la cuestión europea, la habría impulsado en condiciones bastante sorprendentes y habría arrastrado a las masas tras de sí, porque era un campeón de las ideas sencillas, sabía hacerlas comprender por el pueblo y sabía arrastrarlo.

Eso es lo que pienso de Degrelle.

Esta declaración sacrílega se reproduce íntegramente en el libro "Degrelle persiste et signe" (p. 426) de Jean Michel Charlier, el famoso especialista en cómics, turiferario de Hergé y antiguo combatiente de la Resistencia, fallecido recientemente.

A pesar de todo, ni Hergé ni yo acabamos con las "patadas en el culo" que nos lanzaban los profesores universitarios, ¡ni con las locuras de las maletas de joyas arrastradas al Frente del Este!

Cierto número de miembros de la Resistencia, los mismos que encarcelaron a Hergé en 1944 y que mataron a mis desdichados padres "por el crimen de paternidad y maternidad", siguen enseñando.

En el Musée de la Résistance de Bruselas -nunca se repetirá lo suficiente- todavía se puede ver el nombre de Hergé pegado en la Galerie des Traîtres, número 69.

Galerie des Traitres

1ère série

Dans l'antre
du
SOIR - ERZATZ

Edité par « L'INSOUMIS »
à destination de tous les vrais Belges.

Prix minimum : 5 frs.

HERGE
Remy Georges

né le 22 mai 1907, domicilié à Boitsfort, avenue Delleur, 17

Rédacteur au SOIR de De Becker. Créateur de « TINTIN et MILOU ». Etait attaché avant guerre au journal « Le XXe SIECLE » pour les dessins enfantins.

S'est empressé d'offrir ses services à De Becker.

Selon certains renseignements obtenus, serait rexiste, mais nous n'avons pu obtenir confirmation.

Este documento idiota no figura en un "Museo de la Mierda Humana": se exhibe como un trofeo vengativo en el "Museo de la Resistencia" de Bruselas (¡y dice mucho de los motivos de esta categoría de "patriotas"!).

REMI Georges

né le 22 mai 1907, à Etterbeek, domicilié à Boitsfort, avenue Delleur, 17.
Rédacteur au SOIR de guerre.
Impossible d'obtenir des renseignements sur cet individu.
Tout ce que nous avons appris, c'est qu'il doit être surveillé de près

En esta "Galería de Traidores", Hergé tiene el privilegio de ser mencionado dos veces: "traidor" en cualquier caso, pero es imposible saber qué echarle en cara...

Sobre la fotografía del padre de Tintín figura el siguiente texto: "Remi, Georges, nacido el 22 de mayo de 1907 en Etterbeek, vive en Boitsfort, avenue Delleur, 17. Redactor en Le Soir de guerra. Imposible obtener información sobre este individuo (sic). Lo único que hemos sabido es que hay que vigilarle de cerca.

Al pie de la foto, se añade lo siguiente: "'Según ciertas informaciones obtenidas, es rexist.

Medio siglo después, la ficha técnica de Hergé sigue ahí. ¿Cuándo se atreverá un belga a derribar esta ignominiosa muestra?...

En 1991, un periódico que se autodenomina gloriosamente "belga" -y del que se hace eco "El País", el periódico "liberal" más importante de la España democrática- alcanzó en portada el colmo de la grosería al presentar a Hergé (¡que para entonces llevaba ocho años muerto!) como el más vil de los pervertidos sexuales. ¡Hergé escatológico! ¡Hergé pederasta! ¡Tintín sodomizando a su perro! ¡Nada menos!

Sí, ¡hemos llegado hasta aquí! ¡En 1991! ¡Estás a punto de verlo!

Unos meses antes de su muerte, Léon Degrelle ofreció esta dedicatoria a Stéphane Steeman. Fiel amigo, se echó a reír al mencionar las contorsiones que el humorista-coleccionista había tenido que hacer para salir del escándalo de su visita al proscrito de Hitler....
"¡Sic!", exclamó este último, "yo diría aún más: ¡Sieg Heil!".

CAPÍTULO XXXVII

TINTÍN SODOMIZANDO A MILÚ

Para todos ellos, Tintín, incluso a sus setenta años, siempre había sido el Scout impecable, irreprochable, con una limpieza moral casi puritana.

Nunca se habló de ello. Hasta el día en que se explicó que Hergé había sido "rexisant". De este modo, el talento del creador de cómics más importante del mundo se convirtió, a ojos de los bichos raros, ¡en una mancha especialmente vergonzosa!

El hecho de que Degrelle, que entonces tenía veinticinco años, ayudara a Hergé a crear a Tintín en 1929 ¡era una abominación!

Había que hacer frente a ese "fascista" de Hergé

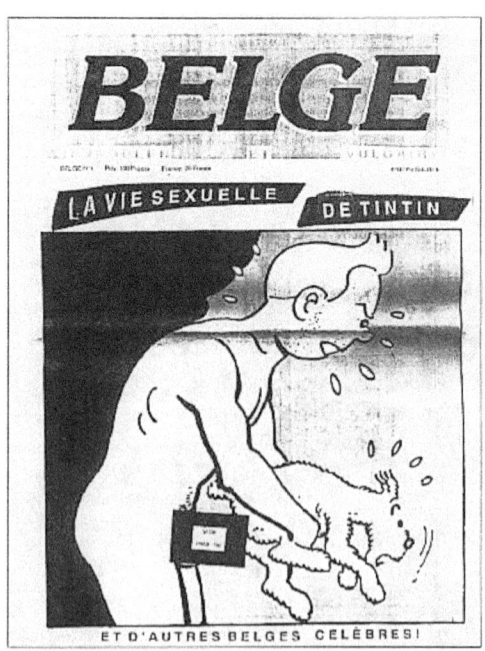

Como la mayoría de los grandes periódicos del mundo, el diario español publica a veces reproducciones de los álbumes de Tintín. Siempre es difícil publicar los textos y dibujos de un autor y, al mismo tiempo, cubrirlo de inmundicia. La única manera que tenía El País de realizar este acto de equilibrismo era recurrir a un tercero que acababa de inventar un Hergé en el que ninguno de sus lectores había pensado jamás: ¡un Hergé zoófilo!

De ahí el sensacional titular a tres columnas de este diario pirenaico el 1 de febrero de 1991: "Tintín, el sexo y los nazis. Historietas feroces sobre el dibujante Hergé y su criatura".

Para este trabajo de alto contenido cultural, 'El País' se basó en las palabras de "uno de los humoristas belgas más corrosivos", un tal Bucquoy, autor necrófago y coprófago de un libro a menudo anunciado, pero nunca publicado, titulado: 'Vie sexuelle de Hergé'.

No se aportó ni un solo detalle en apoyo de tales fantasías. De hecho, sólo hubo un texto en todo este nauseabundo asunto, el publicado por El País. He aquí la joya de la corona: "El autor de 'La vida sexual de Hergé' ha investigado que el creador de Tintín mantuvo relaciones homosexuales cuando era adolescente; otro de los temas en los que Bucquoy sumerge su pluma es la ideología política de Hergé. Durante la ocupación alemana, trabajó para el periódico colaboracionista "Le Soir" y fue amigo íntimo de Léon Degrelle, dirigente de las Waffen SS.

El editor de "País" y su colaborador de Bruselas habían inventado esta acusación de homosexualidad de Hergé de principio a fin. Pero la calumnia se subrayaba hipócritamente con un gran subtítulo, "Amigo de Degrelle", aunque el texto que seguía trataba únicamente de las SS. èmeEl País" afirmaba que yo había sido el jefe de las Waffen SS, lo que ni siquiera era cierto: yo era, en el Frente Oriental, el jefe -y sigo estando muy orgulloso de ello- de una División de héroes de las Waffen SS, la 28 División SS "Valonia".

Pero entonces la confusión fue total: ¡Hergé era un pederasta!

¡Degrelle era su "amigo"! ¡Las Waffen SS se apoyaban mutuamente! El triple horror había quedado claramente establecido.

El periódico "Belge" se encargó de sacar un enorme dibujo que cubría toda su portada: ¡Tintín sodomizando a Milú, su perro! ¡La pancarta se extendía como un cartel!

No se trataba sólo de declaraciones estúpidas, sino de un cómic completo, pintado en quince grandes paneles.

Primera página, en tres colores: el Tintín de Hergé, de pie y desnudo, hunde su pene en los cuartos traseros de su perro. Pero no es suficiente, porque si bien un centímetro cuadrado camuflaba el detalle más típico de la operación, ¡en la página 14 el camuflaje ha desaparecido! De nuevo, tres páginas más tarde, Tintín, sudando profusamente, aporrea al cuadrúpedo, salpicado de gotas de sudor.

¿Estás edificado? Demasiado rápido.

En el mismo número, y con el mismo frenesí escatológico, el mismo "Belge" (¡no orgullosos belgas!) ataca al hijo de otro famoso colaborador, el recientemente fallecido rey Balduino en persona, sucesor de Leopoldo III, el hombre lúcido que se enfrentó con valentía, en su propio país, a las complicaciones casi inextricables de la Ocupación entre 1940 y 1944.

Dios sabe que, incómodo en el trono belga, Balduino fue el hombre más virtuoso de todos.

Y, sin embargo, el periódico "belga" se atrevió a convertir al rey Balduino, como Tintín, en un maníaco sexual con una enorme nariz hinchada bajo una corona tambaleante, las pantorrillas salpicadas de ligueros y el vientre desnudo ¡en plena pederastia!

¿Imposible? ¡Claro que no! En seis grandes páginas se extendían los dibujos, de una grosería abominable, ¡y se trataba del rey de los belgas, el rey más cristiano de toda Europa!

Hergé, como el pobre rey Balduino, superó todos los insultos... En la propia Bélgica, en 1991, cientos de miles de valones y flamencos, todos ellos tintinófilos, rindieron homenaje a Hergé en Welkenraedt, algo nunca visto en la historia de Bélgica. La exposición "Tout Hergé" incluía, entre otras cosas, nuestras dos firmas originales, Hergé-Degrelle, en mi "Histoire de la Guerre Scolaire". Los stands ocupaban seis mil metros cuadrados. El gobierno belga incluso emitió un sello de correos de Tintín.

¡Y pensar que se trataba del mismo Hergé al que el Estado belga había encerrado ignominiosamente el 3 de septiembre de 1944, y al que un profesor universitario quería reducir al papel de diseñador de accesorios para calcetines y veletas!

La fama de Hergé es ahora verdaderamente universal, y se extiende más allá de la Bélgica que tan escandalosamente encarceló a su mayor creador de cómics en 1944.

Cientos de millones de europeos, americanos, africanos, asiáticos y australianos son fanáticos tintinófilos. Piénsalo: ciento ochenta millones de álbumes de Tintín vendidos hasta la fecha, ¡son casi mil millones de lectores!

Los coleccionistas, que son innumerables, se apoderan de todos los recuerdos de Hergé a precios de locura. Sus planchas originales se venden a más de trescientos mil francos cada una. Sólo el dibujo de la cubierta de "Los cigarros del Faraón", coloreado por Hergé en 1943, se estima en dos millones de francos franceses. El 8 de diciembre de 1990, en la gran venta de "L'Espace" de París, se vendió por tres millones cien mil francos franceses, es decir, ¡medio millón de dólares! El propietario ni siquiera aceptó esta oferta real. Demanda: ¡tres millones quinientos mil francos franceses por la portada de un álbum de Hergé

Así que los insultos, los insultos...

Muchas personas -sobre todo jóvenes- se han dado cuenta de que, después de 1945, fueron constantemente engañadas por miles de mentiras, falsedades flagrantes y grotescas bazofias. Lo que les interesa, lo que les fascina, lo que preocupa a los millones de seguidores del creador de Tintín, es llegar a conocerlo, y saber realmente por qué crisis pasaron su sensibilidad y su espíritu.

Después de todas sus pruebas, ¿en qué estaba pensando?

¿Cómo había evolucionado su visión de las personas y del mundo?

Detrás de la gloria de Hergé, que seguía vivo en 1983, ¿qué ocurría?

Capítulo XXXVIII

Hergé en casa de Buda

El mundo encantado de nuestra juventud se había desvanecido, donde el abate Wallez, Jam, Germaine y yo habíamos sido los únicos testigos de la puesta en marcha de Tintín, ¡un Tintín que se retorcía en mis pantalones de golf y agitaba mi polvera a todos los vientos!

Desde 1946, la fama de Hergé se ha extendido por toda Europa y luego por todo el mundo, especialmente en Estados Unidos, donde el tintinismo está de moda, retransmitido fantásticamente por la televisión. Como explica uno de sus biógrafos, "Tintín se ha convertido, a menudo sin quererlo, en el hombre sándwich de la sociedad de consumo".

Los dibujos en blanco y negro de antaño se han transformado en caleidoscopios. Caminamos sobre la Luna" ya no es la excursión de un fantasioso divertido. Es también una operación matemática, meticulosamente estudiada sobre un modelo directamente inspirado en la famosa V2 de Von Braun.

Ahora era un triunfo. Pero ya no era alegría.

Hergé nunca se recuperaría de la "terrible" crisis que había atravesado en 1944-1946. Hasta entonces había creído que las personas eran buenas. En la "Liberación", las había visto distorsionadas por el odio, por abismos de crueldad y estupidez. Durante cuarenta años, le habían asqueado las persecuciones, los dictados, las venganzas de los fracasados e impotentes que corrían tras él. Su mundo de Scout leal, fiel a sus semejantes, se había derrumbado.

Por otra parte, los tesoros descubiertos durante sus expediciones ya no eran sólo libros, sino que generaban millones. Sólo la venta de ciento ochenta millones de álbumes representaba fabulosas montañas de dólares.

Al inspirarse para enviar a Tintín a la Luna en el cohete V2 desarrollado por Werner von Braun, Hergé no hacía sino anticipar el resultado lógico: el cohete Apolo que llevaría a los primeros hombres a la Luna sería el heredero directo de la obra de von Braun, que se vio obligado a realizar para los estadounidenses (la foto del V2 se publicó en "Le Patriote Illustré" el 18 de octubre de 1945).

Desde entonces, este imperio está dirigido por una Fundación omnipotente, sobre la que el semanario bruselense "Pan" hizo unas revelaciones muy poco edificantes el 6 de marzo de 1985.

No cabe duda de que Hergé se embolsó sustanciosos derechos de autor en vida. Pero con menos placer que cuando ganaba cien francos.

En diez años, siete nuevas publicaciones de álbumes serían siete victorias: 'Les Sept Boules de Cristal' (Las siete bolas de cristal) en 1948 (una edición de 'Tintín' también aparecería en Francia en esta época), 'Le Temple du Soleil' (El templo del sol) en 1949, 'Au Pays de l'Or noir' (En el país del oro negro) en 1950, 'Objectif Lune' (El objetivo de la luna) en 1953, 'On a marché sur la Lune' (Caminamos sobre la luna) en

1954, 'L'Affaire Tournesol' (El asunto Tournesol) en 1954, y 'Coke en Stock' (Coca-Cola en stock) en 1958.

El propio Le Figaro debería haber concluido con un titular a cuatro columnas el 2 de febrero de 1991: "Se han vendido millones de ejemplares de Tintín y Milú en todo el mundo. Hergé, cuyo verdadero nombre es Georges Remi, ha llevado el lenguaje del cómic a la perfección.

Hergé debería haber sido feliz. A veces, en sus fotos, sonreía, pero la herida de 1944 no había cicatrizado. Su mundo mítico, en lo más profundo de su alma, había perdido su frescura.

Viajó. Viajes de verdad: a Europa, Asia, Estados Unidos, incluso a los sioux. Pero no era rival para su imaginación. El mundo que había creado en su interior, su vida secreta, estaba congelado. En realidad, su corazón ya no estaba en él, ni su fe, ni su amor.

Seguía más vivo que nunca gracias a su trabajo, que se extendía infinitamente. Pero en la maquinaria interior de su conciencia, algo se había roto.

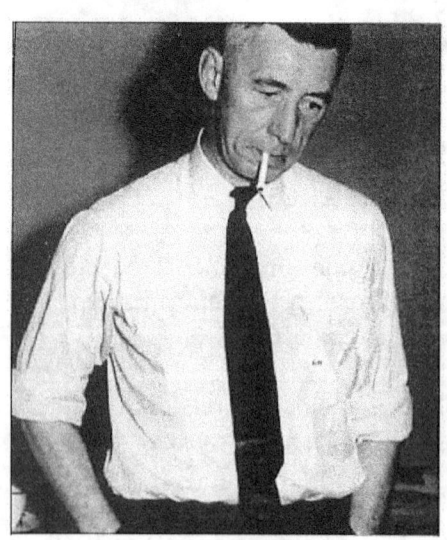

El desilusionado Hergé de los 70.

¡Era tan ferviente! El hombre del "Vingtième Siècle" del abate Wallez, el hombre de mi "Histoire de la Guerre Scolaire" que había ilustrado con tanto ímpetu, el hombre del escultismo cristiano que había experimentado incluso sus crisis de misticismo, el hombre que había dibujado una viñeta conmovedora a la gloria de la Virgen de Lourdes, el creyente que, después de la guerra, había multiplicado los retiros en conventos trapenses, ya no encontraba allí su fe.

Dios se me escapaba.

"Pensé que cambiaría mi vida, pero nunca lo hizo, y ahora me doy cuenta de que nunca tuve fe.

¿Era posible? A fin de cuentas, ¿quién no tiene fe? ¿Quién la pierde realmente?

Todo en la inmensidad de los mundos nos dice que tiene que haber una fuerza creadora fabulosa, que el universo, tan maravillosamente completo, no puede haber surgido por un azar furtivo, cojo y confuso. Si abandonamos una creencia, es siempre para descubrir otra..

Hergé en un viaje a Taiwán, 1973.

Con Hergé, como con millones de otros, sería así. Pasó de Occidente a Oriente, de Cristo al taoísmo y Buda.

Volvemos a Oriente", dice, "y a sus concepciones religiosas, que son polos opuestos a las de Occidente. Ningún Dios con barba blanca, ningún Dios creador del universo representado por una Iglesia que te impone sus dogmas, sino algo indefinible, como una especie de motor que establece relaciones entre los seres y las cosas, algo que tiene que ver con tu respiración, tu digestión, el trabajo de tus riñones y tus glándulas, que hace que todo funcione, algo que está en todo, que circula por todo".

No había nada emocionante en esta religión de glándulas e intestinos.

Iba a tientas. No sabía a qué atenerse. Intentaba convertirse en budista. El Tíbet de sus viejos sueños albergaba sus nuevos sueños.

La verdad es que, a pesar de los siglos, nada ha cambiado realmente en la vida sobrenatural del hombre.

Tanto si Dios tiene una barba blanca, como si los creyentes son mormones polígamos o siguen las campanas de los monjes tibetanos, se trata de la misma idea que sigue surgiendo en toda niebla humana: hay algo.

En estos tiempos de incredulidad, ¡nunca se han inventado más sectas! Las sectas son las setas del siglo. Dios se reinventa cada día.

Hergé, lo quisiera o no, estaba atrapado en las garras de lo espiritual. Aunque las rompiera, renacían.

¿Qué podemos recrear en lugar de Dios?

"Ya no quiero conocer el futuro... sólo cuenta el presente, el eterno presente.

Pero el presente desaparece de repente, y tarde o temprano el futuro se nos echa encima...

CAPÍTULO XXXIX

HERGÉ SE ENTREGÓ A LOS PSICOANALISTAS

En el espacio de unos pocos años, la melancolía había corroído todo lo relacionado con Hergé: Sus métodos de trabajo, sus creencias, sus esperanzas.

Si ya no creía en Dios, ¿por qué iba a seguir creyendo en nada más? Georges, perdido en su confusión espiritual, decidió recurrir a psiquiatras y psicoanalistas, esos eminentes prospectores que vuelven locos a los que no lo están y hacen delirar a los que sí lo están.

Hergé hizo un viaje a Zurich y se entregó a un profesor llamado Ricklin, no Tournesol. Un judío freudiano, añadirían los espíritus malignos.

Hergé y Germaine Kieckens.

En una de las pocas entrevistas de su vida, el propio Hergé describió cómo se desarrolló el proceso|

"Fue en la época de 'Tintín en el Tíbet'. Yo estaba atravesando una grave crisis moral. Estaba casado y enamorado de otra persona. La vida ya no parecía posible con mi mujer, pero yo había dado mi palabra, la palabra Scout, y fue una verdadera catástrofe. Me encontré completamente destrozado.

"Así que fui a ver a Ricklin y le conté los sueños que tenía. Todos tenían que ver con gente blanca. Hay algo de esto en 'Tintín en el Tíbet' y Ricklin me dijo algo que realmente me impactó: "¡Debes matar al demonio de la pureza que llevas dentro! Fue un shock para mí. El demonio de la pureza era una inversión completa de mi sistema de valores. No fue fácil comprenderlo.

La pureza, la frescura del alma, era la esencia de la vida de Hergé. Al socavarla, socavó todo. Germaine y el resto... Los sueños "todo blanco" interpretados por el mago helvético se convirtieron en sueños de aniquilación.

Este psicoanálisis desencadenaría oleadas de asombrosos descubrimientos por parte de los ilustrados. Una vez más, los profesores universitarios se lanzan a la aventura. Se adentrarían en las hipótesis más descabelladas, interpretándolas en volúmenes.

Un profesor de la Universidad de París VII, el profesor Serge Tisserand, ha escrito dos libros enteros sobre el tema: "Tintin chez le psychanalyste", en 1985, y "Tintin et les secrets de famille", en 1990.

¡Pobre Hergé! Siempre había sido natural, desprejuiciado y desinhibido, ¡al borde de la ingenuidad!

¡Y ahora estaba psicológicamente dotado de un trasfondo racial tan fantástico como imprevisible! "Existían problemas de filiación en el linaje paterno del creador de Tintín", explicarían astutamente los oscuros psiquiatras. Se decía que su abuelo era hijo ilegítimo.

¿Y qué?

Incluso explican que el capitán Haddock, el poderoso borracho, descendía de rama en rama, botella en mano, ¡del árbol genealógico de Hergé!

En resumen, ¡se decía que Tintín sufría paranoia y depresión maníaca! El profesor Tisserand afirma con gravedad en el comunicado de prensa de su "Tintín y los secretos de familia": "Serge Tisserand se ha propuesto resolver semejante secreto en este nuevo libro. Es también una reflexión más general sobre la transmisión familiar de lo no dicho y sus efectos a lo largo de varias generaciones: síntomas, trastornos psicológicos, pero también a veces creación, como fue el caso de Hergé.

¿Y qué más?

A partir de entonces, todo fue cuesta abajo.

La revista "Tintín" seguía apareciendo en París y otros lugares, era enorme, llena de páginas de publicidad, pero Hergé era cada vez más inexistente.

En mi exilio, lo leí, buscando ávidamente sus dibujos, pero sin encontrarlos nunca. Finalmente, me di de baja, porque "Tintín" era sólo Hergé, ¡no los miniaturistas de turno vaciando sus botes de color y los banqueros-editores vaciando los bolsillos de los lectores!

Los álbumes, que solían publicarse casi cada año, estaban dolorosamente espaciados: tres años enteros antes de que apareciera "Les Bijoux de la Castafiore", cinco años antes de que pudiéramos recibir "Vol 714 pour Sydney", y ocho años (en 1976) antes de que apareciera "Tintin et les Picaros".

La famosa crisis de la pureza no sirvió de mucho.

La joven candidata, Fanny, seguía soltera: no fue hasta bien entrados los setenta cuando Hergé, enfermo de cáncer, decidió casarse de nuevo.

Cuando Hergé se enamoró de la joven Fanny, ¡ya le doblaba la edad! Esa es la edad en la que un jefe ya acomodado se convierte en presa fácil de colaboradores ansiosos.

Hergé y Fanny De Vlaminck.

No todo fue sencillo.
Porque aunque el mago barbudo de Zúrich había ordenado a Hergé que

abandonara la pureza (incluida su esposa legítima, Germaine), ella seguía siendo objeto de un verdadero culto de admiración por parte del marido. Y así seguiría siendo hasta el final.

A la pregunta de su biógrafo Numa Sadoul: "¿Tuvo su mujer (Germaine) algún papel en su obra?", Georges Remi respondió sin vacilar: "Sin duda. En primer lugar, ayudándome a veces en mi trabajo. Luego, con su rectitud moral, con una especie de intransigencia, reforzó mi lado perfeccionista, mi lado heroico, diría yo. Sentía una gran admiración por ella.

Germaine", añade Ajame en "Hergé", "era una especie de guardiana de lo sagrado.

Su amor era tan encantador que sus invitaciones llevaban la doble firma "HergéHergée".

 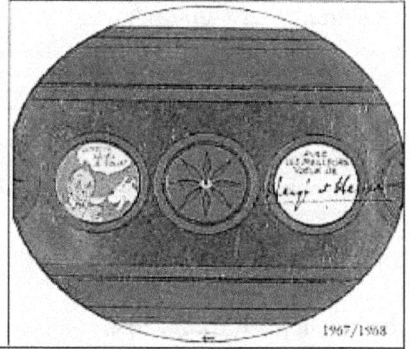

De hecho, las grandes obras maestras de Hergé se crearon exclusivamente en su época.

La atención prestada a Fanny por Hergé, que se había convertido en presa de los psicoanalistas, se remonta a 1956. Sólo cuatro años más tarde se separó (en "buenos términos") de Germaine. Incluso le regaló su casa de Boitsfort. Después de eso, esperaron dieciséis años, ¡algo casi increíble!

Sí, ¡pasarían dieciséis años antes de que se dictara sentencia! Hergé era un anciano demacrado cuando, por fin, se pronunció el acto de separación legal. No cabe duda de que Fanny fue amable, cariñosa y atenta, colmando de atenciones a Hergé. Pero su papel en la creación de la obra de Hergé fue prácticamente inexistente. Los últimos álbumes que concedió a regañadientes a sus editores bajo el reinado de Fanny distaban mucho de las maravillas anteriores.

De hecho -y lo digo sin ánimo de herir sus sentimientos- su papel, intelectual y artísticamente, tuvo poca importancia en la creación de Hergé.

La paloma psiquiátrica de 1956 tiene ya más de sesenta años. En la Fundación Hergé, reina y gobierna. Pero fue más una heredera feliz que una inspiración, aparte de los pinceles que manejó en su primera juventud, cuando era la colorista de Hergé.

A la muerte de Hergé, uno de los biógrafos del padre de Tintín señaló lacónicamente: "Fanny asistió, pues, al funeral como su legítima esposa.

Capítulo XL

La citación de Fanny

Antes de 1983, "la esposa legítima" había vivido muda en su escritorio de las oficinas de Hergé.

Cuando enviudó, le entró el gusanillo izquierdista y empezó a retomar los viejos estribillos de 1944: ¡antisemitismo, rexismo, germanofilia! Luchadora como las tejedoras de la Revolución Francesa, mordía y mordía todo lo que sugería que Hergé pudiera haber tenido algún vínculo con cualquier tendencia "fascista", ¡cuando en los tiempos del "fascismo" ella estaba como mucho en su primera falda!

Cabe preguntarse si, tras la muerte de Hergé, un mosquito tropical olvidado en alguno de los álbumes de Tintín se vengó de ella inoculándole un misterioso veneno extraído de un alambique tibetano o peruano.

Ahora, ¡cualquiera que tenga la desfachatez de repetir que Hergé había sido rexista o degrelleano es

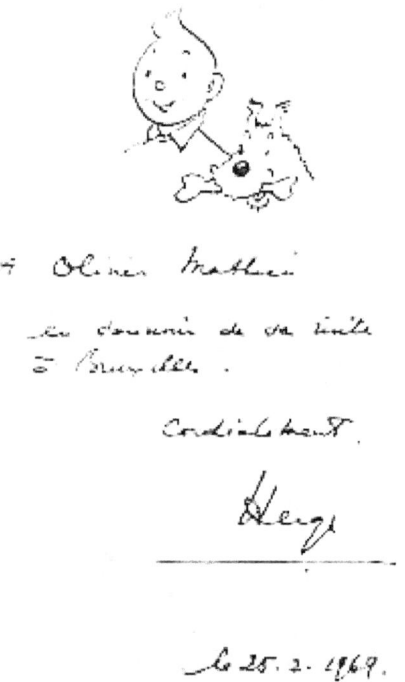

Una de las numerosas dedicatorias de Hergé al joven Olivier Mathieu: el destino de Mathieu estaba destinado a cruzarse con el de Léon Degrelle...

inmediatamente amenazado con su ira! El gran historiador francés Jean Mabire había preparado un estudio sobre Léon Degrelle y Hergé. A su editor se le prohibió publicar ilustraciones que hubieran apoyado su tesis.

Olivier Mathieu es autor de una importante biografía de Abel Bonnard (posfacio de Léon Degrelle) y de dos folletos sobre Léon Degrelle: "Hergé et Degrelle" y "Réponse à la presse à propos de la mort de Léon Degrelle".

En 1991, le tocó el turno a un joven escritor llamado Olivier Mathieu, hijo de una intelectual de calidad, Marguerite Mathieu, doctora en Letras, que había enseñado en la Universidad Libre de Bruselas.

Olivier Mathieu había imaginado dar una conferencia sobre el tema "De Léon Degrelle a Tintín". ¿Qué tenía de particularmente criminal este tema? Hergé, era de dominio público, había sido mi amigo. ¿No había desempeñado yo un papel esencial en la creación del personaje de Tintín? Hergé incluso había ilustrado uno de mis libros para mostrar su solidaridad conmigo. ¿Era cierto o no?

Olivier Mathieu también fue amigo de Hergé de 1969 a 1982. Hergé le regaló varios de sus álbumes y los autografió con gran afecto. Le recibió en su casa en varias ocasiones. Ávido tintinista, pero que también me conocía, Olivier Mathieu quería describir al público bruselense los dos Tintín que había conocido, el Tintín bruselense y el Tintín-Degrelle exiliado en España.

Olivier Mathieu es un proscrito político, un opositor a todos los sistemas, de voz suave, a veces extravagantemente ingenioso, pero no carente de talento. Hoy en día hay tan pocos escritores que merezcan algo más que ser utilizados como felpudos por una gran prensa podrida hasta la médula, que tenemos que prestar atención a los principiantes inspirados e intentar animarlos. Yo mismo he prologado un libro de Olivier Mathieu, que a veces me desconcierta, pero que está lleno de promesas.

El hecho de que estableciera paralelismos entre la vida de Tintín y la mía podría haber sido interesante. En cualquier caso, proponerse echar por tierra una conferencia de este tipo antes incluso de saber lo que contendría era, como habría dicho Hergé en 1945, "intolerancia absoluta". La esposa número dos, con el vigor de un Torquemada en sujetador, amenazó inmediatamente a Olivier Mathieu con órdenes de comparecencia inimaginables. Exigió con urgencia que él, que no tiene ni una lira roja, pagara enormes sumas por cada reproducción de las dedicatorias personales que Hergé había firmado para él, y por un travieso dibujo de Milú que adornaba la tarjeta de invitación. Apoyada por un abogado llamado Beerenboom (un nombre típicamente ardenés, como puede verse), nuestra viuda, ya supermillonaria, quiso que su camión se llenara con unos cuantos fardos más de francos, tomados como compensación por la reproducción de las cartas y dedicatorias de Hergé a Olivier Mathieu. Incluso mi "Guerre

Olivier Mathieu es una de las pocas personas (aparte de Mme Jeanne Degrelle-Brevet) que posee una copia del busto de Léon Degrelle, realizada poco antes de su muerte.

Scolaire" despertó su ardor. O el editor que quería volver a ponerlo en circulación pagaba de nuevo por los derechos de los dibujos de mi libro, que yo había comprado y pagado hacía sesenta años, ¡o el Sr. Beerenboom volvería a emprender acciones legales!

La digna Fanny, una financiera bien informada, ha convertido el "Mundo Hergé" en una especie de inmenso bazar donde se comercia con todo, desde los derechos más diversos hasta el más mínimo dibujo de Hergé, aunque haya sido vendido a otros hace medio siglo...

Esta enorme explotación de Tintín florecía a plena luz del día, a pesar de que Hergé había dejado claro antes de su muerte que no quería que "su personaje le sobreviviera". Las operaciones eran gestionadas por aventureros a las órdenes -económicas o sentimentales- de la amargada Fanny: "Un tal Alain Baran", escribe 'Télémoustique', "creó una impresionante serie de empresas encargadas de explotar a los personajes de Tintín, antes de verse marginado de estos jugosos negocios por Fanny Remi, la viuda titular, y su nuevo compañero, Nick Rodwell".

Incluso los que llevan sangre de Hergé en las venas se sienten incómodos. El sobrino de Georges Remi, que también se llama Georges Remi, se sintió obligado a expresar públicamente su indignación por la forma en que se está gestionando el patrimonio tintinesco: "La mediocridad culpable con la que se está gestionando el patrimonio de Hergé es desgarradora. Nada, nunca, desde la muerte de mi tío, ha parecido una iniciativa feliz (...). Al contrario, ha habido un costoso fiasco tras otro. Todo ello en un lamentable tira y afloja que huele a odio político y a mercantilismo.

Pobre Hergé, involucrado póstumamente en peleas tan mediocres...

¡El asunto aún no era lo bastante complicado! Una revolución económica y sentimental realmente imprevista estaba a punto de trastornar aún más el patrimonio de Hergé.

En el momento de la muerte del padre de Tintín, Fanny estaba tan desconsolada que hizo instalar una losa bastante sorprendente en la tumba de Hergé, en el cementerio de Dieweg, en Uccle (Bruselas): Bajo la inscripción ''Georges REMI, conocido como HERGE, 1907-1983'', hizo grabar una segunda inscripción en la propia lápida, en letras grandes: ''Su esposa, Fanny VLAMINCK, 1934-'', seguida de un espacio donde se añadiría, llegado el momento, la fecha de su muerte.

En resumen, era un amor proclamado eterno, maravillosamente romántico, que unía para siempre al difunto y al superviviente, ¡a quienes la tumba reuniría pronto por toda la eternidad! Suficiente para romperle el corazón a Alfred de Musset.

¡Pero ya está! Los corazones no son tan duros como las lápidas. En 1993, la "viuda titulada" y el "nuevo compañero Nick Rodwell" (un inglés que, según algunos, sería...) iban a encontrarse muy avergonzados ante la inscripción mortuoria tan tiernamente grabada en el granito del cementerio de Bruselas.

[er]En efecto, el 1 de octubre de 1993 nos enteramos de que Fanny, excitada a los sesenta años por un inoportuno demonio de mediodía, acababa de casarse en secreto en Suiza con su "compañero Nick", veinte años menor que ella. Ya no era la viuda Georges Remy, sino Madame Nick Rodwell. El Nick en cuestión, instalado en lugar del buen Georges, tenía ahora en sus anchas manos el poder conjunto de manipular la gigantesca herencia en que se había convertido el trust de Hergé y las extensiones.

Regreso inesperado: la buena Germaine, una vez liquidada por Fanny y el psiquiatra freudiano de Zurich, se encontró como única viuda fiel, ¡a pesar de la doble inscripción en la losa conyugal que la agarrada Fanny se había atribuido prematuramente!

Deseamos mucho éxito a los tortolitos. Sólo nos queda regalarles un cincel macizo como regalo de bodas, para borrar la desafortunada inscripción grabada en una tumba de Uccle en 1983, con demasiada prisa... Los nuevos señores Rodwell pueden estar tranquilos. Otros -y hay innumerables tintinófilos- se encargarán de cubrir la solitaria tumba, para siempre inacabada, con interminables montones de flores.

Lápida de Hergé en el cementerio Dieweg de Uccle (Bruselas).

Después de estos múltiples incidentes, de estas maniobras sentimental-financieras, de estos cortes de carretera antirracistas, de estas citaciones antifascistas, de esta insólita y belicosa instalación de la casa Rodwell sobre los restos del Imperio Tintín, ¿qué quedará de la obra de concordia y de paz que nos legó Hergé, el pacifista? Aquel que, poco antes de su muerte, escribió amablemente: "Tratemos de hacer el menor daño posible: eso es buena educación en el sentido más fuerte".

Negarse a ver en cualquier ser humano un posible corresponsal es espiritualmente poco inteligente.

Hergé y yo podríamos haber tenido opiniones políticas completamente diferentes y seguir siendo buenos amigos. Uno de los escritores españoles más famosos, el eminente médico y académico Juan Rof Carballo, antihitleriano y antifranquista declarado, ha sido uno de mis amigos ibéricos más afectuosos durante más de cuarenta años. Pasó dos semanas en mi casa, en uno de mis escondites, en los momentos más peligrosos de mi exilio, escribiendo un ensayo sobre el poeta Rilke. Nunca en cuarenta años una palabra agridulce ha perturbado nuestra conversación.

Unas horas antes de que este libro entrara en imprenta, ¡cayó la última citación de Fanny!... ¡¡¡¡Nótese la perversión del periodista, para quien no hay duda de la "culpabilidad" de Hergé al publicar "en el Soir nazificado y no en otra parte" (¡¿dónde más durante la guerra?!): "Si en 1945, el caso Hergé fue sobreseído, fue simplemente porque entonces el racismo no era delito"!!!! ¡Los que fueron fusilados durante la purga también se preguntan por qué fueron eliminados tras juicios simulados!

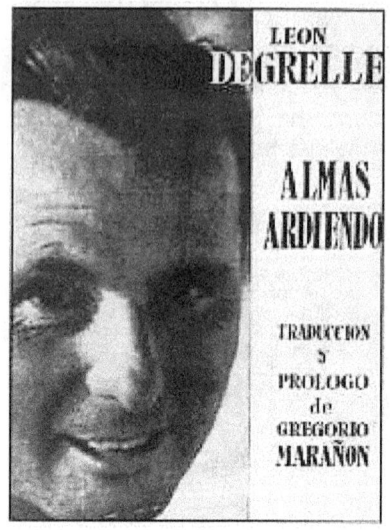

El médico y académico Gregorio Marañón, el intelectual más completo de España, un liberal que, políticamente, incluso se había puesto del lado de los republicanos durante unos meses en 1936, invitaba a menudo a su mesa familiar al Hitler-europeo que yo era -y sigo siendo-. En su admirable biblioteca, intercambiábamos nuestros pensamientos sin ninguna preocupación. Un día, tras hojear el manuscrito de mi libro "Les Âmes qui brûlent", entonces inédito en España, dedicó todas las madrugadas del final de su vida a traducirlo y realizó la primera edición bajo el título "Aimas Ardiendo". Pagó de su propio bolsillo los veinte ejemplares que quiso conservar para regalar a sus amigos.

"No admito -escribe en el prólogo que encabeza el libro-, no he admitido, ni admitiré jamás, que los hombres puedan apartarse unos de otros más que por razones profundas y permanentes. Y esta profundidad y permanencia hay que sopesarlas con tal sinceridad que, si somos leales a la verdad, casi nunca nos parecerán suficientes". Y añadió: "Digo esto para explicar mi actitud a quienes puedan encontrar extraño que sea yo quien elogie y patrocine este libro, chispeante como una llama, en el que un hombre cuya trayectoria social es distinta de la mía relata su vida, su vida exterior y su vida interior".

¡Qué lección para los celosos pseudointelectuales de Bélgica y Francia que, desde hace cincuenta años, aúllan como hienas detrás de aquellos cuyas convicciones, si les hiciéramos caso, tendrían que ser diabólicas hasta el umbral de la eternidad!

Otro de mis adversarios españoles es una de las figuras más destacadas de la extrema izquierda, el economista Teodulfo Lagunero. Durante mucho tiempo fue uno de los pilares más fuertes del Partido Comunista. Fue él quien, en 1976, llevó de contrabando al líder revolucionario Santiago Carillo de vuelta a España en su gran Mercedes blanco, ¡con la cabeza cubierta por una peluca que parecía la piel de un gato viejo!

Estamos situados en los dos extremos de la vida política: eso no nos impide confrontar nuestras doctrinas y nuestros juicios con buen humor. Él come en mi casa, yo en la suya. Su colección de cuadros modernos me deslumbra. En particular, tiene una docena de lozas de Picasso y más de doscientos gouaches del poeta de extrema izquierda Alberti. Si algún día me ocurriera algo, el querido Teodulfo sería sin duda uno de los primeros en acudir en mi ayuda.

No se puede negar que Alain Delon es uno de los mejores actores del mundo. Sus posiciones no son necesariamente las mismas que las mías. ¿Es eso un obstáculo para nuestra relación? Viene a verme amablemente a Madrid. Le acompañé al rodaje de su película "El Zorro". Incluso tiene la suficiente libertad de espíritu para testimoniar ante millones de telespectadores franceses el placer que siente al leer el libro "Degrelle persiste et signe", que él mismo sacó de su embalaje ante un público bastante atónito.

Alain y yo somos amigos. Pero, ¿por qué la gente decente no puede ser amiga?

Léon Degrelle no dejó de visitar a su amigo Alain Delon
cuando éste rodó "El Zorro" en España.

¿Y Arletty, la dinámica reina del cine de antaño? Siempre estaba alegre y burbujeante, con un don de palabra directo. Solíamos comer juntos, en compañía de Josée Laval. Hasta poco antes de su muerte, hablábamos por teléfono de un momento a otro... Se reía al teléfono.

Una de las últimas fotos de Hergé (1983).

En todo amigo o adversario honesto siempre hay lugar para el descubrimiento. Uno puede enseñar algo al otro, y aprender otro tanto. Si el interlocutor es políticamente irreductible, otros mil aspectos de su personalidad permiten un enriquecimiento recíproco, ya se trate del descubrimiento, cada vez más refinado, de Beethoven, o de Mozart, o de Robert Brasillach, o de los milagros de equilibrio de volúmenes y colores de un Giotto, un Cranach, un Velázquez o un Van Gogh. Las artes crean vínculos mágicos. El caso, incluso a un nivel más mediocre, de un Spaak, socialista, a-socialista, cínico y todo terreno, pero coleccionista bien informado de pintura moderna.

El caso de un tal De Man, que tenía la mordida de un lucio, pero cuyos comentarios eran graciosos y muy pintorescos cuando mordía su bistec en mi mesa ¡como si estuviera mordiendo la piel de uno de sus colegas cocodrilos!

Hay de todo en el ser humano.

Incluso a la ex viuda de nuestro amigo Hergé, le ofrezco un amable saludo desde lejos. Georges la quería al final de su vida, eso me basta. Además, una mueca nunca mejora la cara de una mujer...

Peleas, discusiones en los tribunales por un dibujo o una dedicatoria, ¡o por mucho dinero! ¡Se puede ver a Hergé dibujando un cartel de "reproducción prohibida" en cada foto que dedicaba a sus amigos!

Si Hergé presenciara hoy estas peleas, ¡se derrumbaría por segunda vez!

Hacía tiempo que se escandalizaba del odio de ciertos belgas. Un periodista le preguntó una vez: "¿Todavía se siente belga? Respondió secamente: "En absoluto. ¡Y a veces lo entendemos!

A pesar de todo, seguía queriendo a los belgas: le habían dado su primer público juvenil. Después, como algunos de nosotros, se había convertido en un hombre de mundo. A pesar de todo, seguía apreciando a su antiguo pueblo con cada fibra de su ser, mientras maldecía la mezquina amargura que siempre había envenenado la vida política en Bélgica, ya fuera bajo Carlos el Temerario, José II, Leopoldo II o, más recientemente en mi caso, al final de la Segunda Guerra Mundial.

Al final de la raza humana, lo único que cuenta es el trabajo realizado.

La obra de Hergé está aquí, en todas las tierras y para siempre. Podía morir, pero sabía que su obra nunca moriría. Anémico desde hacía varios años, el padre de Tintín veía venir tranquilamente el final de su vida. El cáncer le carcomía y las transfusiones de sangre se sucedían. Cada vez que salía de la clínica, se limitaba a decir: "Ya estoy harto", mostrando una sonrisa ligeramente tensa a los que le rodeaban.

El jueves 3 de marzo de 1983, a las diez de la noche, moría en Bruselas el bueno y gentil Georges Remi.

CAPÍTULO XLI

TINTÍN EN EL PARAÍSO

¿Cuándo y dónde nos encontraremos los primeros en ver a Tintín emprender su milagroso viaje? ¿Cómo será Hergé en los vastos cielos?... Taoísta o budista, ¡por supuesto! Con la cabeza afeitada y envuelto en una inmensa túnica amarilla de seda brillante. Nuestros diferentes dioses tendrán que ponerse de acuerdo, sobre todo porque Jam-Alidor estará al acecho, con la mirada irónica, el lápiz en el aire.

El Todopoderoso, al vernos llegar, me mirará con ojos extraños, lo sé de antemano. Durante la guerra, ya se hablaba en Bélgica de su preocupación por mí. En 1944, asustado por la duración de las hostilidades de la Segunda Guerra Mundial, convocó al cielo a todos los responsables del conflicto. Cada vez que entraba un invitado, ya fuera Churchill, Hitler, Pétain o Roosevelt, el Señor, cuidadosamente barbado y muy cortés, saludaba y se levantaba para recibir al recién llegado.

Una de las últimas fotos de Léon Degrelle (1993)

Era mi turno de pasar al frente. Pero Dios Padre permaneció petrificado en su gran sillón

San Pedro, encargado del protocolo, se apoyó discretamente en el hombro del dueño de los cielos:

¿"Venerable Dios"? ¿No viste a Leon Degrelle viniendo hacia ti? ¿No te levantas?...

- Estoy en guardia contra eso -respondió el Amo de las Naciones-. Yo lo sé: si me levantara de mi trono, ¡Él ocuparía mi lugar en este mismo instante!

Eso fue bastante exacto. Me conozco.

Pero a partir de ahora, se acerca el momento en que Dios, pegado a su asiento, nos verá acercarnos sin emocionarse demasiado. Uno a uno, llegaremos. Germaine llegará. Llegará Jam. Y Renée Jamin, que tomó el relevo cuando murió la amable Lucette de antaño...

Yo también ocuparé mi lugar. El último, espero.

Pero aunque, querido viejo Georges, batiera todos los récords de tu actual vecino en el Paraíso, Matusalén, tarde o temprano, a pesar de mi pertinacia, tendré que recoger mi billete de avión en alguna taquilla de "Tour Operador" terrestre. Por desgracia, sólo emiten billetes de ida. Descubriré, a mi antojo, la paz celeste de los cúmulos hiperbóreos.

¿Y qué pasa con la ex viuda, cuando le toque venir? Puede que se escandalice al verte de nuevo, sobre todo si viene acompañada de ese Nick tan malo que tiene... Pero no te preocupes. No seremos malos. Sólo le diremos a Fanny que deje sus citaciones en la nevera terrenal. Ya lo verás. Pronto sonreirá, un poco avergonzada, más bien aliviada...

Leeremos juntos tus álbumes. Nos divertiremos encontrando la nariz de Blumenstein. Puede que incluso vayamos a saludarle al purgatorio.

¡Tendrás admiradores de todas partes! ¡Palmas agitadas! ¡Cientos de millones de lectores en este siglo! ¡Y al menos otros tantos del próximo siglo! ¡Eso es un montón de gente! ¡Tendremos que reconstruir el Palacio de los Deportes de Bruselas de nuestras glorias pasadas para ti en el Paraíso!

Por fin estás de suerte. En primer lugar, estás en el cielo. Valiente como eres, incluso como budista, habrás llegado allí como una flecha. Habrás sido particularmente bien recibido. Tus dibujos serán la comidilla de la ciudad.

Sí, algunos belgas te lo hicieron pasar mal en el pasado. Ahora tienes tu venganza. Pronto estaremos contigo. Lo prometemos. ¡Cantad algunos magnificats mientras esperamos!

La vida es feliz, solíamos decir, ¿recuerdas? Todavía lo es. Será más feliz que nunca cuando nos reunamos todos.

Incluso ahora, mientras termino este libro, la primavera andaluza brilla en todo su esplendor. Bajo un cielo azul dorado, el aire huele a claveles, rosas, buganvillas, hibiscos y naranjas jóvenes.

Pero cerca de ti, allá arriba, el firmamento debe ser aún más fragante. Te queremos, viejo Georges, ¡lo sabes!

¡À la revoyance! ¡Como dicen los bretones!

Nos vemos en Bouillon.

APÉNDICES

LA TUMBA DEL GIGANTE

Léon Degrelle falleció el 31 de marzo de 1994, poco antes de medianoche, en Málaga. Según su última voluntad, sus cenizas fueron esparcidas en Botassart (cerca de Bouillon, su ciudad natal), en un lugar conocido como "Le Tombeau du Géant".

El "Tombeau du Géant", cenotafio de Léon Degrelle
Las coníferas y los árboles de hoja caduca, plantados con esmero, dibujando tus runas de la muerte y la vida (Algiz), la justicia (Tiwaz) y la elocuencia (Ansuz), representan y combinan el vínculo entre el mundo divino y la humanidad, el espíritu de sacrificio y la inspiración poética...

Con ocasión de la emisión, el 16 de noviembre de 2000, por la cadena de televisión flamenca CANVAS, del reportaje de Freddy Coppens, "Degrelle, le Führer de Bouillon", el SS-Hauptsturmführer Jean Vermeire confirmó la dispersión de las cenizas del hombre a quien Adolf Hitler llamaba el "Líder del Pueblo": "Las cenizas de Léon Degrelle reposan en un lugar absolutamente fabuloso, donde nadie vendrá jamás a llevárselas. Ha sido el cumplimiento total y perfecto de una promesa. No creo que nadie pueda reprochármelo...".

El capitán de las SS Jean Vermeire, a quien se confiaron las cenizas de Léon Degrelle para ser enterradas en Bouillon, explicó en la televisión flamenca el 16 de noviembre

de 2000 los detalles de la operación secreta de dispersión de las cenizas a causa de la segunda "Lex Degrelliana".

EL SEGUNDO LEX DEGRELLIANA

23.04.1994 — MONITEUR BELGE

**18 AVRIL 1994 — Arrêté royal
d'interdiction d'accès au territoire belge
des restes mortels de Léon Degrelle**

ALBERT II, Roi des Belges,
A tous, présent et à venir, Salut

Vu l'article 108 de la Constitution,

Vu la loi du 6 mars 1818 concernant les peines à infliger pour les contraventions aux mesures générales d'administration intérieure, ainsi que les peines qui pourront être statuées par les règlements des autorités provinciales ou communales, notamment l'article 1er, alinéa 1er, modifié par la loi du 5 juin 1934.

Considérant que la présence sur le territoire belge des restes mortels de Léon Degrelle est incontestablement de nature à provoquer des troubles de l'ordre public;

Considérant en conséquence qu'il est urgent de prendre des mesures en vue du maintien de l'ordre public;

Sur la proposition de Notre Ministre de l'Intérieur,

Nous avons arrêté et arrêtons:

Article 1er. L'accès au territoire belge et la détention des restes mortels de Léon Degrelle sont interdits.

Art. 2. Les auteurs, co-auteurs et complices d'infraction à l'article 1er seront punis d'un emprisonnement de huit jours à quatorze jours et d'une amende de vingt-six francs à deux cents francs ou d'une de ces peines seulement.

Art. 3. En application des articles 42 et 43 du Code Pénal, une mesure de confiscation spéciale sera prononcée en cas d'infraction à l'article 1er du présent arrêté.

Art. 4. En cas de confiscation tel que prévu à l'article 3 du présent arrêté, les restes mortels seront renvoyés aux autorités du pays du décès.

Art. 5. Le présent arrêté entre en vigueur le jour de sa publication au *Moniteur belge.*

Art. 6. Notre Ministre de l'Intérieur est chargé de l'exécution du présent arrêté.

Donné à Bruxelles, le 18 avril 1994

ALBERT

Par le Roi

Le Ministre de l'Intérieur et de la Fonction publique,

L. TOBBACK

AV

Ministère de l'Intérieur

Direction générale de la Législation et des
Institutions nationales

Service juridique

Correspondant :

Bruxelles, le

Note pour Monsieur le Ministre

Votre lettre du	**Vos références**	**Nos références**	**Annexe(s)**
		III 11 CD 572	

OBJET : Rapatriement éventuel des cendres de Léon DEGRELLE.

Suite à la demande formulée par M. le Chef de Cabinet, je prie M. le Ministre de trouver ci-après mes avis et considérations sur le problème visé à l'objet.

I. Position de la question sur le plan réglementaire.

Aux termes de l'article 10, alinéa 2, de l'arrêté royal du 19 janvier 1973 relatif à l'incinération des cadavres humains, le transport des cendres des corps incinérés est soumis aux autorisations requises pour le transport des cadavres.

L'arrêté du Régent du 20 juin 1947 relatif au transport des dépouilles mortelles dispose en son article 1er que l'entrée (ou le passage en transit) sur le territoire belge des corps des personnes décédées à l'étranger est soumise, si le corps provient d'un pays qui n'est pas partie à l'Arrangement international de Berlin du 10 février 1937 concernant le transport des corps (cet accord a été approuvé par la loi du 26 août 1938 publiée au Moniteur belge du 9 avril 1939) - suivant des informations en ma possession, l'Espagne n'est pas partie à cet accord - à une autorisation spéciale délivrée par le Ministère de la Santé publique et de la famille ou par le chef d'une mission diplomatique ou d'un poste consulaire de carrière belge.

Il est à noter que cette autorisation ne peut être refusée que pour des motifs tenant à la santé et à la salubrité publiques et que, s'agissant des cendres d'un corps incinéré, elle est toujours accordée.

Il semblerait donc que rien ne s'oppose à ce qu'une entreprise de pompes funèbres fasse pénétrer sur le territoire belge l'urne cinéraire contenant les cendres de Léon DEGRELLE, du moins si le Ministre de la Santé publique en donne l'autorisation.

Rue Royale 66 - 1000 Bruxelles - Tél. (02) 500 21 11 - Fax (02) 500 21 19

2.-

Toutefois, suivant la loi du 20 juillet 1971 sur les funérailles et sépultures, les cendres des corps incinérés ne peuvent recevoir que quatre destinations. Elles peuvent :

- soit être inhumées dans un cimetière à au moins huit décimètres de profondeur;

- soit être placées dans un columbarium sis dans l'enceinte du cimetière;

- soit être dispersées sur une parcelle du cimetière réservée à cet effet;

- soit être dispersées sur la mer territoriale contiguë au territoire de la Belgique, conformément à l'arrêté royal du 25 juillet 1990 réglant la dispersion en mer territoriale des cendres des corps incinérés, c'est-à-dire dans le respect des modalités fixées par le règlement édicté en cette matière par la commune côtière choisie.

Les inhumations et incinérations étant confiées dans notre pays à la responsabilité des communes et celles-ci pouvant édicter des règlements en matière de funérailles et sépultures, il conviendrait d'examiner, à supposer que les cendres de Léon DEGRELLE aient pu pénétrer sur le territoire belge, si le règlement édicté par la commune retenue ne s'oppose pas à ce que les cendres d'un étranger - Léon DEGRELLE a acquis la nationalité espagnole et l'arrêt qui l'a condamné à mort par contumace à l'issue de la seconde guerre mondiale l'a vraisemblablement déchu de la nationalité belge et privé de ses droits civils et politiques - soient inhumées ou dispersées dans le cimetière.

Se pose ici la question subsidiaire de savoir si le droit d'être inhumé, que ce soit dans une concession ou en pleine terre, est un droit civil et si, en cas de réponse affirmative à cette question, Léon DEGRELLE en reste privé, nonobstant qu'il a acquis une autre nationalité et qu'il a vraisemblablement été déchu de la nationalité belge.

Est-il possible d'interdire l'entrée sur le territoire belge de l'urne cinéraire contenant les cendres de Léon DEGRELLE ?

De prime abord, il semble qu'il n'y ait aucune autorité fédérale qui soit habilitée à édicter pareille interdiction.

Certains auteurs de droit constitutionnel, notamment Pierre WIGNY dans son manuel de droit constitutionnel, estiment toutefois que même à défaut d'une loi l'y habilitant expressément, le Roi peut, par la voie d'un arrêté contresigné par le Ministre de l'Intérieur, en s'autorisant de l'article 67 de la Constitution (actuellement 108) et en s'appuyant sur la loi du 5 juin 1934 qui a modifié la loi du 6 mars 1818 concernant les peines à infliger pour les contraventions aux mesures générales d'administration intérieure, ainsi que les peines qui pourront être statuées par les règlements des autorités provinciales et communales, édicter des mesures de police visant à préserver la tranquillité et la sécurité publiques dans le cas où elles pourraient être menacées.

Au niveau subordonné, il y a lieu de se référer aux articles 128 et 139 de la loi provinciale qui confient au gouverneur et au commissaire d'arrondissement le soin de veiller au maintien de la tranquillité et du bon ordre dans la province ou dans l'arrondissement, ainsi qu'à la sûreté des personnes et des propriétés. A cet effet, le gouverneur et le commissaire d'arrondissement peuvent faire appel à la gendarmerie et, en cas de rassemblements tumultueux, de sédition ou d'opposition avec voie de fait à l'exécution des lois ou des ordonnances légales, ils ont le droit de requérir la force armée à condition d'en informer immédiatement les ministres de l'Intérieur et de la Défense nationale.

Les cendres de Léon DEGRELLE étant incontestablement de nature à provoquer des troubles à l'ordre public et des rassemblements séditieux, à supposer qu'elles deviennent un objet de vénération - l'endroit où elles seraient inhumées se transformerait presqu'à coup sûr en un lieu de pèlerinage où viendraient se recueillir les nostalgiques du fascisme - le gouverneur et le commissaire d'arrondissement pourraient sur cette base prendre un arrêté interdisant l'entrée de l'urne cinéraire sur le territoire de la province ou de l'arrondissement, au même titre que le Roi pourrait, selon certains auteurs, prendre un arrêté similaire dont le champ d'application ratione loci couvrirait l'ensemble du territoire.

Enfin, il est à noter que sur le plan communal, le bourgmestre pourrait également prendre une telle mesure d'interdiction en s'autorisant des décrets révolutionnaires du 14 décembre 1789 et des 16-24 août 1790 qui ont été intégrés à la nouvelle loi communale sous les articles 134 et 135.

*

* *

Au moment de signer la présente, je reçois les informations ci-après du Ministère de la Justice auquel je m'étais adressé :

1. L'arrêt de condamnation prononcé à l'encontre de Léon DEGRELLE date du 27 décembre 1944.

2. Le 31 juillet 1945, il a été déchu de la nationalité belge et cette déchéance a été tanscrite dans les registres de l'état civil de la commune d'Uccle le 21 août 1945.

3. Aux termes de l'article 86 du Code pénal, "les peines prononcées par des arrêts ou jugements devenus irrévocables s'éteignent par la mort du condamné". La question de savoir si le droit d'être inhumé dans une concession est un droit civil et si Léon DEGRELLE en reste privé au-delà de la mort puisqu'il a été déchu de ses droits civils et politiques est par ailleurs sans intérêt eu égard à ce qui suit. La doctrine enseigne en effet que la concession de sépulture n'est pas un contrat de droit privé mais un acte par lequel l'autorité communale concède une parcelle du domaine public à un particulier pour un temps limité et moyennant certaines conditions. Etant donné que l'autorité concédante peut mettre fin à la concession unilatéralement dans certaines circonstances, par exemple lorsque le cimetière doit être désaffecté, il ne s'agit pas d'un droit de nature civile au sens de l'article 144 de la Constitution. Tout au plus les héritiers de Léon DEGRELLE pourraient-ils, le cas échéant, intenter une action en dommages-intérêts devant le tribunal civil si interdiction leur était faite d'inhumer dans le caveau dont ils disposeraient l'urne cinéraire contenant ses cendres.

4. Mieux vaut donc, conclut le Ministère de la Justice - et je me rallie à cette conclusion-, fonder le refus de laisser pénétrer en Belgique l'urne cinéraire contenant les cendres de Léon DEGRELLE sur des considérations tenant à la nécessité de préserver l'ordre et la tranquillité publics.

*

* *

A la lumière des observations émises par le Ministère de la Justice, il me paraît qu'il existe une solution encore plus radicale au problème posé. Elle consisterait à faire voter par le législateur une loi interdisant le retour en Belgique des cendres du corps incinéré de Léon DEGRELLE.

Si M. le Ministre en exprime le souhait, je lui soumettrai le texte d'un projet de loi rédigé en ce sens. Pour justifier le dépôt d'un tel projet, il suffirait, dans l'exposé des motifs, de se référer à l'arrêt prérappelé du 27 décembre 1944 qui a condamné Léon DEGRELLE à la peine capitale du chef d'intelligence avec l'ennemi et de haute trahison contre la sûreté extérieure de l'Etat.

Le Directeur général,

J. BARTHELEMY.

Persiguiendo con su odio estéril, más allá de la muerte, al hombre cuya muerte deberían, como mínimo, haber saludado con un digno, si no respetuoso, silencio, las autoridades belgas se han dado el único e insignificante ridículo en la historia posterior a la Segunda Guerra Mundial de perseguir el cadáver de Léon Degrelle con su estéril vindicta promulgando, por segunda vez en cincuenta años, ¡una *"Lex Degrelliana"*!

Para que nadie desconozca la espantosa maldad y la absoluta mala fe que animan y animarán siempre a los pseudodemócratas vencedores en 1945 al servicio de la mentira sionista y del "nuevo orden mundial" que se deriva de ella, he aquí el texto íntegro de este real decreto, así como la correspondencia del departamento jurídico del Ministerio del Interior que pretende "justificarlo"...

Una última palabra: mientras que las autoridades municipales de Bouillon registraron el nacimiento de "Léon, Joseph, Marie, Ignace

Degrelle" el 15 de junio de 1906, las autoridades españolas de Málaga sólo pudieron registrar el fallecimiento de "Léon José Ramirez y Reina" el 31 de marzo de 1994.

En consecuencia, tenemos que admitir que
¡LÉON DEGRELLE VIVE EN LA ETERNIDAD!

TINTÍN-DEGRELLE, HERGÉ Y JAM-ALIDOR

Si era amigo íntimo de Hergé y de Léon Degrelle, era Paul Jamin, alias Jam y Alidor: no cabe duda de que, para él, Tintín era Léon Degrelle. Hay innumerables caricaturas al estilo de Degrelle en "Pan" y "Père Ulm". Para él, estos dos personajes estaban indisolublemente unidos: por eso las "glorias nacionales" sacadas del Panteón belga para darle la bienvenida con motivo de su traslado incluyen al General SS (en el centro de la segunda fila) y a su alter ego Tintín (en primera fila). Léon Degrelle también hizo revisar y corregir el manuscrito de su "Tintín, mon copain" por Paul Jamin.

En 1992, cuando supo que "Tintín, mon copain" estaba terminado, Paul Jamin hizo este dibujo para la portada del libro de Éric Fournet "Quand Hergé découvrait l'Amérique": quería reunir a todos los protagonistas de los primeros días de la aventura de "Tintín": Hergé, por supuesto, el abate Norbert Wallez, uno de los otros dos "padres" espirituales del héroe de papel, y él mismo, el amigo de los difíciles comienzos. Para Léon Degrelle, el modelo, fue más "delicado", ya que el autor, advertido por la campaña de prensa contra Stéphane Steeman, había escrito un capítulo denunciando "Un intento de recuperación" ("¡Los nostálgicos del Tercer Reich repiten alto y claro que Tintín no es otra cosa que la representación dibujada de Léon Degrelle y los revisionistas de todo pelaje aplican su siniestra teoría a la obra del dibujante!"). Jam dio la vuelta a la tortilla ilustrando la portada de "Le Petit Vingtième" con un Stalin enfrentado a un recalcitrante personaje de Tintín: no del todo Degrelle, pero tampoco Tintín. Como explicó de forma críptica a los editores, que aceptaron encantados el comentario: este "pequeño belga con polvera (...) podría muy bien pertenecer a la familia del hombre que Hergé envió a informar sobre la Rusia soviética". Si Tintín visitó a los soviéticos, ¿quién sino Léon Degrelle dio tantos problemas al mismísimo Stalin?

EL TESTAMENTO DE LÉON DEGRELLE

Unas semanas antes de su muerte, Léon Degrelle dirigió este último mensaje, con un estilo menos confiado pero con la misma elevación de pensamiento, a sus soldados reunidos en Bruselas el 18 de febrero de 1994 para celebrar el quincuagésimo aniversario del avance de Cherkassy.

A las puertas de la muerte, el viejo león nacionalsocialista, aunando en un mismo homenaje el heroísmo de los soldados de ambos bandos de lo que fue, para nuestros pueblos, una guerra fratricida, reitera su ideal de abnegación y generosidad que debe irradiar la civilización europea del mañana.

P.T. au verso

Mes chers, mes très chers camarades !

Coincé au fond de mon exil, je suis, plus que jamais, tout près de vous en ce cinquantième anniversaire de Tcherkassy.

Ces jours là — à force de courage, de souffrances, de renoncements — vous avez emporté ~~plus~~ ~~terrible~~, la dernière grande victoire des armées de l'Europe nouvelle au ~~front~~ de l'Est

Souvenez-vous en avec fierté ! Dans le monde pourri d'aujourd'hui, seules brillent encore les vertus des héros ! Demain, ce sont eux — et les héros d'en face ! — qui ~~~~ réunis dans la ~~gloire~~

Vous été grands & Seul cela compte dans la vie !

A vous, à vous, mes chers camarades ! Avec toutes mes dernières ! tout mon cœur !

~~~~ , Je vous embrasse

18 Février 1994

Bibliografía

Algunas obras de Léon Degrelle (recientes o reeditadas y disponibles en buenas librerías)

La Cohue de 1940
Guerra en la cárcel
La campaña rusa
Almas en llamas
Hitler durante mil años
La trampa de Sarajevo
La pseudoguerra del Derecho
Los tramposos de Versalles

Poemas (ediciones raras...)

Mi país me hace daño
Les Tristesses d'hier
Oración a Nuestra Señora de la Sabiduría
La Chanson Ardennaise
L'Ombre des soirs
Bendita seas, hermosa muerte

Algunos libros sobre Léon Degrelle (disponibles en bibliotecas o en librerías de segunda mano)

Robert Brasillach: "Léon Degrelle et l'avenir de Rex" (Plon, París)
Pierre Daye: "Léon Degrelle et le Rexisme" (Fayard, París)
Joseph Mignolet: "Léon Degrelle, on fré" (Rex, Bruselas)
Ursmar Legros: "Léon Degrelle, un hombre, un chef" (Rex, Bruselas)
Duquesa de Valence: "Degrelle me dijo..." (Le Baucens, Bruselas)
Wim Dannau: "Ainsi parla Léon Degrelle" (Biblos, Bruselas, 13 vols.)
Jean-Michel Charlier: "Degrelle persiste y firma" (Picollec, París)

YA PUBLICADO

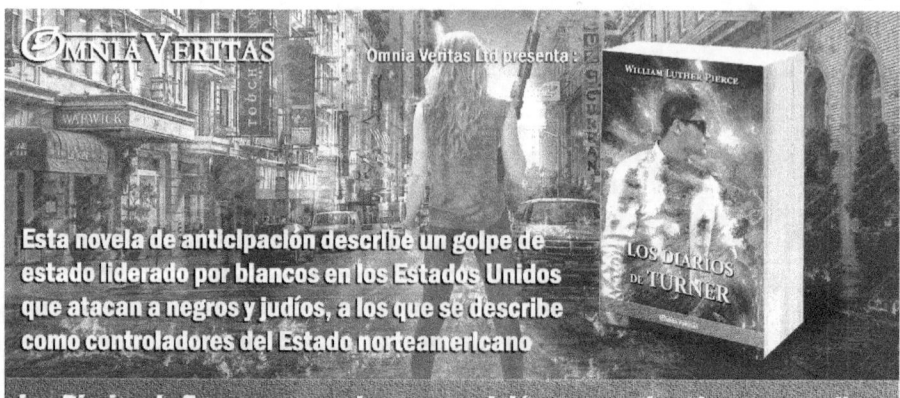

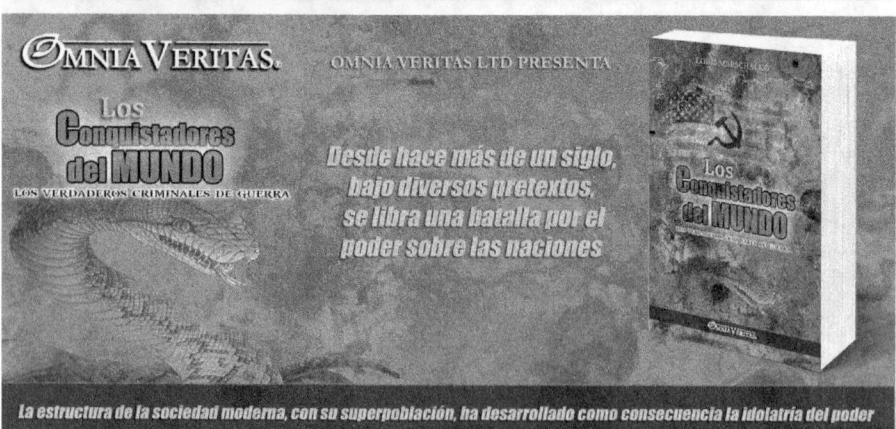

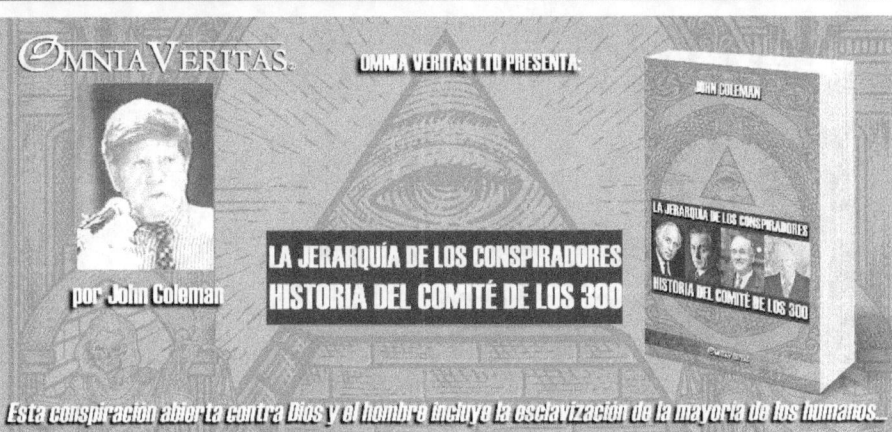

www.ingramcontent.com/pod-product-compliance
Lightning Source LLC
Chambersburg PA
CBHW070804030726
47504CB00003B/687